대한민국 근현대사

2015년 1월 30일 초판 1쇄 발행
2023년 11월 15일 개정3판 발행

초 판 발 행 : 2015년 1월 30일
개정판 발행 : 2023년 11월 15일
지 은 이 : 김 재 동 (金在東)
펴 낸 곳 : 도서출판우리
등 록 번 호 : 제 2012-000126호
주   소 : (07230) 서울시 영등포구 버드나루로 14가길 5
도 서 문 의 : 02-6953-6467
e - m a i l : woori@wooribook.kr
인   쇄 : 영진문원

이 책의 저작권은 저자와 출판사에게 있습니다. 저작권자의 허락 없이 이 책의 일부 또는 전체를
무단 복제, 전재, 발췌하면 저작권법에 저촉됩니다.

ISBN   978-89-969812-8-2

대한민국 근현대사

金在東 지음

| 3차 개정판을 내면서 |

구약성경 전도서에 보면 어느 작고 초라한 한 성읍이 강력한 외적의 침략에 의해 멸망 직전에 처하게 되었을 때 불행 중 다행으로 그 성읍에 사는 지혜로운 한 사람 때문에 극적으로 살아나게 되었다는 이야기가 나온다. 하지만 이상하게도 그 성읍에 사는 사람들은 나라를 큰 위기에서 구한 그 사람을 기억하고 그 사람에게 감사를 표하고 칭송하기는커녕 오히려 홀대하고 멸시하였으며 결국 세월이 흐르면서 구국의 영웅을 기억조차 하지 않는 집단 망각에 빠지게 되었다. 이는 무엇을 말하고자 하는 것인가? 이것이 세상에서 종종 일어나는 매우 어리석고 부조리한 인간사의 한 단면이라는 점을 성경이 지적하고 있는 것이다.

필자는 한 나라의 국격은 국민의 압도적인 다수가 누구를 기억하고 누구를 기념하느냐에 달려 있다고 본다. 그런 점에서 볼 때, 오늘날 대한민국은 기념해야 할 사람은 기념하지 않고 기념해서는 안되는 인물에 대해서는 기이할 정도로 칭송하고 추모할 뿐만 아니라 자라나는 세대에게 롤 모델로 가르치고 교육하는 심각한 혼란상태에 빠져있다. 흔히 과거를 지배하는 자가 미래를 지배한다는 말이 있다. 과거의 역사를 의도적으로 왜곡하는 반대한민국 세력들의 관심은 단순히 과거에만 머물러 있지 않다. 그들의 주된 관심은 대한민국의 자유민주주의 체제를 전방위적인 진지전을 통해 서서히 와해시키고 무너뜨린 후에 자신들이 원하는 세상을 만들고자 하는 것이다. 특히 그들은 역사전쟁이 얼마나 중요한 진지전인지를 오래전부터 간파하였기 때문에 자신들이 꿈꾸는 체제전복과 혁명완수를 위한 명분을 정당화하기 위해 한국의 근현대사를 자신들의 정치적 이념의 잣대로 기술할 뿐만 아니라 왜곡되고 거짓된 역사관을 퍼뜨리는 일에 그동안 온 힘을 쏟아부었던 것이다. 그로 인해 대한민국은 현재 치열한 역사전쟁 중에 놓이게 되었다. 그 전쟁의 한복판에 이승만이 있다. 이승만을 어떻게 이해하느냐에 따라 대한민국의 미래가 달려 있다. 왜냐하면 이승만을 어떻게 이해하느냐에 따라 대한민국에 대한 역사관과 국가관이 결정되기 때문이다. 그 나라의 미래는 국민들이 가지고 있는 역사관과 국가관에 의해 좌우된다. 대한민국에 대한 올바른 역사관과 국가관을 갖기 위해서는 한국 근현대사의 중심축이라 할 수 있는 이승만이란 인물이 누구인지를 거짓과 추측이 아닌 정확한 사실에 근거하여 바르게 이해해야 한다.

그런 의미에서 지난 2015년 1월 30일 세상에 첫선을 보인『한국 근현대사 바로 알기』는 부족하지만 이승만 대통령과 한국 근현대사를 바르게 알리기 위한 목적에서 펴낸 작은 결과물이었다. 지난 8년 동안 많은 분들이 과분한 격려와 사랑을 보내주셨고 또한 책의 내용과 관련해 여러 가지 제안과 조언을 해 주셨다. 이번에 개정판을 출간하면서 지면으로나마 그동안 필자의 졸저를 사랑해주시고 애독해주신 모든 독자분들에게 진심으로 감사의 마음을 전하고 싶다.

돌이켜보면『한국 근현대사 바로 알기』를 처음 출간했던 2015년이나 개정판인『대한민국 근현대사』의 출간을 앞둔 지금이나 이 책은 자유민주공화국 대한민국을 건국했을 뿐만 아니라 이 나라를 숱한 위기에서 건져냈으며 선진한국과 통일한국의 견고한 토대를 마련한 이승만 대통령이라는 위대한 지혜자를 전혀 모르고 살았던 필자 자신의 참회문이면서 동시에 이승만을 통해 위대한 일을 행하신 하나님을 향한 나의 감사의 고백이다. 아울러 이승만 대통령을 둘러싸고 있는 온갖 왜곡된 주장들에 대해 무엇이 진실인지를 설명하고 있는 해설서이기도 하다. 이번 개정판에서 특히 주목할만한 대목은 6.25 전쟁 당시 한강교 폭파와 관련되어 이승만 대통령이 폭파 명령을 내렸다는 것과 한강교 폭파로 민간인 800여 명이 사망했다는 내용이 얼마나 근거 없는 잘못된 주장인지를 밝히고 있는 부분이다. 필자가 대학교 교실에서 그리고 여러 강의와 집회 현장에서 만난 학생들과 청년들의 뇌리에 박혀있는 가장 큰 대못은 이승만의 한강교 폭파지시로 죄 없는 민간인 800여 명이 사망했다는 거짓된 프레임이었다. 이와 같은 거짓된 지식은 보통 심각한 왜곡이 아닐 수 없다. 독자분들께서는 이 책 속에서 과연 무엇이 한강교 폭파의 진실인지를 확고히 깨닫고 거짓 선전과 선동에 맞서 진실을 위해 함께 외쳐주시기를 바란다. 또한 이 책을 처음 접하시는 독자분들이라면 부록 편에 1954년 3선 개헌과 1960년 3.15부정선거의 진상에 대해서 그리고 보도연맹 사건과 함께 부산정치파동의 진실이 무엇인지에 대해서 자세히 기술한 내용을 참고하시기 바란다.

『망명 노인 이승만 박사를 변호함』이란 책의 저자 김인서 목사는 그의 책에서 "나는 4.19 후에 이 박사를 연구하기 시작했다. 그 전기를 한 책, 두 책 읽어볼수록 '훌륭하다'고 생각되고, 5, 6종 읽어보면 더 위대해 보이고, 반대편에서 쓴 전기를 읽어보면 참 신기한 인물이라는 생각이 든다."라고 고백했다.

필자 역시도 이승만이란 인물을 알면 알수록 단순히 훌륭하거나 위대한 차원을 뛰어넘어 신기한 인물이라는 생각을 하게 된다. 이승만이라는 인물의 깊이가 결코 간단하지 않다는 것은 그가 29세의 나이에 집필한 『독립정신』 제1장에서 밝힌 그의 글을 보면 알 수 있다. 다소 긴 내용이지만 이승만이라는 인물을 이해하는 데 있어 너무나 중요하기에 소개한다.

"우리는 나라와 백성을 위한 충성된 마음으로 잘못된 무리와 나쁜 자들을 공격하고, 그들의 죄악을 만천하에 드러내며, 연약한 애국 동포들을 대신하여 흉악한 적들과 싸우다가 장렬히 죽어야 한다. 이것이 진정 영광된 죽음이요, 나라를 위한 죽음이다. 그런 죽음만이 하나님의 뜻을 저버리지 않는 것이며, 백성된 도리를 다하는 것이다. 그러나 사람들은 의로운 일을 위해 죽는다 하더라도 그것을 알아줄 사람이 없으므로 어리석은 죽음이 될 것이며, 후대에 그 명성이 알려지지도 않을 것이라 한다. 또 어떤 사람들은 자신이 의로운 일을 위해 죽더라도 뒤따를 사람이 없으니 자기 목숨만 헛되이 버리는 것이며, 아무 결과도 얻지 못할 것이라고 한다. 오직 지혜롭고 거시적 안목을 가진 사람만이 세상인심을 초월하여 의로운 길을 갈 수 있다. 사람들은 그런 사람을 어리석다고 하기도 한다. 그러나 의로운 길을 가는 사람은 불의와 타협하지 않고 죽음도 두려워하지 않으며, 어떤 어려움에도 자신의 뜻을 굽히지 않는다. 그러한 사람은 몇십 년, 몇백 년 후에는 그 명성이 널리 알려질 것이다. 지금의 판단으로는 의로운 죽음이 인정받지 못할 것 같이 보일지 모른다. 그러나 의로운 길을 가는 것이 어렵기는 하지만 의롭게 죽는다면 반드시 높이 평가받게 될 것이다. 세상의 많은 사람이 보고

들은 바가 있으므로 의로운 죽음을 한 사람의 명성이 알려질 수밖에 없다."

놀라운 고백이 아닐 수 없다. 이승만은 비록 자신이 나라와 백성을 위해 살다가 장렬히 죽는다 할지라도, 그리고 자신의 죽음 이후에 사람들로부터 잊혀진다 할지라도 오직 지혜롭고 거시적인 안목을 가지고 세상인심을 조월하여 의로운 길을 걸어간 실로 차원이 다른 인물이었다. 심지어 그는 자신이 사람들로부터 인정받지 못한다 해도 언젠가는 높이 평가될 날이 올 것을 내다보기까지 했다.

마치 성경에 나오는 아사셀 염소처럼 사람들로부터 버림받을 것을 내다보면서도 평생 나라를 위해 묵묵히 길을 걸어간 이승만이란 인물을 바르게 이해하는 것은 결코 간단한 작업이 아니다. 하지만 이승만의 말대로 세상의 많은 사람이 이미 보고 들은 수많은 증거들이 있기 때문에 연구가 계속될수록 이승만의 명성은 널리 알려지게 될 것이다. 참고로 이승만에 대한 객관적인 평가에 도움을 주는 몇 가지 흥미로운 자료와 증언을 소개하고자 한다.

미국 하원의원 의사록에는 폭 W. 웨이러가 미국 하원의원에서 발언했던 내용이 다음과 같이 속기(速記)로 남아 있다.

"일본은 한국을 예속화시켰으나, 한 사람의 위대한 한국인의 정신만은 정복하지 못했다. 이 위대한 인물이란 다름 아니라 바로 현재 공산주의와 싸우고 있는 대한민국 대통령 이승만 박사인 것이다."

또한 『크리스천 사이언스 모니터』지의 워싱턴 지국장인 로스코 드럼몬드 (Christian Science Monitor, Roscoe Drummond)는 1953년 6월 15일 이승만의 지도력과 용기, 그리고 믿음에 대해 이렇게 평가했다.

"이승만은 정복되지 않았다. 그는 결코 정복할 수 없는 인물이다. 그는 오늘날 극동에서 군비가 가장 잘 되어있으며 사기도 충천한 최강의 반공군 지도자다. 공산독재에 끝까지 저항하겠다는 의지는 한국 국민들 사이에 충만해 있다. 현재 대한민국 국민만큼 반공정신이 투철한 사람들은 지구상에 없다고 해도 틀린 말은 아닐 것이다. 한국은 서방진영을 필요로 하고, 서방 쪽은 한국이 필요하다. 우리를 분리하려는 시도도 용납되어서는 안 된다. 이승만은 정복되지 않았다."

1965년 7월 19일, 이승만이 별세한 이후 7월 20일자 『어드버타이저 (Advertiser)』 신문 사설의 논평은 이승만에 대한 중요한 평가 중에 하나라고 본다.

"이승만의 90년 삶에는 불타는 열정과 논란이 있었지만, 1950년대 이승만과 대한민국은 미국 반공산주의의 상징이었다. 이승만은 2차 대전 후 아시아에서 가장 뛰어난 지도자였고, 미국 정부가 그에게 모든 협조를 다 했다. 아마도 그가 너무 오랜 나이에 너무 오래 정권을 잡고 있었다고도 생각할 수 있지만, 그는 단순한 미국의 꼭두각시가 아니었다. 무엇보다도 이승만은 대한민국의 애국자였다."

이 외에도 이승만을 이해하는 데 도움을 주는 여러 사람들의 증언과 평가를 보려면 본서의 「여는 글」을 참고하시기 바란다.

지난 1990년대 이후부터 이승만 대통령에 대한 연구가 본격적으로 시작되어 현재는 많은 전문가들이 이승만 연구와 집필 그리고 여러 강연 등을 통해 이승만 건국대통령을 알리는 일에 많은 노력을 기울이고 있다. 지면으로나마 필자는 이승만 연구와 집필활동 그리고 강연으로 수고와 헌신에 앞장서시는 모든 분들에게 감사와 존경의 마음을 표하고 싶다. 특히 필자는 수많은 이승만 연구자들 중에서 이승만 연구의 선구자라 할 수 있는 故 유영익 박사님께 감사를 드린다. 지난 2023년 7월 26일 별세하신 유영익 박사님은 이승만 연구의 개척자로서 1994년부터 무려 24년 동안 이승만 연구에 온 힘을 쏟으신 분이다. 그는 10만 장에 달하는 한글, 국한문, 한문, 영문으로 작성되어 있는 '이승만 문서'를 처음 접했을 때 그 방대한 분량에 놀랐다고 고백했다. 4.19세대이면서 1964년 하버드대학교 시절 28세의 나이에 동양학도서관에서 우연히 접한 이승만의 저서 『독립정신』을 읽고 큰 충격을 받았던 유영익 박사님은 산처럼 쌓여있는, 그야말로 한국 근현대사를 총망라한 엄청난 이승만 관련 문서들을 24년 동안 연구하면서 다음과 같은 말을 남기셨다. "이승만은 한국 현대사의 핵심 인물이다. 그는 20세기 초 한국의 최고 선각자요, 빼어난 문장가임을 깨달았다. 그를 새롭게 평가해야 했다."

필자는 지난 2020년 1월 5일 주일 오후 필자가 목회하고 있는 하늘교회에 유영익 박사님을 초청해 2시간 30분이라는 결코 적지 않은 시간 동안 "나는 어떻게 이승만을 연구하게 되었고 그 성과는 무엇인가?"라는 주제특강을 교우들과 함께 진지하게 경청하면서 큰 감동을 받았던 적이 있었다. 강의 후에 필자가 사적인 자리에서 유영익 박사님으로부터 들은 한마디가 너무나 큰 충격으로 와 닿았다. 그것은 24년 이승만 연구를 하고 집필활동을 하는 동안 교회의 초청을 받고 이승만 강연을 한 적이 단 한 번도 없었다는 것이었다. 당시 비공개로 진행된 유영익 박사님의 이승만 강연과 증언은 교회초청으로는 사실상 필자가 목회하는 하늘교회가 처음이자 마지막이 된 셈이었다.

분명한 사실은 이승만은 언더우드, 아펜젤러, 애비슨, 벙커, 헐버트, 게일 등 여러 선교사님들의 기도와 전도의 최고 열매이자 자유대한민국을 건국한 이후 오늘날 한국교회 부흥과 성장의 토대를 만드신 분이다. 따라서 필자는 이승만에 대해 누구보다도 관심을 가지고 배우고 알리는 일에 가장 앞장서야 할 분들은 한국교회임을 강조하고 싶다. 역사는 부지런히 기록하고 또한 연구하고 열심히 가르치고 배우는 수고를 다할 때 다음세대에게 올바르게 계승되는 법인데 이승만 건국대통령에 대해 한국교회가 그동안 너무나 소홀했으며 무관심했다는 사실에 우리 모두가 이제는 겸허히 반성해야 할 때다.

필자는 지난 2019년 4월 7일자 『크리스챤 투데이』에 前 이승만연구원장이셨던 김명섭 교수님께서 신앙의 자유를 누리며 살아가는 한국교회를 향해 던진 매우 의미심장한 말씀에 귀를 기울여야 한다고 생각한다. "대한민국은 전 세계에 유례가 없을 만큼 눈부신 성장을 이룩했다. 교회도 마찬가지다. 그렇게 될 수 있었던 건 대한민국에 자유가 있었기 때문이다. 기독교인들에게는 마음껏 하나님을 믿을 수 있는 신앙의 자유가 있다. 그러한 나라를 만들고 지켜온 중심에 이승만이 있었다는 것은 객관적 사실이다. 이것을 꼭 기억했으면 좋겠다."

바라기는 부족한 이 책이 왜곡된 대한민국 근현대사를 바로잡는 데 조금이나마 일조할 수 있기를 기대하며, 개정판이 나올 수 있도록 기도해주시고 끊임없이 격려해 주신 이용희 교수님과 에스더기도운동의 사랑하는 동역자분들에게 깊은 감사를 드린다. 그리고 늘 든든한 기도의 버팀목이 되어 주시는 하늘교회 성도님들에게 감사를 드린다. 그리고 일일이 거명하지는 못하지만 이승만 건국대통령과 자랑스러운 대한민국의 역사를 바로 알리는 일에 수고와 헌신을 아끼지 않으시는 모든 분들에게도 머리 숙여 감사를 드린다.

2023년 11월 1일
김재동 목사

| 저자 서문 |

올해는 자유대한민국이 건국된 지 70주년이 되는 해이다. 반만년 장구한 세월에 비해 자유의 역사가 고작 70년 밖에 되지 않는다는 것은 놀라운 일이다. 오늘 우리가 누리고 있는 자유는 지난 반만년동안 한반도에 살았던 수많은 사람들이 한 번도 누려보지 못했던 먼 미래의 꿈이었다.

"자유는 공짜가 아니다(Freedom is not free)"라는 말이 있다. 이 말은 오늘날 대한민국에 딱 들어맞는 말이 아닐 수 없다. 반만년 자유가 없던 이 땅에 자유의 빛이 들어와 자유민주주의 국가가 탄생하기까지, 그리고 대한민국이 지난 70년 동안 자유민주주의 국가로 존속되기까지 그 과정은 결코 순탄하지 않았다.

그러므로 건국 70주년을 맞이하는 올해 대한민국 국민 모두가 알아야 하는 것이 있다. 오늘의 자유대한민국이 있기까지 얼마나 많은 분들의 희생과 수고가 있었는지를 알아야 하며 동시에 오늘의 자유대한민국이 있기까지 얼마나 많은 국가적인 위기와 어려움이 있었는지를 알아야 한다. 그래야 우리에게 주어진 자유민주주의가 얼마나 소중한지에 대해 알게 될 것이며 내가 살고 있는 자유대한민국에 대해 더욱 감사하고 사랑하게 될 것이다. 또한 이 자유민주주의의 가치가 위기에 처할 때 피 흘리며 지켜낸 자유민주주의를 다시금 지켜내기 위해 국민들은 자유민주주의 수호를 위해 거룩한 투쟁을 이어갈 것이다. 이 책은 험난했던 한국 근현대사에서 자유민주주의가 어떻게 태동을 하고 오늘에 이르게 되었는지 그 중요한 과정을 설명하고 있으며 구체적인 집필 목적은 다음 3가지로 요약된다.

첫째, 한국 근현대사를 바로 알리기 위함이다.
오늘날 한국 근현대사의 역사왜곡은 도를 넘어 심각한 수준에까지 이르렀다. 그 대표적인 사례가 대한민국 건국에 관한 역사왜곡이다. 현재 대한민국은 건국의 역사를 가르치지 않을 뿐만 아니라 건국일조차 기념하지 않는 나라가 되어버렸다. 오히려 건국을 부정하는 풍토가 만연해 있다. 심각한 역사왜곡이 아닐 수 없다.

어느 나라든 역사관이 잘못되면 국가관이 삐뚤어지게 되어 있다. 잘못된 역사관으로 국민들의 역사인식이 훼손되고 국가에 대한 정체성이 흔들리면 국론은 분열되어 국가적으로 엄청난 혼란과 내분이 발생할 수밖에 없다. 결국 국가 전체가 총체적 위기에 빠지게 되어 국가적으로 큰 손실을 초래할 수밖에 없다. 따라서 역사를 바로 알리는 일은 매우 시급하고 중요하다. 이 책의 목적은 그동안 왜곡되어졌거나 아니면 소홀히 여겨졌던 한국 근현대사의 중요한 진실들을 밝히기 위함이다.

둘째, 역사의 주인 되시는 하나님을 알리기 위함이다.
한국 근현대사를 한 단어로 표현한다면 줄탁동시(啐啄同時)라고 말할 수 있다. 알 속의 병아리가 부화하기 위해서는 아직 여물지 않은 부리로 사력을 다하여 껍질을 쪼아대야 한다. 하지만 어린 새끼 병아리의 힘으로는 아무리 껍질을 쪼아댄다 해도 혼자 힘으로 부화하는 것은 불가능하다. 병아리의 그 미약한 소리를 듣고 어미 닭이 바깥에서 그 힘센 부리로 껍질을 깨 주어야 한다. 이때 새끼 병아리가 껍질을 쪼아대는 것을 줄(啐)이라 하며, 어미 닭이 부리로 쪼아 깨뜨리는 것을 탁(啄)이라고 한다. 줄탁동시란 줄과 탁이 함께 있어야 병아리가 부화할 수 있듯이 서로 함께 힘을 합쳐야 무슨 일이든 성취할 수 있다는 뜻이다.

한국 근현대사는 굽이굽이마다 줄탁동시의 역사라 할 수 있다. 여기서 줄이 인간의 노력과 열심을 말한다면 탁이란 하나님이 개입하신 역사이다. 중요한 것은 줄도 있어야 하지만 반드시 탁이 있어야 한다는 것이다. 한국 근현대사에서 줄탁동시의 하나님을 잘 보여주는 대표적인 사례가 해방과 건국의 역사다.

1945년 8월 15일 우리나라가 일제 36년의 식민지 지배에서 해방을 맞기까지, 그리고 1948년 8월 15일 대한민국이 건국되기까지 헤아릴 수 없이 수많은 분들의 노력과 희생이 있었다. 하지만 8.15 해방과 대한민국 건국은 단지 사람의 힘과 노력과 희생만 가지고는 결코 이루어질 수 없는 불가능한 일이었다. 줄탁동시의 하나님이 간섭하시지 않았다면 대한민국은 건국은 고사하고 일제로부터 해방되는 것조차 불가능했을 것이다. 만약 줄탁동시의 하나님이 함께하지 않았다면 우리나라는 혼란했던 해방정국에서 공산화되었을 것이다. 하지만 줄탁동시의 하나님께서 섭리하셨기에 우리나라는 해방을 얻었을 뿐만 아니라 자유민주주의 국가로 건국될 수 있었다.

한국 근현대사 전체는 이처럼 하나님이 함께하신 줄탁동시의 역사이다. 이 책은 역사의 주인 되시는 하나님께서 한국 근현대사 가운데 어떻게 간섭하시고 섭리하셨는지를 증거하고 있다.

셋째, 이승만 박사의 지대한 공헌과 업적을 알리기 위함이다.
이승만 박사는 누가 뭐래도 한국 근현대사의 중심축이다. 그를 빼고는 한국 근현대사를 말할 수 없다. 그는 우리나라가 일제로부터 해방되는 과정에서, 그리고 신생국 대한민국이 자유민주주의 국가로 건국되는 과정에서, 더 나아가 대한민국을 공산화의 위기에서 지켜내는 일에 가장 결정적인 공헌을 한 인물이다. 또한 대한민국이 선진한국이 될 수 있도록 중요한 토대를 세운 이도 이승만 박사이다. 이 책은 한국 근현대사를 구한말 시대, 일제시대, 해방 후 건국과정, 건국 초기와 6.25전쟁, 선진한국의 기초 확립 시기 등 크게 5단계로 나누어서 각 시대별로 이승만 박사가 이룬 업적이 무엇인지를 자세히 기술하였다.

바라기는 부족한 이 책이 왜곡된 한국 근현대사를 바로잡는데 조금이나마 일조할 수 있기를 기대하며 이 책이 나올 수 있도록 기도해주시고 끊임없이 격려해주신 모든 분들께 진심으로 깊은 감사를 드린다.

2018년 3월 1일
김재동 목사

| 추천의 글 |

과거를 바르게 알아야 오늘의 현실을 제대로 이해할 수 있고 내일을 최선으로 계획하고 추진해 나갈 수 있다. 역사를 공부하는 것은 바로 현재를 알아가는 작업이고 미래를 위한 최선의 준비이다.

나는 한때 대한민국의 근대사를 돌아보며 우리나라는 참으로 지도자 복이 없는 나라라고 생각했다. 초대 대통령 이승만박사는 3.15 부정선거로 인한 4.19 혁명으로 하야하였고 외국에서 쓸쓸하게 숨을 거두었다. 박정희대통령은 부하의 총탄에 맞아 갑작스럽게 세상을 떠났다. 그 뒤를 이었던 전두환, 노태우 대통령은 대통령 직을 마친 후에 감옥에 수감되었다. 부끄러운 역사라고 생각했다.

그러나 조국의 근현대사를 다시 공부할 기회가 있었고 초대 대통령 이승만을 배워가면서 그가 20세기 한국사에 있어서 너무도 출중한 인물임을 알게 되었다. 이승만이 없었다면 남한의 자유민주주의 공화국을 건립할 수 없었으리라고 생각한다. 그리고 6.25전쟁 때 한반도는 이미 공산화 되었으리라고 여겨진다. 이승만은 일제식민지에서 해방된 약소국가의 대통령이었지만 미국의 트루먼대통령, 맥아더 유엔사령관, 아이젠아워 미국대통령 등 당대 최고 세계지도자들 앞에서 당당하였고 조국 대한민국의 국익을 위하여 이들을 최대한 활용하였다. 그의 통찰력과 외교적 능력은 너무 탁월하여 당대의 세계 정치가들은 이승만을 외교의 귀재라고 불렀다.

2차 대전 이후 약 140개의 식민지 국가들이 독립했다. 대부분의 독립국들은 내란과 전쟁과 가난 속에서 허덕였고 거의 모든 신생국들의 지도자들은 독재자였다. 이 독재자들은 국민들의 고혈을 짜내어 개인의 치부와 향락을 추구했다. 그러나 이승만은 달랐다. 이승만은 세계에서 2번째로 못살았던 대한민국을 경제대국으로 발돋움 할 수 있도록 기초를 마련했다.

반면에 북한의 3대 세습독재는 전 세계에서 가장 잔혹한 것으로 평가되었고(북한은 민주화지수, 경제자유화지수, 언론·출판·표현의 자유지수 모두 세계 최하위임), 북한동포들은 300만명 이상이 굶어 죽었고 지금도 북한주민들의 약 43%가 영양실조이다. 북한의 독재자들은 국민들이 기아에 허덕여도 자신들은 전 세계의 산해진미를 먹고 있는 것으로 알려졌다.

이 책은 구한말부터 일제시대와 해방 후 혼란시대 그리고 대한민국 건국과정을 잘 설명하고 있다. 특별히 6.25전쟁과 6.25전쟁 이후 선진한국의 기초를 놓는 과정들이 구체적으로 정리되어 있다. 대한민국 근현대사는 조국의 독립운동과 해방 그리고 6.25전쟁을 막아냈던 이승만의 정치여정과 매우 밀접하다. 이승만을 알면 대한민국의 건국이 보인다. 이 책은 이승만과 대한민국에 대한 깨달음과 통찰력을 주는 소중한 책이다. 이 책의 집필을 위하여 심혈을 기울인 김재동목사님께 진심으로 감사를 드린다.

2018년 3월 1일

이용희 교수 (가천대, 국제교류협력기구 이사장)

| 목차 |

9　　3차 개정판을 내면서
18　　저자 서문
22　　추천의 글(이용희 교수)

31　　여는 글　한국 근현대사의 중심축, 이승만

제1장　구한말 시대

41　　1. 이승만의 청년시절
45　　2. 생지옥 같은 한성감옥
47　　3. 청년 이승만의 회심(回心)
49　　4. 한성감옥의 기적
52　　5. 기독교 입국론의 탄생
56　　6. 출옥과 미국유학
60　　7. 105인 사건

제2장　일제시대

69　　1. 하와이로 간 이승만
72　　2. 일제의 식민지 정책
74　　3. 3.1운동의 발단, 이승만
77　　4. 3.1운동과 무장독립운동
79　　5. 이승만 외교노선
83　　6. 일본내막기와 일본의 진주만 공격
85　　7. 카이로 선언과 8.15 해방

제3장 해방 후 혼란시대

- 93   1. 해방정국의 상황
- 98   2. 대한민국 건국의 최대 걸림돌, 좌우합작정책
- 100   3. 공산주의의 실체를 간파한 유일한 사람, 이승만
- 106   4. 공산주의의 실체
- 116   5. 김구의 변심과 4.30성명
- 119   6. 김구와 유어만과의 대화
- 122   7. 4.30성명의 복제판, 6.15선언과 10.4선언

제4장 대한민국 건국

- 131   1. 이승만의 마지막 승부수, 도미외교
- 133   2. 역사의 위대한 대전환점, 트루먼 독트린
- 137   3. UN 한국 임시위원단과 5.10 총선거
- 141   4. 1948년 5월 31일, 역사적인 제헌국회
- 146   5. 건국헌법 제정
- 149   6. 1948년 8월 15일, 대한민국 건국
- 154   7. 국가보안법 제정
- 158   8. 유엔 승인 획득 외교
- 161   9. 남북분단의 주범, 스탈린과 김일성
- 163   10. 대한민국의 초대 항일 내각
- 166   11. 반일과 반공 사이의 선택

제5장 6.25 전쟁

179	1. 6.25전쟁의 성격
182	2. 6.25전쟁관련 이승만을 둘러싼 의혹과 진실
193	3. 6.25전쟁 중의 주요 전투 및 사건
193	1) 대한해협 해전
194	2) 춘천전투
196	3) 8월 16일 구국 기도회와 B-29 융단폭격
198	4) 다부동 전투
199	5) 영천 전투
201	6) 초량교회 구국기도회와 인천상륙작전의 승리
204	7) 중공군과의 전투
204	- 장진호 전투
205	- 지평리 전투
206	- 용문산 전투
207	- 백마고지 전투
208	8) 이승만 대통령의 반공포로 석방

제6장 선진한국의 기초 확립 시기

- 217　1. 한미상호방위조약
- 221　2. 농지개혁
- 223　3. 교육혁명
- 225　4. 중화학공업 발전의 토대
- 227　5. 세계적인 원자력 국가의 토대
- 229　6. 경제개발 3개년 계획
- 231　7. 친환경 정책

- 235　**닫는 글**　내가 자네를 안다네!(I know you!)
- 243　부록1.　이승만은 독재자인가?
- 250　부록2.　보도연맹 사건의 진실은 무엇인가?
- 254　부록3.　부산 정치파동의 진실은 무엇인가?

여는 글

대한민국 근현대사

| 여는 글 |

한국 근현대사의 중심축, 이승만

근현대사(近現代史)란 현재로부터 그리 멀지 않은 가까운 과거의 역사를 통틀어 이르는 말이다. 이렇게 볼 때 한국 근현대사의 범위는 일본과의 강화도 조약이 있었던 1876년부터 현재까지라고 말할 수 있다. 시대별로 나눈다면 한국 근현대사는 아래 표와 같이 다섯 단계로 분류할 수 있다.

분 류	구 분
구한말 시대	1876.2.3(강화도 조약) ~ 1910.8.29(한일병탄)
일제시대	1910.8.29(한일병탄) ~ 1945.8.15(해방)
해방 후 건국과정	1945.8.15(해방) ~ 1948.8.15(대한민국 건국)
건국 초기와 6.25전쟁	1948.8.15(대한민국 건국) ~ 1953.7.27(정전협정)
6.25전쟁 이후	1953.7.27(정전협정) ~ 현재까지

방대한 한국 근현대사를 이해하는 가장 좋은 방법은 인물을 중심으로 연구하는 것이 가장 확실하다. 하지만 수많은 인물들을 다 연구하기에는 많은 시간이 필요하고 또 그렇게 하기가 쉽지 않다. 가장 쉬우면서도 가장 확실한 길이 있다. 바로 이승만이라는 인물을 중심으로 한국 근현대사를 연구하는 것이다. 그 이유는 한국 근현대사의 중요한 시기마다 그 역사의 중심 역할을 한 인물이 이승만이기 때문이다.

한국 근현대사에서 이승만이라는 한 인물이 이룬 업적을 시대별로 다섯 가지로 나눌 수 있다.

분 류	구 분	이승만 박사의 업적
구한말 시대	1876.2.3 ~ 1910.8.29	세계열강들에 의해 멸망해 가는 대한제국의 독립을 보전하는 일에 중심 역할을 했다.
일제시대	1910.8.29 ~ 1945.8.15	8.15 해방의 가장 결정적인 역할을 했다.
해방 후 건국과정	1945.8.15 ~ 1948.8.15	해방 후 대한민국 건국과정에서 중심 역할을 했다.
건국 초기와 6.25전쟁	1948.8.15 ~ 1953.7.27	제주4.3폭동, 여수 14연대 반란, 6.25전쟁 등 공산화 위기에서 대한민국을 수호하는 일에 중심 역할을 했다.
선진한국의 기초 확립 시기	1953.7.27 ~ 1960.4.26	선진한국의 기초를 쌓는 일에 중심 역할을 했다.

위의 내용만 보더라도 이승만 한 사람이 한국 근현대사에 얼마나 지대한 역할을 했는지를 알 수 있다.

이렇게 한국 근현대사의 시기마다 중심 역할을 하다 보니 이승만에게는 최초라는 수식어가 수도 없이 많다.
최초의 영어교사(1895), 최초의 영어 연설가(1897), 최초의 한글 시인(1898), 서양식 연좌농성을 시작한 최초의 운동권 지도자(1898), 최초로 주간지와 일간지 신문을 만든 사람(1898), 최초로 우리 언론의 민족주의 전통을 수립한 특종기자(1898), 양반 가운데 최초로 예수를 믿은 사람(1899), 최초의 전도왕(1902), 최초의 옥중 학교 설립자(1902), 최초로 옥중 예배를 시작한 사람(1902), 완성되지는 못했지만, 최초로 영한사전 편찬을 시도한 사람(1903), 최초의 국제법 박사(1910), 최초의 남녀공학 설립자(1918), 최초의 대한민국 임시정부대통령(1919), 최초의 영문 베스트셀러 작가(1941), 대한민국 최초의 대통령(1948).

이렇게 최초가 많은 이유는 이승만이 걸어간 그 길이 곧 한국 근현대사의 역사이기 때문이다. 인물은 인물을 알아본다. 이승만이 한국 근현대사에 끼친 영향력을 아는 사람들은 한결같이 그에 대해 최고의 호평을 쏟아낸다. 이승만에 대한 몇몇 사람들의 평가를 살펴보자.

"한국 근현대사 연구에서 이승만을 빼놓고는 어떤 사건도 정확한 설명이 되지 않는다."
— 그렉 브레진스키 (現 조지 워싱턴 대학교수)

"이승만이야말로 과거에도 위대했고 지금도 위대한 인물이다. 그는 한국이 배출한 위인 중 하나이다."
— 애비슨 박사 (세브란스 병원 설립자)

"국가 창업은 아무나 할 수 있는 일이 아니다. 이승만 대통령은 우리 민족의 정체성을 찾아주신 어른이다. 음수사원(飮水思源)으로 물을 마실 때 수원(水源)을 생각한다는 뜻으로, 근본을 잊지 않음을 일컫는 말 (편집자 주) 대한민국 국민이라면 누구나 이 박사에 감사해야 한다."
— 이범석 (前 총리)

"이승만 박사는 조지 워싱턴, 토마스 제퍼슨 그리고 에이브러햄 링컨을 모두 합친 만큼의 위인이다."
— 김활란 박사 (前 이화여자대학교 총장)

"한국 현대사의 가장 위대한 사상가, 학자, 정치가, 위대한 한국의 애국자, 강력한 지도자, 강철 같은 사나이, 카리스마적인 성격의 소유자로 자기 체중만큼의 다이아몬드에 해당하는 가치를 지닌 인물이다."

- 밴 플리트 장군(前 미 8군 사령관)

"이승만은 공산주의에 대한 증오에서는 타협을 몰랐고, 자기 국민에 대한 편애가 심했고, 불가능한 일을 끈질기게 요구했으나 마음속에는 깊은 애국심으로 가득했고, 애국심에 의지해 오랜 망명 생활을 보내고 귀국한 이후 눈뜬 시간의 거의 전부를 나라를 위해 바쳤다."

- 매튜 리지웨이(前 미 8군 사령관)

"한국의 애국자 이승만을 세계에서 가장 위대한 반공 지도자로 존경한다."

- 마크 클라크(前 유엔군 사령관)

"한국의 이승만 같은 지도자가 베트남에도 있었다면, 베트남은 공산군에게 패망하지 않았을 것이다."

- 맥스웰 테일러(前 미 8군 사령관)

"다른 나라에서 그 유례를 찾아보기 어려운 지도자이다. 그의 이름은 위인을 많이 배출한 한국역사에서도 단연 가장 위대한 정치가로 기록될 것이다"

- 올리버 박사(이승만 대통령의 정치외교 고문)

"이승만은 한국 현대사의 핵심인물이다." - 유영익 박사(前 국사편찬 위원장)

"이승만은 20세기 한국인 중에서도 최고 위인이자 영웅이며 동시에 대한민국을 건국한 아버지이다." - 이한우 박사(前 조선일보 논설위원 문화부장)

이승만에 대한 평가는 호평만 있는 것은 아니다. 오히려 상당수의 국민들이 이승만을 부정적으로 생각하는 것이 오늘날 대한민국의 현실이다. 이것은 그 동안 대부분의 연구자들이 그의 공적에 관해서는 관심과 연구를 소홀히 한 결과 건국대통령 이승만에 대한 역사적 평가가 공정하게 이루어지지 않았기 때문이다. 이승만 대통령이 일제시대 외교노선에 의한 독립운동을 한 일이라든지 대한민국을 건국한 일이라든지 국가보안법을 제정하여 공산화의 위기에서 대한민국의 안보를 수호한 일이며 농지개혁을 하여 농민들에게 토지를 나누어 준 일이며 초등학교 의무교육을 하여 해방 당시 80%의 문맹률을 크게 줄인 일이며 27,000여 명의 반공포로를 석방한 일이며 한미상호방위조약을 체결하여 정전협정 이후 지금까지 65년 이상의 평화를 유지할 수 있는 방위체제를 갖추게 한 일 등은 결코 과소평가할 수 없는 이승만 대통령의 크나큰 공적이다.

대한민국은 현재 치열한 역사 전쟁 중이다. 그 전쟁의 한복판에 이승만이 있다. 이승만을 어떻게 이해하느냐에 따라 대한민국의 미래가 달려있다. 왜냐하면, 이승만을 어떻게 이해하느냐에 따라 대한민국에 대한 역사관과 국가관이 결정되기 때문이다. 그 시대의 미래는 국민들이 가지고 있는 역사관과 국가관에 의해 좌우된다. 대한민국에 대한 올바른 역사관과 국가관을 갖기 위해서는 이승만이 어떤 인물인지를 거짓과 추측이 아닌 사실에 입각하여 정확하게 이해해야 한다. 이 부분에 대하여 우리는 이한우 박사의 다음과 같은 말을 깊이 새길 필요가 있다.

"1995년 조선일보에 초대 대통령인 이승만 박사의 전기를 제가 연재하게 되었습니다. 연재 과정이 저한테는 굉장히 충격적인 경험이었습니다. 대중이 알고 있던 이승만이란 인물과 실제 역사적 사실과의 괴리가 너무나 컸기 때문입니다. 저는 이승만의 전기를 연재하면서 한 인물의 원자료(1차 사료)를 보면서 그 사람의 생애를 들여다보는 것과 단순히 막연하고 피상적인 자료로 그 인물에 접근하는 것이 얼마나 큰 차이를 만드는지 깊이 체험했습니다."

대한민국 국민의 대다수는 이승만 그러면 1960년 4.19혁명으로 인해 대통령직에서 물러난 사실 하나만 가지고 그를 독재자로 기억하고 있다. 이승만을 독재자로 기억하고 있는 대부분의 사람들은 이승만이 어떠한 길을 걸어왔는지 전혀 알지 못한 채 무조건 독재자라고 몰아붙인다. 이렇게 한 인물의 생애 전체를 살펴보지 않고 한 단면만을 보고 그 인물을 평가하는 것은 그것 자체만으로도 역사 왜곡이다. 더군다나 한국 근현대사에서 중심축이라고 할 만큼 중요한 위치를 차지하고 있는 한 인물에 대해서 자세히 살펴보지 않고 일면만을 보고 그것이 전부인양 단정 짓는 것은 심각한 문제가 아닐 수 없다. 그런 의미에서 이승만을 중심으로 한국 근현대사가 어떻게 진행되어 왔는지를 자세히 살펴보는 것은 매우 중요한 일이라 하겠다.

1 구한말 시대

1. 이승만의 청년시절
2. 생지옥 같은 한성감옥
3. 청년 이승만의 회심(回心)
4. 한성감옥의 기적
5. 기독교 입국론의 탄생
6. 출옥과 미국유학
7. 105인 사건

제1장 구한말 시대

한성감옥 동지들과 함께(1903년)
왼쪽 끝에 서 있는 사람이 이승만이다.

구한말 시대 조선을 방문해 '한국과 그 이웃 나라들(Korea and her Neighbors)'이라는 책을 쓴 이사벨라 비숍의 눈에 비친 구한말 조선의 모습은 불결함, 게으름, 무기력, 부정부패, 가난과 무지, 미신, 각종 질병 등으로 얼룩진 시대였다. 무엇보다 철저한 신분제도로 인해 대다수의 백성들에게는 자유가 없던 시대였다. 당시 자유가 없던 구한말 조선의 상황을 묘사한 글들을 소개하면 다음과 같다.

"주민들은 말 그대로 농부들인데, 대부분이 양반으로부터 농지를 빌려 쓰고 있다. 토지 소유자는 추수를 마친 후에 그들을 쫓아버릴 수도 있는 권리를 갖고 있었지만, 억압적으로 그 권리가 행사되고 있는 것 같지는 않았다. 지주는 씨앗을 제공하며, 농부들은 지주에게 소출의 반을 지불하였다. (중략) 그들은 게을러 보인다. 나는 정말로 그렇다고 생각했었다. 그러나 그것은 한국인들이 자기 노동으로 획득한 재산이 전혀 보호되지 못하는 체제 아래 살고 있기 때문이다. 관리와 귀족의 가혹한 세금 징수 하에서 소작농들이 고통 받고 있다."[1]

"이 민족엔 거대한 카스트 제도가 존재하며 내가 알기론 두 개의 분명한 계층이 있다. 막 노동꾼이나 일꾼계층이 있고 또 양반계층이 있다. 양반은 품위를 떨어뜨린다고 생각하는 육체노동은 전혀 하지 않는다."[2]

"고위층은 가난한 계층에게 돈을 뜯고 그들은 돈을 내줘야 한다. 그래서 이 나라는 매우 가난하고 사람들의 비참한 상태는 계속된다."[3]

"일반 백성의 자식들은 아무리 총명해도 경륜을 펼칠 수 없으므로 힘써 노력할 필요가 없다며 배우기를 힘쓰지 않으니 수없이 많은 아까운 인재들이 버려지고 있다. 전국을 통틀어 양반은 전 국민의 천분의 일도 안 된다. 양반들이 모두 나라를 위해 일한다 할지라도 나머지 999는 모두 양반들을 위해 사는 사람들이니 나라에서는 999의 백성을 잃어버린 것이나 마찬가지다. 이처럼 우수한 백성들을 잃어버려 나라는 날마다 쇠퇴하여 이 지경에 이르렀으나 백성들은 이를 깨닫지 못하고 개혁하려 하지 않는다."[4]

한마디로 구한말 조선의 풍경은 어두움 그 자체였다. 그런 어둠으로 가

---

1 이사벨라 비숍. 2012. 「한국과 그 이웃 나라들」. 경기도:살림. p.100
2 매티노블. 손현선 옮김. 2010. 「조선회상」. 서울:좋은 씨앗. p.36
3 위의 책 p.57
4 이승만. 김충남 김효선 풀어 씀. 2010. 「독립정신」. 서울:동서문화사. p.105

득한 이 땅에 자유와 구원의 빛이 서서히 비쳐오기 시작했다. 그 빛은 처음에는 아펜젤러, 언더우드, 헤론, 애비슨, 헐버트, 벙커, 게일과 같은 기독교 선교사들을 통해 찾아왔다. 그리고 선교사들을 통해 이승만이라는 한 사람이 구원을 받음으로 이 민족의 구원역사는 시작되었다.

1. 이승만의 청년 시절

이승만은 세종대왕의 형인 양녕대군의 16대손으로 조선 말엽인 1875년 3월 26일 황해도 평산에서 태어난 왕족의 후손이었다. 하지만 5대조 이후부터 벼슬이 끊기면서 이미 오래 전에 몰락한 가문이 되어 이승만이 태어날 때 그의 집안은 무척이나 가난했다. 그런 어려운 환경에서도 이승만의 어머니(김 씨)는 자식 교육에 남다른 관심을 가졌다. 그래서 6대 독자인 이승만이 머리가 매우 비상하고 총명하다는 것을 발견하고 그에게 더 좋은 교육을 받게 하기 위해 남편을 설득하여 서울로 이사하였다.

이승만이 어렸을 때 살던 곳은 남산의 남쪽 언덕이었다. 그 언덕은 조선시대에 기우제를 지냈던 장소로 언덕 남쪽에 살았던 이승만은 자신의 호를 기우제 마을 남쪽에 사는 남자라는 뜻인 '우남(雩南)'이라 지었다.

이승만은 6세 때 이미 천자문을 다 외울 뿐만 아니라 "바람은 손이 없어도 나무를 흔들고 달은 발이 없어도 하늘을 건너간다."는 한시를 지을 정도로 재능이 뛰어났다. 그래서 매년 한 번씩 치르는 도강(都講)이라는 종합시험에서 늘 장원(壯元)을 했다. 하지만 13세부터 해마다 과거에 응시했지만, 매번 낙방의 고배를 마셨다. 그도 그럴 것이 이승만이 과거에 도전했던 어느 해는 158,578명의 응시자 가운데 급제자는 겨우 5명이 될 만큼 경쟁률이 지독했다. 높은 경쟁률보다 더욱 심각했던 것은 부정부패였다. 답안지는 보지도 않고 덮어버리는 것은 예사였고 급제는 모두 시험관에게 바치는 금품에 의하여 결정되던 때였다. 당시 과거시험을 둘러싼 부정부패가 얼마나 심각했는지를 언더우드 선교사는 다음과 같이 증언한다. "질투와 탐욕으로 가득한 정치 바람이 강한 입김으로 작용하기 때문에 답안지가 공정하게 평가되지 못하고 수험생들의 눈앞에서 무거운 돈다발이 오고 가야 했다. 사람들은 전적으로 정치적 인맥에 의하거나 또는 돈지갑의 두께에 따라서 그 지위가 바뀌었다." [5]

어려서부터 신동이요 천재로 불렸지만 계속되는 과거의 낙방으로 인해 깊은 절망감에 빠져 있던 이승만은 19살이 되던 1894년에 과거제도가 폐지되었다는 충격적인 소식을 듣게 되었다. 이승만은 과거제 폐지가 "전국 방방곡곡에 묻혀있던 야망적인 청년들의 가장 고귀한 꿈을 산산이 부수는 조치"라며 아쉬워했다.

여러 번에 걸친 과거시험 낙방과 과거제도 폐지로 인해 실의와 낙심에 빠진 채 집에 머물고 있던 이승만에게 어느 날, 신긍우, 신흥우 라는 친구가 찾아와 배재학당 입학을 권유하였다. 배재학당은 아펜젤러 선교사가 1885년에 설립한 조선 최초의 서양식 교육기관이었다. 당시 배재학당은 한국인, 미국인, 중국인, 일본인 등이 두루 섞여 있는 국제학교로써 학생 수가 109명이나 되었다. 미국 기독교계가 일본, 중국, 한국 등

---

5 호레이스 언더우드. 2000. 「와서 우릴 도우라」. 서울:기독교문서선교회. p.46

아시아를 대상으로 본격적인 선교 사업을 펼치기 시작한 때여서 배재학당의 교사진은 미국에서 파견된 선교사들로서 일류 대학에서 수학한 엘리트들이었다.[6] 이승만은 배재학당에 입학하자는 친구의 권유를 처음에는 완강히 거절하였다. 하지만 친구의 끈질긴 설득으로 인해 1895년 4월 2일, 20세의 나이에 배재학당에 입학하였다. 이승만이 배재학당에 입학한 것은 단지 영어 한 가지를 배우기 위해서였다. 하지만 이승만은 선교사들을 통해 영어보다도 더 중요한 것을 깨닫게 된다.

"배재학당에 입학할 당시 나의 가장 큰 욕심은 거기서 영어 한 가지만을 잘 배우는 것이었다. 그러나 나는 그곳에서 영어보다 더 중요한 것을 배웠음을 깨달았다. 그것은 정치적 자유의 개념이었다. 우리나라의 일반 백성이 무자비하게 정치적 억압을 당하는 상황에서, 평생 처음으로 기독교 국가에서는 국민들이 법률에 따라 지배자의 횡포로부터 보호받는다는 것을 배웠다. 나는 속으로 우리가 그와 같이 정치적 원칙을 채택한다면 나라의 핍박 받는 동포들에게 커다란 축복이 되겠구나 하고 생각했다."(1912년에 쓴 회고)

여기서 청년 이승만이 생각한 '정치적 원칙'이란 입헌군주제를 뜻한다. 입헌군주제란 군주의 권력이 헌법에 의하여 제한을 받는 정치체제이다. 정치형태에는 전제군주제, 입헌군주제, 민주공화제가 있다. 이승만은 배재학당 시절, 절대군주의 횡포로부터 나라가 사는 길은 영국이나 일본같이 군주제를 입헌군주제로 바꾸는 것이라고 생각하였다. 그러나 궁극적으로는 미국과 같은 민주공화제 즉, 군주가 없는 민주국가가 세워

---

[6] 오인환. 2013. 「이승만의 삶과 국가」 경기도:나남. p.32

져야 한다고 생각하였다.

이승만이 이러한 생각을 하게 된 배경에는 선교사들과 더불어 서재필과 윤치호의 영향이 컸다. 이들을 통해 모든 사람은 자유롭고 평등하다는 자유주의 사상, 그리고 국민은 정부를 선택할 권리를 갖는다는 민주주의 사상을 접했을 때 군주제와 신분제밖에 모르던 이승만에게는 큰 충격이었다.

배재학당을 졸업한 이승만은 1898년 1월 1일에 '협성회 회보'를 창간하고 그 회보의 주필이 되어 논설을 쓰며 언론인으로서의 활동을 시작했다. 1898년 4월 9일에는 한국인 최초의 일간신문인 '매일신문'을 창간하고, 같은 해 8월 10일 '제국신문'을 창간하여 주필로 활약했다. 한편 서재필과 함께 설립한 독립협회의 정치개혁 운동의 선봉에 선 이승만은 1898년 3월부터 시작된 독립협회의 만민공동회에서도 선도적 역할을 담당했다. 그는 단번에 젊고 역동적인 스타 연설자로서 급부상했다. 당시 이승만은 비록 23세의 젊은 나이였지만 만민공동회에서 이상재, 윤치호, 서재필과 함께 4대 웅변가에 속할 정도로 인기가 많았다.

이승만이 신문과 만민공동회를 통해 주장한 내용은 두 가지였다. 첫째는 외세의 침탈을 폭로함으로 세계열강들에 의해서 기울어가는 나라의 주권을 수호하고 독립을 보전하자는 것이었고, 둘째는 부패하고 무능한 조정을 향해 전제군주제를 입헌군주제로 과감하게 개혁하자는 것이었다. 그런 가운데 급진 개혁가 박영효 중심의 입헌군주제 정부를 세우려는 쿠데타 음모에 가담하였고 불행히도 그 음모가 사전에 발각됨으로써 이승만은 체포되어 1899년 1월 9일, 한성감옥에 투옥되었다.

2. 생지옥 같은 한성감옥

1899년 청년 이승만이 한성감옥에 투옥될 당시 한성감옥은 생지옥이나 마찬가지였다. 유영익 박사의 저서 "젊은 날의 이승만"에 보면 한성감옥에 대해 다음과 같이 기술하고 있다.[7]

"원칙적으로 한방에 15명을 수용하도록 설계된 감방 안에서 죄수 1명당 차지할 수 있는 공간은 0.23평이었다. 감방은 온돌이었지만 감방 내의 위생 상태와 형정 질서는 이루 형언할 수 없이 열악하였다."

1899년 초에 이승만에게 『신약성서』를 공급해준 미국인 선교사 에디는 한성감옥 내 죄수들의 생활실태에 대해 아래와 같이 기술한 바 있다.

"그들의 감옥이란 이루 형언할 수 없다. 자백을 받아 내거나 남을 연루시키기 위해 자주 고문을 가하고 죄수들을 축사에 가둔 소 떼처럼 이리저리 몰아붙인다. 죄수들은 위생상태가 형편없고 해충이 우글거리는 흙바닥 위에서 숨 막히게 답답한 분위기를 참아가며 잠시도 방을 비우지 못한 채 생활한다. 그들은 흉악범, 무뢰한들과 어울려 있다. 답답한 감방 안에 사람이 너무 많기 때문에 재빨리 칼을 쓰고 준비하지 않으면 다른 사람과 겹쳐 앉지 않는 한 제대로 앉을 수조차 없다. 그들은 간수들과 동료 잡범들에 의해 잔인하게 취급 받는다. 구역질 나고 때로는 부패한 급식이지만 약한 자의 몫을 강한 자가 빼앗아 먹는다. 정치범들이 겪는 고문은 죽음의 고통이다. 김 모 씨는 고문을 받다가 다리가 부러졌다."

---

7 유영익. 2009.「젊은 날의 이승만」. 서울:연세대학교 출판부. p.30~33

1902년 6월 한성감옥에 투옥된 일본 육군사관학교 출신 장교 김형섭은 한성감옥의 실태에 대해 이보다 더 생생한 증언을 남겼다. 우선 그는 감방 안에 50명 가량의 사람들이 빼곡히 들어차 있기 때문에 수감된 죄수들의 모습은 "마치 바구니 속에 서로 겹쳐 밀치락달치락 거리는 미꾸라지들 같다… 감방 안의 공기는 후덥지근한 데다 체취와 땀 냄새 그리고 대소변의 악취가 지독해 처음으로 감방에 들어가는 사람은 숨 쉬는 것조차 힘들어 문틈으로 코를 돌려야 한다. 감옥의 급식 상태는, 팥밥과 콩나물 소금국이 전부인데 음식을 담은 그릇이 불결하여 보기만 해도 먹을 생각이 들지 않는다. 옥리들이 자기들 배를 채우기 위해 나쁜 쌀에다 팥을 섞어 밥을 짓기 때문에 돌이나 겨 껍질 그리고 다른 잡물들이 너무 많이 섞여 있어 감옥에 오래 갇혀 있으면 누구나 이가 상하고 위를 버리게 된다."라고 말했다.

김형섭은 감옥에 득실거리는 해충, 특히 빈대의 '공격'이 여러 가지 고통 가운데 가장 참기 어려운 것이었다고 하면서 그 실상을 아래와 같이 묘사하였다. "(감방에 들어가) 얼마쯤 지나자 발에서 허리를 거쳐 머리 주변까지가 (몸이) 가려워졌다. 빈대 때문이었다. 손이 자유롭지 못하기 때문에 아무리 긁어도 (소용없이 빈대에게) 물도록 맡겨 두는 수밖에 별 방도가 없었다. 이들에게 나는 완전히 두 손을 들었다. 옥리나 간수도 차마 (이 광경을) 눈 뜨고 볼 수 없었던지 때때로 방안에 들어와 머리 근처나 발목에 무리 지어 있는 빈대를 떨어내 주었다. 결국, 나중에는 머리와 발목이 새빨갛게 부어 올랐다. 그러나 그쯤 되면 이미 통증을 느낄 수 없게 된다."

한마디로, 한성감옥의 실태는 생지옥이었다. 이승만이 한성감옥에 갇혀 있던 1900년 전후에 이 감옥에는 140명 정도의 미결수와 205명 이상의 기결수를 포함, 모두 345명의 죄수가 갇혀 있었다.

3. 청년 이승만의 회심 (回心)

이승만은 생지옥 같은 한성감옥 안에서 6개월간 손목에는 수갑, 다리에는 족쇄, 목에는 10kg의 무거운 칼을 쓰고 미결수의 생활을 했다. 가장 무서운 것은 고문의 고통이었다. 고문당하던 때의 일을 이승만은 다음과 같이 회고했다. "그들은 나를 캄캄한 방에 눕혀 놓았는데, 나는 그 다음 날 아침까지 무슨 일이 있었는지 알지 못했다. 그리고 나는 다시 감옥으로 끌려갔다. 그때 나는 다시 감옥으로 끌려가기 전에 얼마나 죽고 싶었는지 모른다. 그들은 나에 대한 적의를 마구 뿜어내는 성난 짐승들 같았다." 고문이 얼마나 잔혹했던지 이승만은 차라리 죽기를 소망했다. 당시 이승만은 두려움에 떨며 "나는 이 세상에 있는 것이 아니다. 조금만 있으면 다른 세상에 갈 터인데 저 외국 사람들이 나에게 말해준 예수를 믿지 않았기 때문에 그 세상의 감옥에 가 있게 될 것이다."라고 생각했다.

이때 이승만은 자신이 조만간 처형될지도 모른다는 죽음의 공포 속에서 심각한 종교적 고뇌를 겪고 있었다. 그때 그는 애비슨(O.R. Avison) 박사에게 사람을 보내어 영어 성경과 영한사전을 차입해 줄 것을 부탁했고 애비슨은 때마침 서울에 부임한 캐나다 선교사 해로이드(Harroyd) 양을 통해 에디(Eddy)가 공급하는 영문 신약성경을 이승만에게 차입해 주었다. 이렇게 입수된 신약성경을 탐독하던 어느 날 이승만은 하나님께 기도를 드리면서 예수님을 믿게 되었다. 이 과정에 관해서 이승만은 자신의 영문 투옥 경위서에서 다음과 같이 고백하였다.

"나는 감방에서 혼자 있는 시간이면 이 성경을 읽었다. 그런데 선교학교(배재학당)에 다닐 때는 그 책이 나에게 아무 의미가 없었는데 이제 그것이 나에게 깊은 관심거리가 되었다. 어느 날 나는 선교학교에서 어느 선교사가 하나님께 기도하면 하나님께서 그 기도에 응답해 주신다고 했던 말이 기억났다. 그래서 나는 평생 처음으로 감방에서 '오 하나님, 나의 영혼을 구원해 주옵소서. 오 하나님, 우리나라를 구원해 주옵소서!'라고 기도하였다. 그랬더니 금방 감방이 빛으로 가득 채워지는 것 같았고 나의 마음에 기쁨이 넘치는 평안이 깃들면서 나는 (완전히) 변한 사람이 되었다."

이와 같이 이승만은 한성감옥 안에서 기독교를 받아들이기로 결심하였다. 그가 결신한 날짜가 정확히 언제인지는 밝혀지지 않았지만, 그 시기는 1899년 2~3월경이었을 것이다. 이렇게 따져볼 때 이승만은 양반, 왕족, 상류층 출신으로는 국내에서 최초로 기독교를 받아들인 사람이라고 말할 수 있다. 이승만보다 먼저 기독교를 받아들인 양반 지식인으로는 1883년 동경에서 개종한 이수정과 1885년 샌프란시스코의 서재필, 1887년 상해의 윤치호 등이 있다. 하지만 국내에서 양반 지식인 중에 기독교를 처음으로 받아들인 사람은 이승만이 첫 번째다.

기독교를 받아들인 이승만은 동료 죄수들과 함께 감방에서 성경을 몰래 공부하면서 마음에 큰 평안과 기쁨을 맛보게 되었다. 이 기쁨에 대해 그는 영문으로 쓴 '자서전 개요'에서 아래와 같이 고백하였다.

"나는 그 후 성경을 구하려고 했으나 옥중에서는 종교 서적이 아무것도 허용되지 않았고 또한 선물도 허용되지 않았다. 그러나 비밀 방법을 통해 셔우드 에디 박사가 조그마한 신약성경을 보내왔는데 그것을 받은 나는 얼마나 기뻤는지 모른다. 죄수 한 사람은 간수들이 오는가를 살피기 위해 파수를 섰고 또 한 사람은 성경 책장을 넘겨주었다. 나는 몸이 형틀에 들어가 있었고 손에 수갑이 채워 있어서 책장을 넘길 수가 없었다. 나의 마음속에 드리운 그 안위와 평안과 기쁨은 형용할 수 없었다. 나는 그 감옥에서 얼마나 감사했는지 잊을 수가 없다. 나는 6년 반 동안(사실은 5년 7개월)의 감옥살이에서 얻은 축복에 대해서 영원히 감사할 것이다. 1904년 8월 7일 나는 사면(赦免)을 받고 다시 세상에 나올 수 있는 자유를 얻었다."

4. 한성감옥의 기적

이승만이 5년 7개월 동안 있었던 한성감옥에서는 이승만을 통해 적어도 세 가지의 놀라운 기적이 일어났다.

1) 옥중학당

이승만은 한성감옥 서장 김영선에게 '옥중 학당' 개설을 탄원했다. 감동한 김영선은 학당 운영을 허락했을 뿐만 아니라 옥리들로부터 거둔 의연금과 함께 문필 도구를 지원해 주었다. 1902년 10월부터 아이들 수십 명을 모아 성경, 국문, 역사, 영어, 일어, 산수, 세계지리 등을 가르쳤다. 그러다 나중에는 어른들도 배우기를 청하여 어른학교도 개교되었다.

'옥중 학당'과 함께 또 하나 흥미 있는 일은 감옥 안에 있는 죄수들이 책을 대여해서 볼 수 있도록 '옥중 도서관'을 운영한 것이다. 도서관이 설치된 시기는 '옥중학당' 설립과 거의 비슷한 1902년 12월경이었다. 무려 523권의 책을 구비한 이 도서관은 궁중 왕립 도서관 '집옥재'와 맞먹는 수준이었다고 한다. 그 가운데 약 3분의 2는 기독교 관련 서적들이었고 나머지는 세계 역사, 지리, 국제법에 관한 책들이었다. 이처럼 옥중 도서관이 마련될 수 있었던 것은 여러 선교사들이 차입해 준 기독교 관련 책자들 덕분에 가능했다.

한성감옥에서 가장 지독한 공붓벌레는 이승만이었다. 이승만은 항아리 속에 양초를 숨겨두고 밤에도 영어공부에 열중했다. 그러면서 영국, 중국, 일본 등지에서 발행되던 일간지와 각종 잡지 등도 읽어나갔다. 이때 이승만은 일본어도 읽을 수 있는 수준이었다. 당시 이승만의 독서 내용과 방향을 면밀하게 조사한 유영익 박사는 이승만이 관심을 쏟았던 탐구 분야의 우선순위를 다음과 같이 매겼다. 기독교 신앙 서적이 압도적으로 많았고, 이어 역사서, 법률이나 외교 등 시사 관련 서적, 문학 서적 순이었다. 특히 이승만이 읽고 또 읽은 것은 '신약성경'과 존 번연의 '천로역정'이었다고 한다. 물론 영어로 된 것들이었다.

2) 옥중전도

이승만이 감옥에 들어온 지 1년쯤 지났을 때 이상재, 이원긍, 김정식, 홍재기 등 독립협회의 옛 동지들이 다른 시국 사건에 연루되어 한성감옥에 들어왔다. 독실한 기독교 신자가 된 이승만은 정기적으로 감옥을 방문하여 성경공부를 인도해준 아펜젤러, 언더우드 및 벙커 등 선교사들의 도움을 받아 가면서 이들 동료 죄수들에게 열심히 전도하였다. 그 결과 옥중에서 기독교로 개종한 죄수와 간수들의 수는 무려 40여 명에 달하였다. 그들 중에는 이상재, 이원긍, 유성준, 김정식, 홍재기, 김린 등 훗날 한국 근현대사에 커다란 족적을 남긴 양반 출신들이 많았다. 이승만이 이처럼 영향력 있는 양반 계층의 지식인들을 집단적으로 개종시킨 사실은 한국 기독교 역사상 대서특필해야 할 큰 사건이었다.

1902년 9월에는 콜레라로 인해 조선인 23,000여 명이 사망을 하는 일이 있었다. 한성감옥이라고 예외는 아니었다. 어떤 날은 하루 만에 17명이 죽어 나가는 그런 일들도 있었고 5일 만에 60명이 죽어 나갈 정도로 콜레라가 확산되었다. 이때 이승만은 죽어가는 환자들을 돌보면서 그들이 임종하기 직전까지 복음을 전했다. 1903년 5월 신학월보에는 그의 '옥중 전도'에 대한 이야기가 이렇게 실려 있다.

"성신이 나와 함께 계신 줄 믿고 마음을 점점 굳게 하여 영혼의 길을 확실히 찾았으며… 작년 가을에 괴질(콜레라)이 옥중에 먼저 들어와 사오일 동안에 육십여 명을 눈앞에서 끌어내릴 새, 심할 때는 하루 열일곱 목숨이 앞에서 쓰러질 때는 죽는 자와 호흡을 상통하며 그 수족과 몸을 만져 시신과 함께 섞여 지냈으나, 홀로 무사히 넘기고 이런 기회를 당하여 복음 말씀을 가르치매 기쁨을 이기지 못함이라."

3) 옥중예배

이승만은 이상재, 이원긍, 김정식, 홍재기 등 과거 독립협회에서 함께 활동했던 양반 지식인들이 감옥에 들어오자 그들에게 전도하였고 그들과 더불어 성경공부에 박차를 가하였다. 그러던 1902년 12월 28일, 이승만은 죄수들과 간수들과 함께 감옥에서 예배 모임을 시작하였다. 옥중에서 드리는 예배를 통해 이승만과 그의 신앙 동지들은 생지옥 같은 한성감옥을 복당이라고 부르기 시작했다. 캐나다 선교사 게일은 그의 저서 『전환기의 한국』(1909년)에서 아래와 같이 서술했다.

"벙커 목사 부부가 정기적으로 방문했던 이들(이승만, 유성준, 김린, 이상재, 이원긍, 김정식 등)의 감옥은 처음에는 (진리) 탐구의 방으로 시작하여 다음에는 기도의 집이 되고, 그 다음에는 예배당으로 바뀌었다가, 급기야 신학당이 되었다. 이 과정을 끝내자 하나님께서는 이들을 모두 감옥에서 내보내어 사역(使役)토록 하셨다. 그들은 높은 사회적 지위와 정치적 영향력, 그리고 우수한 한문 실력 때문에 (이 나라) 수도의 기독교계에서 최초의 지도자가 되었다."

5. 기독교 입국론의 탄생

이승만이 한성감옥에 투옥된 5년 7개월의 기간은 크게 3단계로 나눌 수 있다. 첫 번째 단계는 이승만 개인의 회심과 변화(성장)를 경험한 시기(1899~1900년)이며 두 번째 단계는 옥중 학당, 옥중 전도, 옥중 예배를 통해 복음이 증거되면서 한성감옥 안에 있는 수많은 사람들이 예수를 믿고 변화를 경험하면서 생지옥 같았던 한성감옥 안에 하나님의 나라(the kingdom of God)가 임하게 되는 시기(1901~1902년)이다. 세 번째 단계는 한성감옥의 경험을 바탕으로 기독교 정신으로 나라를 세워야 한다는 기독교 입국론에 관한 수많은 글들을 남기게 되는 시기(1903~1904년)이다.

한성감옥에서 회심한 이후 이승만에게 찾아온 가장 큰 사건이 있다면 기독교 입국에 대한 꿈을 품기 시작했다는 것이다. 한성감옥은 이승만으로 하여금 기독교 입국에 대한 비전을 품게 하려고 하나님이 준비하신 훈련 캠프이자 광야 학교였다.

1903년 11월에 쓴 "교회 경략"에 보면 이승만은 새로운 나라에 대한 건국비전을 이렇게 꿈꾸었다. "우리도 오늘부터 깨달아 우리 손으로 힘들여 나라를 영국, 미국같이 만들어 놓고, 세계 각국에 대한 선교사를 파송하여 야만과 미개한 인종들에게 전도할진대 우리의 나중 복도 크겠고 우리의 권리도 커지겠고 우리나라의 영광도 영국, 미국같이 드러날지라."[8]

"교회 경략"의 마지막은 이렇게 끝나고 있다.
"마땅히 만국의 왕이시고 만국 왕의 왕이신 예수 그리스도로 우리의 왕을 삼아 피와 정욕의 모든 상전을 다 버리고 함께 돌아와 만세에 빛난 용상 앞에 머리를 숙이고, 모두 천국을 위하여 싸우는 강병이 되어 사탄과 세상을 쳐서 이기고 만국을 합하여 한 천국을 만들자"

이 내용을 보면 이승만이 꿈꾸었던 건국비전은 두 가지로 요약된다. 하나는 미국과 영국처럼 자유와 평등이 보장되는 자유민주주의 국가로써 기독교 정신에 기초한 선진한국이었다. 그것은 단순히 잘 사는 선진국만을 의미하지 않는다. 공의와 정의가 강물같이 흐르는 정직하고 의로우면서 잘 사는 나라, 즉 거룩한 선진한국을 의미한다.

---

8 1898~1944 언론인 이승만의 글 모음. 1995. 「뭉치면 살고」. 서울:조선일보사. p.159

또 하나 이승만이 꿈꾸었던 건국비전은 선교한국이었다. 이것은 복음을 듣지 못해 구원받지 못했을 뿐만 아니라 경제적으로도 가난한 수많은 나라들에게 가서 그들도 구원받고 잘 사는 나라가 되게 하는 그런 복된 나라를 의미한다.

선진한국과 선교한국, 이것이 바로 이승만이 꿈꾸었던 건국비전이자 건국이념으로서 여기서 기독교 입국론이 나온 것이다. 이승만이 꿈꾸었던 기독교 입국의 개념은 기독교를 국교로 삼는 정교일치의 신정국가가 아니었다.[9] 그가 생각한 기독교 입국이란 정교분리의 원칙이 지켜지는 가운데 기독교적 가치인 자유와 평등이 실현되는 자유 민주주의 국가였다.

이러한 기독교 입국에 대한 그의 생각은 그가 한성감옥에서 저술한 여러 글들 속에 잘 녹아 있다. 그중 가장 대표적인 것이 출옥 직전에 완성한 『독립정신』이라는 책이다. 『독립정신』은 청년 이승만이 옥중에서 1904년 2월 9일 러일전쟁 발발 소식을 듣고 충격을 받아 영한사전 편찬 작업을 중지하고 1904년 2월 19일 집필을 시작하여 4개월 후인 1904년 6월 29일에 탈고한 책이다.

『독립정신』의 저술목적은 "기독교를 통해 한국을 개화시키고 개화된 한국인들을 통해 독립을 이루겠다."는 것이다. 이 책에서 이승만은 열강의 침략으로 어려움에 빠진 조선 왕국을 폭풍우를 만난 배에 비유했다. 따라서 조선이라는 배가 가라앉지 않게 하기 위해서는 집권층인 선원들과 백성인 선객들이 정신을 바짝 차리고 문명개화를 위해 모두 힘을 합쳐

---

9   송복 외. 2011. 「이승만의 정치사상과 현실인식」. 서울:연세대학교 출판부. p.156

야 한다는 것을 역설했다. 이승만이 말하는 문명개화란 자유주의와 공화주의 이념에 토대를 둔 미국식 민주국가가 되는 것이었다. 그것은 군주제와 신분제를 무너뜨리려는 위험한 내용이었다. 그러므로 이승만은 그것의 폐지를 직접 주장하지 않고, 미국의 제도를 길게 설명하는 것으로써 자신의 입장을 분명하게 드러내고자 했다.

『독립정신』의 마지막은 이렇게 끝이 난다.
"기독교를 근본으로 삼지 않고는 온 세계와 접촉할지라도 참된 이익을 얻지 못할 것이다. 신학문을 아무리 열심히 배워도 그 효력을 얻지 못할 것이며, 외교를 위해 아무리 힘써도 돈독한 관계로 발전하지 못할 것이다. 그러므로 우리가 기독교를 모든 일의 근원으로 삼아 자기 자신보다 다른 사람을 위해 일하는 자가 되어 나라를 한마음으로 받들어 우리나라를 영국과 미국처럼 동등한 수준에 이를 수 있도록 최선을 다해야 할 것이다. 그리고 천국에 가서 다 같이 만납시다."

한마디로 『독립정신』은 기독교 정신에 기초한 문명개화의 지침서이면서 미래 선진한국의 청사진이라고 말할 수 있다. 미국의 연설학회 회장과 대학교수를 지낸, 이승만의 오랜 동료 로버트 올리버 박사는 "『독립정신』은 한국인들의 정치적 성경(Bible)이다. 이 저서를 차근차근 이해하지 않고서는 이승만을 옳게 이해할 수 없다"고 했다. 김길자 박사는 다음과 같이 논평했다. "이승만이 이 책에 그린 나라와 백성의 조건은 글로벌 현대 선진국의 모습 그대로이다. 이승만을 논하려는 자, 모름지기 이 책부터 읽기를 간곡히 부탁하고 싶다. 『독립정신』의 국가 정신이야말로 이승만과 대한민국의 정체성이라고 할 것이다."

6. 출옥과 미국 유학

1904년 2월 9일 러일전쟁이 발발하면서 이승만은 특별사면 되어 5년 7개월 동안의 감옥 생활을 끝내고 드디어 1904년 8월 7일 석방되었다.[10] 이승만의 석방에는 언더우드, 아펜젤러, 애비슨, 벙커, 헐버트, 게일, 존스, 알렌 등 여러 선교사들의 도움이 큰 역할을 했다. 한 예로 존스 선교사는 1904년 3월 20일 "제발 절망하지 마십시오. 하나님을 신뢰하십시오. 그러면 그분께서 당신을 도우실 것입니다. 나는 황제께서 당신에게 완전한 사면을 내리실 것과 당신이 출옥하여 한국을 기독교 국가로 만들려는 우리들의 노력을 도울 것을 고대하면서 기도하겠습니다."라고 투옥 중인 이승만을 격려하기도 했다. 훗날 이승만은 1919년 5월 16일 한국 친우회 창립 기념식에서 옥중에서 "죽을 고비마다 선교사들의 도움으로 살아났다"고 회상했다.

이승만이 석방되었을 당시 대한제국은 제1차 한일협약(1904.8.22)으로 사실상 일본에 넘어간 상태였다. 그러자 고종황제는 독립 보존의 마지막 수단으로 이승만을 보내어 미국에 도움을 요청하려 했다. 그래서 이승만은 한성감옥에서 출옥한 지 3개월이 지났을 때 밀사 자격으로 미국에 가게 되었다. 그 배경에는 개화파 정치인 민영환과 한규설이 이승만에게 미국에 가서 1882년 체결된 조미수호조약에 따른 지원을 얻어내라는 간곡한 설득이 있었다. 그래서 1904년 11월 4일, 29세의 이승만은 민간인 자격으로는 최초의 외교관이 되어서 미국의 힘을 빌려 일본으로부터 대한제국의 독립을 보전하기 위한 막중한 임무를 띠고 미국으로 건너갔다.

---

10 유영익. 2002. 「젊은 날의 이승만」. 서울:연세대학교 출판부. p.26

여기서 이승만이 미국행을 결심하게 된 배경에는 밀사 외교의 목적도 있지만, 유학을 염두에 두었다는 것을 알아야 한다. 손세일은 이승만이 도미에 앞서 "게일, 언더우드, 벙커, 질레트, 스크랜튼, 프린스턴, 존스 등 한국에 와 있던 외국 선교사들로부터 미국교회 지도자들이나 그밖에 도움을 줄 만한 주요 인사들에게 자신을 소개하는 추천서를 무려 19통이나 받아놓았던 사실로도 짐작할 수 있다."라고 썼다.

미국에 간 이승만은 이듬해인 1905년 8월 4일 테오도어 루스벨트 대통령과 면담을 하는 데 성공한다. 이승만은 루스벨트에게 1882년에 체결한 '한미조약'에 따라 '불쌍한 나라의 위태함'을 전하며 미국이 건져달라고 요청했다. 루스벨트는 이승만에게 한국 정부의 공식적인 외교 통로인 워싱턴 주미공사를 통해 청원서를 제출하면 한국을 위해 무슨 일이든 기꺼이 하겠다고 약속했지만 그것은 거짓말이었다. 이승만이 루스벨트를 만나기 불과 며칠 전인 7월 29일, 미국 육군장관 윌리엄 태프트와 일본 수상 카쓰라는 "미국은 러일전쟁 후 한국을 일본의 보호국으로 만드는 데 동의한다."는 이른바 '카쓰라-태프트' 밀약(密約)을 이미 체결했기 때문이다.

이승만은 이러한 밀약의 존재와 내용을 전혀 모른 채 워싱턴의 주미공사인 김윤정을 향해 달려갔다. 하지만 김윤정은 이승만이 들고 온 청원서를 받아주지 않고 오히려 이승만을 주미공사관에서 쫓아냈다. 당시 이승만이 주미공사관에서 쫓겨나면서 어떤 감정을 느꼈는지는 『청년 이승만 자서전』에 비교적 상세하고 솔직하게 적혀 있다. 공사관의 비 협조로 청원서 전달이 실패했다고 생각한 그는 이례적으로 아주 격한 어조로 한국과 한국인에 대한 절망감을 표현했다.

"어떻게 한국 사람이 저렇게 자기 나라를 배반하고 자기 친구들을 배반할 수 있단 말인가? 나는 한국 사람들이 그처럼 짐승 같은 저열한 상태에 빠져있는 한 한국에는 구원이 있을 수 없다고 결론을 내렸다. 그래서 나는 한국 사람들에게 기독교 교육을 베풀기 위해 일생을 바치기로 작정하였다…. 오로지 남은 나의 희망은 한국 사람을 거듭나게 하는 것이고 그 길은 기독교 교육이라고 나는 믿었다. 나의 인생 목적은 그 길을 준비하는 것이었다."

우리나라가 일제에 의해 외교권을 박탈당하는 1905년 을사늑약(제2차 한일협약)부터 나라를 빼앗기는 1910년 한일병탄에 이르는 동안 이승만은 조지 워싱턴대학에서 학사과정 2년, 하버드대학에서 석사과정 1년, 프린스턴 대학에서 박사과정 2년, 모두 5년 5개월 만에 국제법 박사학위를 취득하였다. 보통 미국사람들의 경우 학사, 석사, 박사학위를 다 따려면 최소 12년이 소요되는데 이승만은 그것을 5년 만에 딴 것이다. 당시 영어사전도 없고 제대로 된 영어교재도 없던 시절에 미국 최고의 명문대학을 그것도 세 곳을 다니면서 5년 만에 박사학위를 취득했다는 것은 정말 놀라운 성과가 아닐 수 없다.

이승만의 미국유학 시절에서 우리가 주목해야 할 것은 그는 단순히 공부에만 전념한 것이 아니라 조국의 해방을 위해 미국의 교회들을 중심으로 강연을 했다는 것이다. 1905~1907년 조지 워싱턴 학부 시절 동안 미국교회와 YMCA에서 한국선교와 독립에 관해 무려 150여 회에 이르는 강연을 했다. 이러한 이승만의 행보는 40년 동안(1905-1945년) 그가 걸어갔던 외교를 통한 독립운동의 시작이었다. 이승만은 귀국을 앞두고 언더우드 선교사에게 다음과 같은 편지를 써서 보냈다.

"1910년 4월 16일 제가 두 달 후면 프린스턴에서 박사학위를 받습니다. 그러면 선교사님이 세우려고 하는 기독교 대학(현 연세대학교)에 가서 교수를 하고 싶습니다. 미국에서 배운 정치학과 국제법 등을 가르치고 싶고, 한국 사람들에게 기독교가 얼마나 중요한 것인지 가르치고 싶습니다. 한국은 지금 일본의 식민지가 다 되었기 때문에 일본인들이 제가 한국에서 교수생활 하는 것을 방해하면 선교사님이 만드는 학교에서 교수생활 하는 것을 포기하고 전국을 다니며 부흥사(목사)가 되어 불쌍한 영혼을 기독교인으로 만드는데 일생을 바치고 싶습니다."

이승만이 이처럼 기독교 교육 및 전도에 큰 관심을 보인 까닭은, 대한제국이 멸망한 근본 원인이 한국의 지도층이 정신적, 도덕적으로 너무 부패했기 때문이며 한민족이 일본의 식민지 지배에서 벗어나 새 나라를 건설하려면 무엇보다 먼저 한국 백성들이 기독교 신앙으로 거듭나지 않으면 안 된다고 믿었기 때문이다. 이때까지만 해도 이승만은 외교 노선에 의한 독립운동을 할 생각은 전혀 없었다. 오로지 기독교 교육과 복음 전파에만 관심이 있었다. 그런 이승만에게 인생의 방향을 결정짓는 중대한 사건이 찾아온다. 바로 105인 사건이다.

7. 105인 사건

일제는 1910년 8월 29일 한일병탄을 통하여 조선을 강점하였다. 하지만 국내에 일제에 저항하는 반일 세력들이 많이 있다는 것을 부담스러워하였고, 특히 기독교 세력을 가장 두려워하였다. 그 이유는 우선 1908년 3월 23일 장인환, 전명운 의사의 스티븐슨 암살 사건, 1909년 10월 26일 안중근 의사의 이등박문(伊藤博文) 피격 사건, 1909년 12월 23일 이재명 의사에 의한 이완용 피격 사건, 이렇게 연달아 세 사건을 일으킨 장본인들 대부분이 기독교인들이었기 때문이다. 또한 이들은 모두 서북지역(황해도와 평안도) 사람들이었다. 이러한 연유에서 일제는 서북지방에 있는 기독교인들이 앞으로 조선을 통치하는 데 있어서 가장 큰 걸림돌이라고 생각하였다. 그래서 어떻게 하든지 서북지역에 있는 기독교 지도자들을 한 번에 제거할 수 있는 방법을 강구하던 차에 터뜨린 사건이 바로 105인 사건이다.

일제는 1910년 12월 27일 압록강 철교 낙성식에 데라우치 총독이 참석하기 위해 선천 역에 잠시 하차하는 순간에 기독교 지도자들이 그를 암살 기도했다는 음모를 꾸며 1911년 11월 11일부터 기독교 지도자들을 체포하기 시작하여 700여 명의 기독교 지도자들을 체포하였다. 그 중 123명이 고문을 받은 다음 검찰에 정식 기소되었다. 그 123명 중에서 갖은 고문에 의한 허위자백으로 1912년 6월 28일 열린 첫 공판에서(제1심) 실형을 선고 받은 사람이 105인이라 하여 이 사건은 훗날 105인 사건으로 불리게 되었다.

일제가 105인 사건을 터뜨리게 된 직접적인 동기는 이승만 때문이었다. 미국에서 박사학위를 받고 프린스턴대를 졸업한 이승만은 서울에 있는 선교사들의 도움으로 서울 YMCA(황성기독교청년회)의 '한국인 총무'로 발탁되어 1910년 10월에 귀국하였다. 그의 임무는 청년들에게 성경과 구미역사 그리고 국제법 등을 가르치는 것이었다. 이승만은 서울 YMCA에서 학생들을 가르치는 데 만족하지 않고 전국 방방곡곡에 YMCA 지부를 설립하여 전국 청년들에게 기독교 교육을 베풀기를 원했다. 그래서 그는 1911년 여름, 2개월간 서울 YMCA의 미국인 협동 총무 브록크맨과 함께 전국의 주요 도시를 순방, 두 달 동안 33번의 집회를 인도하면서 지방 사립학교들 안에 기독교 청년회를 조직하는 운동을 펼쳐나갔다. 이승만의 이러한 운동은 곧 일제 총독부 당국의 촉각을 건드렸다. 특히 1911년 여름 윤치호와 이승만이 주축이 되어 개성에서 열린 기독교 하령회(Church conference)는 일제로 하여금 한국 기독교 지도자들을 일망타진하려는 음모를 촉발시켰다.

서울을 비롯한 광주, 전주, 군산, 개성, 선천 등 전국 21개 기독교계 학교에서 93명의 학생대표가 참석한 이 하령회의 대회장은 한국기독교의 거두(巨頭) 윤치호였고, 청년 YMCA를 이끈 이는 이승만이었다. 당시 한국 기독교 엘리트들의 결집체인 서울 YMCA는 국권을 빼앗긴 한국민들에게는 해외 세력과 연결된 일종의 치외법권을 누리고 있는 유일한 국제적 독립운동기구였다. 일제는 한국인들끼리의 단체활동은 용인하지 않았지만, 선교사들이 포함돼 있는 YMCA 모임만은 방해하지 못하고 있었다. 하지만 일제는 YMCA가 학생 하령회를 통해 사실상의 애국운동을 펼치는 것으로 판단하고 여기 참석한 기독교계 지도자들에게 데라우치 암살사건을 꾸몄다는 죄를 뒤집어 씌웠다. 이를 통해 한국 기독교 세력을 뿌리 뽑으려고 한 것이다. 유영익 박사는 "개성에서 이승만이 윤치호가 운영하는 한영서원에서 미국의 유명한 부흥사들을 모시고 대규모 세미나를 열었는데 이것이 일본 총독부의 촉각을 건드렸다."며 개성에서 열린 기독교 하령회가 105인 사건의 단초가 되었다고 밝혔다.

이토록 일제가 교회에 대해 대대적인 탄압을 하게 된 배경에는 한일병탄 이후 우리나라에서 기독교인들의 세력이 전국적으로 점점 급증하는 것을 우려했기 때문이다. 당시 한국교회는 한반도에서 거의 유일하게 체계적인 조직을 갖춘 전국적인 세력으로, 민족운동의 중요한 보루로 인식되었기 때문에 한일병탄 이후 일제는 한국교회를 가장 부담스러워했다. 일제시대 한국교회의 교세가 어느 정도였는지를 보여주는 증거가 있다. 이승만 박사의 저서 『한국교회 핍박』에 보면 다음과 같은 글이 있다. "어떤 교회는 삼일에배로 모이는 남녀 교인이 평균 1,000여 명씩 된다 하며, 하나님을 섬기는 열정과 기도하는 열심이 얼마나 간절한지 그 예배에 한 번 참석하면 성경에서 말씀하신 오순절의 성령 감화를 받은 것과 같이 뜨거운 마음을 경험하게 된다고 하였다."[11]

심지어 『황해도 교회사』에 보면[12] 당시 황해도 지역 기독교 교세에 대해 다음과 같이 말하고 있다. "1906년 황해도 지방에는 이미 100여 개의 교회가 설립됐으며 5,000명의 신자가 있었는데 1907년에는 7,000명으로 증가했다. 1915년에 가면 황해노회 교인 총수는 16,472명이 된다. 황해노회의 사경회 참석자 수는 18,500명이다. 1910년과 1911년에는 328개

---

11 이승만, 2008. 「한국교회 핍박」. 서울:청미디어, p.118
12 이찬영 편저, 1995. 「황해도 교회사」. 서울:황해도 교회사 발간위원회. p.214~216.

의 성경공부반이 개설되었고, 1912년부터 1921년까지의 기간에는 매해 평균 278개의 성경공부반이 개설되었다. 1918년과 1919년에 재령에서의 성경공부에 대한 열의는 절정에 달하여 총 28,000여 명이 성경공부반에 참여하였다. 이는 당시 평양이나 선천 지방의 교회 부흥보다 2배에 달하는 수치이다. 그리하여 재령은 한국뿐만 아니라 세계에서도 가장 두드러진 성경공부반을 가졌다고 이야기되고 있다." 또한, 1907년 평양에는 장로교단에 속한 성경공부 모임만 191개나 되었으며, 참석한 사람들의 숫자도 무려 만 명을 넘었다고 한다.[13]

당시 한국교회는 원산 대부흥, 평양 대부흥 이후, 전국적으로 번져나가는 부흥회의 영향으로 빠른 속도로 교회들이 세워지고 또 노회와 총회가 조직되면서 한국교회는 이미 전국적인 조직망을 갖춘 상태였다. 그래서 일제가 1910년 우리나라를 강점한 이후, 식민지 통치를 시작하려고 할 때 교회는 언제든지 일제에 항거하는 반체제 집단이 될 수 있다고 우려를 한 것이다. 그러던 차에 미국에서 돌아온 이승만 박사가 1911년 여름에 YMCA를 중심으로 전국을 돌아다니면서 두 달 동안 33번씩이나 기독교 집회를 인도하면서 전국적으로 기독 청년들을 일으키는 부흥 운동을 확산시키자 결국 일제는 105인 사건을 일으키게 된 것이다.

피의자로 체포하고자 했던 사람들 중에는 안태국, 이승만, 이승훈을 비롯하여 양기탁, 임치정, 유동열, 윤치호 등과 양전백, 양준명 등 하령회 강사들이 포함되어 있었다. 이승만 또한 조선총독부가 조작한 체포자 명단에 올라있었기 때문에 체포될 수밖에 없는 상황이었다. 하지만

---

13 호레이스 언더우드. 2000. 「와서 우릴 도우라」. 서울:기독교문서선교회. p.127

YMCA 국제위원회 총무 모트 박사의 개입으로 체포는 면할 수 있었다.

당시 일제는 검찰에 정식 기소된 123명을 대상으로 전대미문의 잔혹한 고문을 가하였는데 그 과정에서 기독교 지도자였던 전덕기(1875-1914) 목사와 김근형, 정희순, 한필석 등은 고문으로 세상을 떠났고 4명은 정신병자가 되었다. 105인의 피고 중 선우훈의 수기에 의하면 "어떤 사람은 팔을 잃고 어떤 사람은 눈알을 뽑혀서 빈사 상태에서 피를 토했다."고 중언하고 있다.[14]

당시 일제가 가한 고문은 무려 70여 가지나 되었다고 하는데 다음과 같은 고문을 자행했다고 한다.
- 손가락 사이에 철봉을 끼우고, 손끝을 조여 맨 후 천장에 매달고 잡아당기는 고문
- 대나무 못을 손톱과 발톱 사이에 박는 고문
- 추운 날 옷을 벗긴 후, 기둥에 묶고 찬물을 끼얹어 얼음기둥을 만드는 고문
- 쇠가 박힌 가죽 채찍으로 맨몸을 때리는 고문
- 널빤지에 못을 박아 맨몸으로 눕게 하는 고문
- 온몸에 기름을 바른 후 인두와 담뱃불 등으로 지지는 고문
- 온몸을 묶고 얼굴에 얇은 수건을 덮은 후 주전자로 물을 붓는 고문
- 거꾸로 매달아 코에 뜨거운 물을 붓는 고문
- 입을 벌리게 하고 막대기로 석탄가루를 쑤셔 넣어 기절시키는 고문
- 여러 날을 굶긴 후 그 앞에서 만찬을 벌이는 고문

---
14 박용규. 2005. 「한국기독교회사2」. 서울:생명의 말씀사. p.147

- 사형집행을 가장하여 자백을 강요한 후, 불응 시 공포탄을 쏘는 고문

이중 가장 힘든 고문은 여러 날을 굶긴 후에 그 앞에 맛있는 음식을 차려놓고 바라보게 하면서 허위자백을 강요하는 고문이었다고 한다. 다른 고문들은 다 참아낼 수 있었으나 배고픔과 굶주림의 고문은 견디기 가장 어려웠다고 한다. 그래서 자신의 의복 속에 있는 솜을 뜯어먹거나, 문 창호지를 씹어 먹는가 하면 심지어는 자신들이 깔고 자던 썩은 짚을 씹어 삼키기도 했다고 한다.

당시 고문을 견디다 못한 몇몇 피의자들은 저들이 꾸민 시나리오대로 자신들이 데라우치 총독을 암살하려 했다며 허위자백을 했다. 그런데 그 허위자백을 듣는 일본 경찰이 하는 말이 "우리 목적은 너희에게 죄를 만들어 선교사들을 쫓아내려는 것이다. 저들이 있고서는 조선 통치를 맘대로 할 수 없기 때문이다."라고 말했다고 한다.

항일 민족운동의 거점이 된 교회와 그 후견인인 선교사를 축출하려는 본심을 드러낸 것이다. 기독교를 박멸하는 것이 105인 사건을 조작한 근본 의도였던 셈이다. 105인 사건은 우리나라를 지배하기 시작한 일제의 실상이 얼마나 반인륜적이고 반기독교적인 무서운 집단인지를 적나라하게 보여준 것이다.

105인 사건을 계기로 이승만은 뼈아픈 교훈을 얻게 된다. 그것은 복음 전파도 먼저 나라의 주권을 되찾고 난 이후에 해야 된다는 것을 깨달은 것이다. 나라를 빼앗긴 상황에서 단순히 목사가 되고 부흥사가 되어서

복음을 전하는 것만으로는 아무것도 이룰 수 없다는 것을 깨달은 것이다. 그래서 105인 사건을 계기로 이승만은 목회자로서 평생 살려고 했던 꿈을 접고 해외에 나가 기독교 교육사업과 함께 외교활동을 통해 일제에 빼앗긴 조국을 되찾기 위한 기나긴 독립운동을 본격적으로 시작하였다.

그런 의미에서 105인 사건은 이승만 박사 인생의 중요한 분기점이라고 할 수 있다. 이에 대해 기무라 칸 교수(일본 고베대학 한국 근대사 교수)는 다음과 같이 말하고 있다.

"105인 사건에 의해 이승만의 전략이 바뀌게 됩니다. 105인 사건 이전 이승만은 일본의 지배하에 있는 조국에 돌아와 교육자 혹은 선교사(목회자)로 활동을 하고자 하는 목표가 있었습니다. 그런데 105인 사건 이후 실제 한국 내부에서는 어떤 활동도 하기 어렵다는 결론에 도달합니다. 결국 이승만은 일본의 힘이 미치지 않는 외국에서 외부의 힘을 빌려 독립운동을 할 수밖에 없다고 생각을 바꾸게 됩니다. 105인 사건은 이승만의 인생에 있어서 커다란 분기점이 된 사건이었습니다."

결국 105인 사건을 계기로 이승만은 1912년 3월 26일, 37세의 나이에 고국을 떠나 머나먼 미국으로 망명길에 오르면서 1945년 귀국할 때까지 조국의 해방을 위해 33년 동안 길고 긴 독립투쟁을 시작하였다.

2 일제시대

1. 하와이로 간 이승만
2. 일제의 식민지 정책
3. 3.1운동의 발단, 이승만
4. 3.1운동과 무장독립운동의 시작
5. 이승만 외교노선
6. 일본내막기와 일본의 진주만 공격
7. 카이로 선언과 8.15 해방

대한민국 근현대사

제2장 일제시대

1919년 3월 1일 덕수궁 앞
만세시위 참가자들

1. 하와이로 간 이승만

두 번째 미국으로 건너간 이승만은 당시 뉴저지 주지사로서 대통령 선거에 출마 중이던 프린스턴 시절의 은사 윌슨을 만나 그의 도움으로 감옥에 갇힌 한국 기독교 지도자들을 석방해줄 것을 요구했다. 그러나 윌슨 주지사는 이승만의 청을 들어주지 않았다. 결국 이승만은 자기의 옥중 동지 박용만과 상의한 끝에 하와이로 망명하기로 결심했다. 당시 하와이 군도에는 1903~1905년간 사탕수수밭에서 일할 노동자로 이민 간 5,000여 명의 한국인이 흩어져 살고 있었다. 이승만은 이들을 규합하여 하와이에서 독립운동을 펼칠 계획이었다. 1913년 2월 호놀룰루 항에 도착한 그는 1939년 3월에 워싱턴 D.C.로 거처를 옮길 때까지 26년간 그곳을 망명 본거지로 삼아 독립운동을 전개하였다.

하와이에 도착한 이승만이 제일 먼저 한 일은 '한국교회 핍박'이란 책을 집필하는 것이었다. 이승만이 이 책을 쓴 배경은 다음과 같다. 105인 사건 이후 미국 남 감리교 선교회에서는 총무 핀슨 박사를 한국으로 파견하여 105인 사건 재판이 끝날 때까지 체류하며 사건의 진상에 대해 직접 보고하도록 했다. 또한, 뉴욕 헤럴드 신문사에서는 중국 북경에 있는 특파원(오을)을 한국에 보내 직접 취재하게 했다. 이 두 사람의 공로로 105인 사건이 세상에 알려지게 된 것이다.

그러면 국내에 있었던 선교사들은 무엇을 했나? 당시 선교사들은 마음만 먹으면 세계 언론에 105인 사건의 진상을 알릴 수 있었다. 그런데도 그러한 노력을 하지 않았다. 이승만 박사는 진실을 외쳐야 하는 선교사들이 침묵한 원인을 정교분리에 대해 선교사들이 가지고 있는 왜곡되고 잘못된 개념 때문임을 지적하고 있다. 원래 정교분리란 국가와 정부가 종교에 대해서 간섭해서는 안 된다는 것이 본 뜻이다. 그런데 이 개념이 왜곡되어서 교회가 정치에 간섭해서는 안 된다는 뜻으로 이해하게 된 것이다. 따라서 105인 사건 당시 선교사들은 정치적인 문제에 관해서는 관심을 끊고 오로지 영혼구원 사업에만 종사하는 것이 기독교를 믿는 나라들의 통상적인 전통이라는 입장을 보였다. 선교사들은 일제가 자행한 반인륜적인 만행에 대해 침묵하였을 뿐만 아니라 교회 안에서 정치적 발언을 엄격하게 금지하였다. 바로 이러한 배경에서 '한국교회 핍박'이 탄생하였다. 따라서 이승만의 저서 '한국교회 핍박'의 제목을 달리 정한다면 '잘못된 정교분리 사고에 갇혀있는 목회자(선교사)들이여 깨어나라'라고 할 수 있다.

또한, 이 책에서 이승만은 "하나님이 한국 백성을 이스라엘 백성같이 특별히 택하여 동양에 처음 기독교 국가를 만들어 아시아에 기독교 문명을 발전시킬 책임을 맡긴 것"이라고 말하면서 "그러므로 이 때에 한국교회를 돕는 것이 후에 일본과 중국을 문명화시키는 기초가 된다."고 강조하고 있다. 이승만이 굳이 하와이에 도착하자마자 이런 메시지를 담은 책을 냈다는 것은 독자를 하와이 한인들로 삼아서 장차 한국이 아시아에 기독교 문명을 확산시키는 선진국가가 되는 데 있어서 하와이를 전진기지로 삼겠다는 의지의 표현으로 읽힌다.

이와 같은 원대한 꿈을 실현하기 위해 이승만은 호놀룰루에서 이민자들에게 애국심과 기독교 정신을 고취할 목적으로 『태평양 잡지』라는 월간 잡지를 발행하였고 이민 2세들에게 애국심과 기독교 정신을 심어주기 위한 초등교육을 실시하였고 또한 이민자들을 위해 1918년 12월 23일 한인 기독교회를 설립, 운영하였다.

이승만은 호놀룰루에 도착 직후 미국 감리회 선교부가 설립한 한인 기숙학교의 교장직을 맡아 이 학교의 이름을 한인 중앙학원으로 바꾸어 운영하다가, 1918년 9월에 한인 기독학원이라는 남녀 공학제 소학교를 창설했다. 이승만이 설립한 한인 기독학원은 1928년까지 150여 명의 졸업생을 배출하였는데 1928년 이후 하와이령의 공립학교 제도가 발달하면서 고아 기숙사로 전락하여 겨우 명맥을 유지하다가 해방 후 1952년에 그 부지와 재산을 전부 팔아 인천 인하대학교의 설립기금(15만 달러)으로 기부하였다. 이로써 이승만이 설립한 한인 기독학원은 국내의 인하대학교로 그 명맥이 이어진 것이다.

요약하면 이승만은 1913년에 하와이로 망명한 이후 그곳에서 주로 잡지 발행인, 학교 교장, 그리고 교회 창립자로서 생활하면서 한국이 독립할 수 있는 유리한 국제 환경이 조성될 때까지 독립운동의 기반을 다져나갔다.

2. 일제의 식민지 정책

일본은 1910년 한일병탄 이후 조선을 자신들의 영구 식민지로 만들기 위해 네 가지 정책을 펴나갔다.

1) 동화 정책

이는 한국 사람을 일본에 흡수하는 정책이었다. 일제는 우리나라의 역사와 문화를 철저하게 짓밟고 파괴하고 말살했다. 가령 역사책 51종 20만 권 정도를 강탈해 갔으며, 일본제국 시민으로 키우기 위해 한민족사를 다시 편찬해야 한다며 조선총독부 직할의 '조선사 편찬위원회'를 만들었고 1925년 이 조직을 확대, 강화한 '조선 편수회'를 발족하여 1938년까지 37권에 달하는 '조선사'를 일본의 주장대로 편찬했다. 이를 식민사관이라고 하는데, 우리 민족을 아예 뿌리째 없애고 한국인의 정체성과 민족정기를 말살하여 일제의 한국 침략과 식민지배의 학문적 기반을 확고히 하기 위하여 조작해낸 역사관이다.

그리고 일제는 1931년부터 만주와 중국 본토 등 대륙 침략을 본격화하면서, 한국인의 정체성을 말살하여 일본의 전쟁을 위해 한국인을 마음대로 동원할 수 있도록 하는 전시 식민지 정책의 일환으로 황국 신민화 정책을 전개하였다. 이는 일본 천황에게 충성을 맹세한다는 증거로 일본 천황의 궁성을 향해 절을 하게 했는데, 이것이 동방요배이다. 황국신민화 정책은 한국인을 일본 천황의 신민(신하 된 백성)으로 만드는 일종의 민족말살정책이었고, 신앙의 자유를 유린하는 종교적 침략 행위였다.

2) 경제적 수탈 정책

일제는 1910년 토지조사 사업이라는 이름으로 이 땅의 수많은 토지를 강탈하였다. 그래서 토지를 잃은 수많은 농민들은 일본, 만주, 시베리아, 하와이 등지로 유랑의 길을 떠날 수밖에 없었다. 또한, 1905년 을사조약 이후에는 수산자원을 확보하려는 의도에서 독도를 다케시마라고 하여 일본 시마네현에 편입시키는 불법을 자행했다.

3) 퇴폐문화의 유입 정책

일제는 일본의 창녀들을 대거 한국에 이주시켜 공창제도를 만들었다. 또한 술과 담배를 판매하고 화투를 보급하였다. 심지어 일본에서는 철저히 규제하고 금지하는 아편을 재배하게 하였다. 그리고 그것을 판매하여 우리 민족을 정신적, 육체적으로 황폐화시키는 비열한 정책을 펴나갔다.

4) 교회 탄압 정책

초대 총독이었던 데라우치는 한일병탄 이전부터 교회야말로 한국에서 가장 강력한 항일 집단이며, 이 집단을 와해시키지 아니하고는 효율적인 조선통치가 난관에 부딪히게 될 것이라는 판단을 하였다. 그러면서 교회에 대한 일제의 탄압은 시작되었는데 그 대표적인 사건이 바로 105인 사건이었다.

또한, 1915년 3월에는 '개정 사립학교 규칙'을 공포했는데 그 항목에는 '성경교육을 정규시간에서 빼고, 종교의식 즉 예배를 철폐'하라는 내용을 넣어서 기독교 학교에서 기독교 교육을 없애버리려고 하였다.[15] 이러한 기독교에 대한 신앙 탄압은 훗날 3.1운동이 일어나게 된 원인 중의 하나가 되었다.

일제의 탄압 정책이 최고조에 이르렀던 1918년 헐버트 선교사는 하나님이 심판하시는 때가 올 것을 내다보면서 이렇게 말했다. "때가 올 것이다. 기독교가 끼친 문명의 영향(기독교의 영향)이 일제의 탐욕과 억압을 쳐부수어 버릴 때가 오고야 말 것이다. 일제는 한국의 사회 구석구석을 부패하게 만들었다. (그러나) 기독교는 정의, 거룩, 친절, 공익의 정신, 애국심, 협조, 그리고 교육을 위하여 분연히 투쟁할 것이다."라고 말했다. 그리고 그의 말대로 그 이듬해인 1919년 그때가 오고야 말았다.

3. 3.1운동의 발단, 이승만

1918년 11월 11일, 4년간 계속됐던 제1차 세계대전이 끝났다. 1차 세계대전의 승전국 미국은 전후 문제를 처리하기 위해 윌슨 미국 대통령이 직접 대표단을 대동하고 프랑스 파리에서 개최되는 강화회의에 참석하기로 했다. 일제의 식민지하에 놓여 있었던 우리로서는 독립의 입장을 밝힐 수 있는 좋은 기회가 다가온 셈이었다. 당시 하와이에서 한인 기독학원을 운영하고 있던 이승만 박사는 자신이 직접 파리강화회의에 참석해 프린스턴 대학 시절 자신의 은사였던 윌슨의 도움을 받아 한국의 독

---

15 김인수. 1997. 「한국 기독교회의 역사」. 서울:장로회신학대학교 출판부. p.378

립 문제를 상정하려고 생각했다. 그리고 파리강화회의 참석을 위해 여권발급을 신청하고 대통령 면담을 시도했으나 이승만의 계획은 난관에 부딪히게 되었다. "한국에서 (일본의 침략을 규탄하는) 일종의 봉기 같은 것이 있지 않은 이상 파리강화회의에서 한국문제를 상정하는 것은 곤란하며 이 박사가 (파리에) 오는 것은 유감"이라는 윌슨의 답변을 국무장관 폴크가 전달해주며 여권발급 불가 통고를 해왔기 때문이다. 이승만은 이 같은 사실을 자신의 비망록에서 '1919 movement(3.1운동)' 란 제목으로 밝히고 있다. "내가 하와이를 떠나 워싱턴으로 갈 때쯤, 전국에 소문이 퍼지고 있었다. 내가 윌슨 대통령에게 파리강화회의에서 한국문제를 상정해 줄 것을 요청했고 대통령은 자신은 그렇게 하고 싶지만 한국에서 일종의 봉기가 있지 않은 이상, 그로서는 평화회의에 한국문제를 상정하는 것은 어렵다고 답변했다."

윌슨의 답변을 받은 이승만은 다른 방법을 찾기로 했다. 바로 국내에 연통을 넣어 독립을 요구하는 큰 시위나 봉기를 유도하도록 하는 것이었다. 당시 하와이에는 때마침 미국 유학을 마치고 국내로 돌아가는 여운홍(여운형의 동생)과 샤록스 선교사가 와 있었다. 이승만은 여운홍에게 '적당한 시기에 자신의 외교활동을 지원하는 민중운동을 국내에서 전개해 줄 것'을 요청하는 편지를 써서 평소 국내에서 자신을 지지해주던 송진우, 김성수, 함태영, 양전백 등에게 전달토록 했다. 송진우와 김성수는 국내 각종 정파의 대표와 단체는 물론 기독교, 천도교, 불교 등 종교지도자들에게 이 소식을 알리고 국내에서도 무언가 거족적인 운동이 일어나야 함을 역설했다. 이것이 바로 3.1운동이 일어나게 된 발단이다.

그리고 3.1운동이 촉발된 직접적인 계기는 고종황제의 별세 소식이었다. 1919년 정월 22일 고종황제가 갑자기 별세하였다. 고종의 갑작스러운 죽음과 더불어 그의 죽음의 원인이 일제의 독살이라는 소문이 퍼져 나가면서 백성들의 분노가 폭발하기 시작했다. 분노한 민심을 잠재우기 위해 일제는 국민 누구나가 문상할 수 있도록 일주일 동안의 시간을 허락하였다. 민족지도자들은 이때야말로 독립을 되찾을 수 있는 절호의 기회라는 생각을 하면서 거국적인 독립운동을 준비하기로 작정하였다. 10년 동안 일제의 억압을 참고 견디어 오던 우리 민족에게 자유 독립을 외칠 수 있는 절호의 기회가 찾아온 것이다.

당시 이 운동을 주도했던 중심세력은 기독교 세력이었다. 3.1운동이 기독교인들이 주축이 된 운동임을 입증하는 몇 가지 증거가 있다.

1) 민족 지도자 대표 33명 중에서 기독교인이 16명(목사 10명, 전도사 3명, 장로 2명, 집사 1명), 천도교인 15명, 불교도가 2명이었다. 당시 기독교 교세는 천도교의 10분의 1도 안 되었으며 전체 국민 2천만 명 중에서 1%인 20만 명 정도밖에 되지 않음을 감안할 때 기독교의 영향력이 얼마나 굉장했는지를 잘 보여주는 대목이다.

2) 날짜를 3월 1일로 결정한 이유도 주목해야 할 부분이다. 고종황제의 장례식은 원래 3월 3일 월요일이었다. 처음에는 장례식 당일에 독립운동을 하자는 의견도 있었지만 그것은 고인에 대한 예의가 아니라는 생각 때문에 그 전날인 3월 2일 일요일로 결정하려고 했다. 그러나 기독교 측이 그 날이 주일이라는 이유로 반대하였기 때문에 결국

3월 1일 토요일로 정하게 된 것이다.

3) 상당수의 교회 목사들과 기독교 학교 학생들이 주축이 되어 진행되었다. 그 대표적인 예로 평양에서는 장로교 총회장이었던 김선두 목사가 중심이 되어 평양의 6개 교회가 연합하여, 고종황제의 장례식을 기해 3천여 명의 교인들이 숭덕학교에 모여 황제의 추모예배를 드렸다. 예배가 끝난 후 김선두 목사는 곧바로 독립선언서를 낭독하기 시작했다. 독립선언서 낭독을 다 마친 후 '대한 독립 만세'를 외치면서 평화적인 시위를 시작하였다. 경북 대구에서는 제일교회 이만집 목사, 서문교회 정재순 목사, 남산교회 김태련 조사의 주도로 시위가 일어났다.

함경북도 성진에서는 미션스쿨이었던 보신 학교 학생들을 중심으로 시위가 일어났고, 전국에 있는 기독교 학교를 중심으로 일제히 시위가 일어났다. 이렇게 3월 1일에 시작된 시위는 그 후 약 6개월 동안 진행되어 전국 230개 지역에서 수백만 명이 넘는 사람들이 만세시위를 하였다.

4. 3.1운동과 무장독립운동

3.1운동이라는 거국적인 독립운동에 대해 일제는 헌병과 경찰은 물론, 육·해군까지 총동원하여 평화적인 만세 시위운동을 무자비하게 탄압하였다. 그들은 시위 군중에게 무차별 총격을 가하고 인가와 학교에 불을 질렀다. 일제의 탄압이 얼마나 심했는지는 그 피해 상황을 보면 알 수 있다. 사망자 7,645명, 부상자 45,562명, 체포된 자 49,818명, 교회 소각 59개소, 학교 소각 3개교, 민가 파손 715개소였다. 여기서 주목해야 할

부분은 교회 소각 59개소라는 부분이다. 그만큼 교회를 집중적으로 탄압했다는 증거다.

일제가 유독 기독교에 대해서 가장 심한 탄압을 한 이유는 전국적으로 일어난 3.1운동의 상당 부분을 기독교인들이 주도했기 때문이다. 그래서 일제는 길거리에서 행인들에게 기독교인인가를 묻고 그렇다고 말하면 체포하였다. 그렇게 해서 체포된 목사, 장로 134명, 체포된 남자 신도 2,125명, 여자 신도 531명, 매 맞고 방면된 자 2,162명, 사살된 자 41명, 심한 구타에 의해 죽은 자가 6명이나 되었다. 당시 전체 인구 2천만 명 중에 기독교인 수는 1%도 되지 않았는데 체포된 기독교인은 17.6%를 차지하였다. 이것을 보면 교회가 당한 수난이 얼마나 심했는지를 알 수 있다. 그 중에서도 가장 비극적인 사건은 수원 제암리 교회 학살사건이다. 당시 제암리 교회당 안에서 22명, 교회당 밖에서 3명이 처참한 죽임을 당하였고 마을에 있던 집 33채 중 두 채만 남기고 나머지 31채를 다 불태워버렸다. 당시에 집과 사람이 타면서 날아가는 재가 12㎞ 떨어진 곳에서도 확인될 정도였다고 한다. 이러한 보복 학살은 수원 제암리 외에도 곽산, 사천, 화수리, 맹산, 대구, 합천, 남원, 강계, 강서, 정주, 홍춘 등등 수많은 지역에서도 자행되었다.

3.1운동을 계기로 빼앗긴 나라의 독립을 찾기 위해서는 무력에 의한 조직적인 독립운동을 해야 한다는 주장이 확산되었다. 그래서 3.1운동 이후 만주와 연해주 지역에서는 독립군의 무장투쟁이 치열하게 전개되었다. 무장투쟁에 의해 승리를 한 대표적인 전투는 1920년의 봉오동 전투와 청산리 전투를 꼽는다. 봉오동 전투는 1920년 6월 7일, 홍범도 장군

이 지휘하는 대한 독립군에 의해 승리한 전투로서 이 전투에 의해 일본군 157명이 죽고 수백 명이 부상을 당하였다.

청산리 전투는 김좌진 장군의 지휘 하에 1920년 10월 21일부터 26일 새벽까지 꼬박 6일 동안 천수평, 어랑촌, 맹개골, 만기구, 천보산, 고동 하곡 등지에서 10여 차례에 걸쳐 계속된 전투였다. 임시정부 군무부의 발표에 따르면, 일본군 전사자 1,200명, 부상자 2,100명이었고 독립군의 경우는 전사자가 60명, 부상자 90명으로 독립군 사상 가장 큰 격전이면서 최대의 승첩이었다. 봉오동 전투와 청산리 전투에서 독립군 병사들은 온 힘을 다해 싸웠고, 또 지휘관들은 지형지물을 적절히 이용한 유격 전술로 대승을 거두었다.

본오동 전투와 청산리 전투에서의 패배 후 일본군은 간도 지역에 사는 한인사회에 대한 보복을 시작하는데 대표적인 것이 '경신 간도 학살사건' 이다. 1920년 10월 9일~11월 5일까지 27일간 간도일대에서 학살된 사람들은 확인된 수만 3,469명에 이르고 그 외에도 확인되지 않은 숫자와 3, 4개월에 걸쳐 학살된 수를 합하면 사망자는 적어도 수만 명에 이를 것으로 추정된다.

5. 이승만 외교노선

일제시대 당시 빼앗긴 조국을 일제로부터 되찾아오기 위한 구국의 마음은 누구나 다 마찬가지였겠지만 그 독립운동의 방법에 있어서는 갈등과 대립이 심했다. 대표적인 독립투쟁의 형태는 무장투쟁론, 외교독립론,

실력양성론, 의열투쟁론 이렇게 네 가지로 나눌 수 있다. 이 중에서도 무장투쟁론과 외교독립론 사이의 충돌이 가장 심했다. 대부분의 독립 운동가들은 무장투쟁론을 주장했다.

당시 상해에서는 국무총리 이동휘와 신채호의 무장투쟁론이 우세하였다. 공산주의자인 국무총리 이동휘는 만주나 연해주로부터 국내에 무장대를 침투시켜 일본인 관공서를 폭파하고 임시정부를 소련 땅으로 옮겨야 한다고 주장했다. 하지만 외교노선에 의한 독립운동을 주장하는 이승만은 무모한 무장투쟁은 한인들의 희생만 키울 것이라며 반대했다. 여운형과 안창호는 집회를 열고 이승만의 외교독립론이 독립정신에 어긋나는 것이라고 성토했다.

왜 이승만은 고집스럽게 외교노선에 의한 독립운동을 주장했을까? 그 방법 말고는 길이 없었기 때문이다. 물론 당장 총을 들고 나가 싸울 수 있으면 그렇게라도 해야 하지만 거기에는 한계가 있었다. 왜냐하면, 당시 일본군은 이미 세계적인 군사 강국인 데다가 잔인무도 하게 보복 학살을 하는 것으로 악명이 높았기 때문이다.

더군다나 자유시참변에 의해서 대한독립군단 3,500여 명이 궤멸되면서 무장독립운동은 처참하게 무너진 상태였다. 자유시 참변 배후에는 소련공산당의 하부조직인 고려공산당 이르쿠츠크파에 가담하여 대한독립군단을 몰살시킨 홍범도가 있었다. 홍범도는 자유시참변 이후에도 소련군에 포로가 된 독립군 장병들의 재판에 소련측 재판위원 3명 중 1인으로 참여해, 포로에 대해 징역 1~2년 등의 선고와 집행유예, 석방 등의 판결에 관여하였다. 그 결과 홍범도는 레닌으로부터 볼세비키 당원증과 함께 소련군 대위 직함과 권총을 받았다. 자유시참변으로 무장독립운동의 주력부대였던 대한독립군단이 궤멸되면서 독립투쟁의 유일한 대안은 외교독립론이 될 수밖에 없었다. 이승만의 외교 전략은 다음과 같다.

일제에 빼앗긴 나라의 독립을 찾는 길은 딱 하나인데 그것은 소련과 중국과 같이 우리나라 영토에 대한 욕심을 가진 나라가 아닌 영토적인 야심이 전혀 없는 미국의 힘을 빌려서 독립을 이루겠다는 것이다. 그러나 여기에는 문제가 있다. 당시 일본은 1905년 7월 29일 맺어진 가쓰라-태프트 밀약 이후로 미국의 둘도 없는 동맹국이었고 우방이었다. 따라서 미국이 한국을 도와주려면 미국과 일본과의 관계가 적대관계가 되어야 하는데 그것은 확률적으로는 도저히 일어날 수 없는 일이었다. 하지만 이승만은 장차 일본이 미국을 상대로 전쟁을 일으킬 날이 올 것을 내다보았다. 즉, 일본인들은 천황에 대한 무조건적인 복종과 극단적인 애국심으로 무장되어 있기 때문에 그러한 일본인들은 반드시 중국과 미국까지도 넘볼 것을 내다본 것이다. 그러면 전 세계가 전쟁터가 되어서 막대한 손실을 입고 수많은 미국 사람들이 죽어야 하는데 그 비극을 방지하려면 한국을 빨리 독립시켜서 한국으로 하여금 일본을 견제하고 강대국들의 충돌을 방지하는 완충지대로 만들어야 한다는 것이 바로 이승만 박사의 생각이었다.

이러한 주장 때문에 이승만은 평생 '독립에 미친 늙은이', '고집불통 노인네'라는 욕을 먹어야만 했다. 하지만 1931년 9월 18일 만주사변이 발발하면서 이승만의 예언은 점점 현실화되기 시작했다. 일본의 만주 침략을 규탄하기 위한 국제연맹 총회가 1933년 5월 스위스 제네바에서 열리게 되자, 이승만은 한국의 독립을 호소하기 위해 제네바로 갔다. 이승만은 일본에 학대 받는 민족들 가운데는 만주인뿐만 아니라 한국인도 있다는 것과 한국을 독립시켜 일본을 견제케 해야만 동양 평화가 유지될 수 있다는 것을 역설했다. 이승만의 호소는 회의장 주변에서 적지 않은 반응을 일으켰다. 하지만 일본의 압력으로 한국문제는 끝내 총회 주제로 채택되지 못했다. 이승만은 이 시기인 1933년 5월, 월간지 『태평양주보』에 '미일전쟁이 나면 어찌 되나'라는 제목의 논설을 실었다.

"미일전쟁이 나면 일본은 3주일 내로 필리핀을 점령하겠음으로 미 국방을 의뢰할 수 없을 것이요 우리 국방의 제1선은 하와이 군도라. 하와이 군도 중에 진주만이 있는데 오하이오를 빼놓고는 아무 방비가 없어서 문을 열고 일본함대를 기다리는 모양이라" 이미 이승만은 미국과 일본 간의 태평양전쟁을 예견하였을 뿐만 아니라 '진주만'이라는 구체적인 타격지점까지도 예상하였다.

1933년 8월, 제네바에서 미국으로 돌아온 이승만은 미국 전역을 돌면서 미국이 일본과 손을 잡고 태평양 지역에서 평화를 유지하려는 대외정책이 잘못된 것임을 일깨우려고 노력했다.

한편, 1937년 7월 7일에는 이승만의 예언대로 중일전쟁까지 발발하였다. 일본은 중일 전쟁을 일으켜 파죽지세로 중국의 주요 도시를 점령해 나갔다. 그리고 1938년 드디어 난징(남경)을 손에 넣는 데 성공했다. 난징을 점령한 일본군은 세계 역사상 그 유례를 찾아볼 수 없는 잔악한 만행을 벌이기 시작했다. 1937년 12월 13일부터 1938년 초까지 몇 달 동안 중국 난징에서 자행된 일본인들의 엄청난 양민 대학살을 난징대학살이라 한다.

6. 일본 내막기와 일본의 진주만 공격

1937년, 중일전쟁이 발발하면서 중국, 동남아시아에 대한 일본의 침략이 노골화되자 이승만은 이때부터 오랫동안 예상했던 미국과 일본 간의 전쟁이 임박했다고 판단하고 1939년 하와이를 떠나 워싱턴 D.C.로 이사를 하여 『일본 내막기(Japan Inside Out)』라는 영문 저서를 집필하는 데 몰두하여 1941년 8월 1일에 이 책을 출판했다.

『일본 내막기』의 핵심은 제1장 '황권 신수설과 전쟁심리'에 자세히 나오고 있다. 이승만은 제1장에서 일본의 천황 숭배 사상을 두 가지로 요약하고 있다.[16]

첫째, 천황은 유일신으로서 온 세계로부터 존경과 숭배를 받아야 한다.
둘째, 천황이 지배하는 세상을 만들기 위해 전 세계를 정복해야 한다.
여기서 일제는 "천제(天帝)만이 하늘이 내린 유일한 황제이므로 그분이야말로 한 우주의 합법적인 통치자이고, 그 육·해군은 세계를 구원하기 위하여 하늘로부터 파견되었다."라고 말하면서 침략전쟁을 정당화하고 있다.

---

16 이승만. 2007. 「일본, 그 가면의 실체」. 서울:청미디어. p.37~43

이 책의 서문에는 다음과 같이 말하고 있다.

"늦추는 것은 결코 해결책이 아니다. 산불은 저절로 진화되지 않는다. 타오르는 산불은 점점 가까이 다가오고 있다. 사업 투자나 선교교회, 대학, 병원 등 그밖에 미국인들이 소유하고 있는 모든 설비를 잃어버릴 것이다."

그러면서 이 책의 결론은 이렇게 끝을 맺고 있다. "분명히 단언하건대, 우리가 감히 예상하고 또 바라는 것보다 더 일찍 세계의 자유민주주의 세력이 일본인들을 그들의 섬나라에 다시 잡아넣을 것이며, 평화는 다시 찾아올 것이다. 그때에 우리 한국은 전 세계의 자유국가들과 어깨를 나란히 하게 되고, 또다시 고요한 아침의 나라로 세계 앞에 당당히 서게 될 것이다."

이 책이 미국에서 출판되었을 때 반응은 냉담했다. 오히려 이승만에게 "전쟁 도발을 부추기는 망발"이라는 비난이 쏟아졌다. 하지만 이승만의 예언대로 1941년 12월 7일, 일본은 미국 하와이의 진주만을 공격했다. 일본은 1941년 12월 7일, 6척의 항공모함에 전투기를 싣고 하와이까지 가서 새벽 6시 조금도 착오 없이 결정적 타격을 입혔다. 미국은 진주만 공격으로 미군 2,395명이 전사하였고, 1,178명의 부상자가 생겼고, 12척의 전투 함대가 그 자리에서 침몰했고, 9척이 치명적 파손을 입어 쓰지 못하게 되었고, 323대의 공군 전투기가 파괴되었다. 가장 큰 전투 함대였던 애리조나 함대에서 잠을 자던 병사 1,177명은 바다에 가라앉았다. 일본의 진주만공격을 계기로 1941년 12월 8일, 미국 프랭클린 루스벨트 대통령은 그 동안 오랜기간 동맹 관계였던 일본을 적대국으로 규정하고 전쟁을 선언하였다. 그것이 바로 루스벨트 대일(對日) 전쟁 선언이다.

이 루스벨트 전쟁 선언으로 가쓰라-태프트 밀약(1905년) 이후 적어도 35년 동안 동맹관계였던 미국과 일본은 하루아침에 적대관계가 되면서 미국과 일본 간의 태평양 전쟁이 시작되었다. 그 결과 1943년 11월 27일, 일제 36년 통치로부터 우리나라가 해방될 수 있는 문을 열어주었던 그 유명한 카이로 선언이 발표되었다.

7. 카이로 선언과 8.15 해방

1943년 11월 22~26일 카이로 회담
(미국 루스벨트 대통령, 영국 처칠수상, 중국 장개석 총통)

한국의 독립 문제를 처음으로 연합국들이 합의한 것은 카이로 회담이다. 제2차 세계대전이 연합국의 승리로 예견되면서 1943년 11월 22일~26일까지 5일간 이집트 카이로에서는 미국의 루스벨트 대통령, 영국의 처칠 수상, 중국의 장개석 총통이 만나 전후 처리에 관한 중요한 회담을 열었다. 수많은 토론과 수정을 거쳐 이 세 사람은 1943년 11월 27일, 한국의 독립을 약속하는 역사적인 카이로 선언을 선포하였다.

이 카이로 선언에는 누구도 예상치 못한 문구가 포함되어 있었다.

"한국민이 노예 상태에 놓여 있음을 유의하여 앞으로 적절한 과정을 통해 한국을 자유 독립국으로 할 것을 결의한다."

카이로 선언은 일제 식민지 지배하에 있던 이 나라 백성들에게는 마치 독립선언서나 마찬가지였다. 실제로 이 카이로 선언으로 인해 우리나라는 일제로부터 해방될 수 있었고 더 나아가 대한민국이 유엔에 의해 한반도 유일의 합법 정부로 건국될 때 카이로 선언은 그 중요한 단서로 작용하였다. 사실 카이로 선언이 발표되던 당시 한국만 식민지가 아니었다. 아시아에만 해도 베트남, 캄보디아, 라오스, 인도네시아, 싱가포르, 인도 등을 포함하여 전 세계 100여 개의 식민지 나라들이 있었다. 그런데 그 수많은 식민지 중 유독 한국을 지목해 "노예 상태에 놓여 있다"는 표현까지 보태며 한국의 독립을 보장하는 카이로 선언이 발표된 것이다. 카이로 선언의 외국인 공로자로는 프랭클린 루스벨트 대통령과 그의 특별보좌관 해리 홉킨스다. 특히 카이로 선언문은 루스벨트 대통령의 특별 보좌관 해리 홉킨스가 초안을 만들었다. 루스벨트와 처칠이 부분수정은 했지만, 골격은 그대로 채택되었다.

그동안 한국독립운동사 연구자들은 역사적인 카이로 선언에 종전 후 한국의 독립을 보장한다는 내용이 삽입될 수 있었던 것은 장개석 총통이 1943년 7월 26일 김구, 조소앙 등의 임시정부 대표들을 충칭에서 만났을 때 공약한 대로 카이로 회담에서 전후 한국의 완전 독립을 보장한다는 성명을 발표했다고 주장한다. 그러나 카이로 선언의 작성과정을 면

밀히 살펴보면 그렇지 않다. 장개석은 11월 22일~26일까지 5일간의 회담 도중 한 번도 한국문제를 공식 거론한 일이 없다. 그뿐 아니라 23일 루스벨트 대통령이 한국 독립 문제를 먼저 거론하자 이에 수동적이며 소극적인 태도로 찬성했다. 그 다음 날 루스벨트는 특별보좌관 홉킨스에게 지시를 내려 카이로 선언문 초안을 작성토록 하였다.

카이로 선언 초안이 만들어진 순간은 그야말로 하늘이 내려준 선물이 아니었나 싶을 정도로 드라마틱한 것이었다. 홉킨스는 회담 막바지에 백악관 문서기록관인 코넬리우스를 불러 '한국의 자유 독립'을 담은 선언문을 홀로 구술해서 만들었는데 어떤 문서나 메모도 없이 머릿속에 떠오른 내용을 그대로 내뱉어 작성된 것이 바로 카이로 선언문의 초안이다.

그러면 해리 홉킨스와 루스벨트는 어떻게 해서 한국독립 조항을 선언문에 넣게 되었을까? 결론부터 말하면 카이로 선언은 이승만 박사가 미국을 상대로 장기간 벌인 끈질긴 외교 노력의 결실이었다. 특히 이승만 박사는 1941년 8월에 그의 저서 『일본 내막기』를 루스벨트 대통령과 영부인 엘리노 루스벨트, 그리고 스팀슨 육군장관과 헐 국무장관에게 선물로 보냈다.

또한 이승만 박사는 1943년 한 해 동안 미국 루스벨트 대통령에게 3번에 걸쳐 편지를 보냈는데 특히 1943년 5월 15일 자로 보낸 편지가 가장 결정적이었다. 이 편지에서 이승만 박사는 미국이 1882년 조선과 체결한 조미수호통상조약을 파기하면서 1905년 을사조약과 1910년 일본이 한국을 병탄하도록 도운 일을 상기시키면서 동아시아를 시작으로 불행한 사태가 확산된 것은 서양의 정치가들이 독립된 한국이 동양 평화의 보루라는 사실을 인식하지 못한 데서 비롯됐다고 지적했다. 그 후 5월 26일 루스벨트 대통령 비서실장으로부터 '세밀한 주의를 받았다'는 회답이 왔다.[17]

이는 루스벨트 대통령이 이승만 박사가 보낸 편지에 적잖은 영향을 받았다는 증거라고 할 수 있다. 유영익 박사는 "5월 26일 루스벨트 대통령 비서실장으로부터 '세밀한 주의를 받았다'는 회답이 온 것으로 볼 때 루스벨트 대통령이 봤거나 아니면 적어도 홉킨스가 검토했을 가능성이 높다."라고 설명했다. 또한, 정일화 교수는 이승만 박사와 홉킨스의 연관성에 대해 언급하면서 "이 박사와 홉킨스는 독실한 감리교 신자라는 공통점이 있었다. 이 박사나 홉킨스가 미 의회 내 감리교 출신의 의원들과 왕성한 교류를 했었던 점을 감안하면 둘 사이에 분명 어떤 친분이 있었을 가능성이 높다."라고 말했다.

많은 사람들이 이승만 박사가 외교노선의 길을 걸어간 것에 대해 비판을 한다. 하지만 그것은 몰라도 한참 모르는 소리다. 이승만 박사가 오랜 세월 '독립에 미친 늙은이'라는 욕을 들어가면서 외교노선에 의한 독립투쟁을 하지 않았다면 카이로 선언은 결코 성사되지 못했을 것이며 카이로 선언이 없었다면 우리나라는 일제로부터 영원히 자유와 해방을 얻지 못했을지도 모른다.

---

17 유영익. 2013. 「건국 대통령 이승만」. 서울:일조각. p.54,60

결국, 카이로 선언은 1945년 7월 26일 미국, 영국, 중국 수뇌들이 모여 일본에 대해 무조건적인 항복을 요구하는 포츠담 회담으로 이어졌고 포츠담 회담은 1945년 8월 15일 일본의 패망으로 이어졌다. 그리고 마침내 36년 동안의 일제시대는 막을 내리고 우리나라는 자유와 해방을 얻게 된 것이다.

한국의 해방은 무장투쟁의 본거지였던 간도에서 찾아온 것이 아니라 놀랍게도 이집트 카이로에서 전혀 예상치 못한 사건을 통해서 찾아왔다. 즉, 해방은 무장투쟁이 아닌 이승만 박사의 끈질긴 외교투쟁에 의해 찾아온 것이다. 그것은 이승만 박사가 적어도 30여 년 동안 전 세계를 대상으로 거의 혼자 힘으로 싸운 외교투쟁의 결과였다. 만약 이승만 박사가 외교노선에 의한 독립활동을 포기하고 그 당시 대세를 따라서 무장투쟁론을 주장했다면 일제로부터의 해방은 한참 뒤로 미뤄졌거나 아니면 불가능했을지도 모른다.

줄탁동시(啐啄同時)라는 사자성어가 있다. 알 속의 병아리가 껍질을 깨고 나오기 위해서는 껍질 안에서 아직 여물지 않은 부리로 사력을 다하여 껍질을 쪼아대야 한다. 하지만 병아리의 힘으로 아무리 껍질을 쪼아댄다 해도 혼자 힘으로 부화하는 것은 불가능하다. 병아리의 그 미약한 소리를 듣고 어미 닭이 바깥에서 그 힘센 부리로 껍질을 깨주어야 한다. 이때 병아리가 껍질을 쪼아대는 것을 줄(啐)이라고 하며, 어미 닭이 부리로 쪼아 깨뜨리는 것을 탁(啄)이라고 한다. 줄탁동시란 줄과 탁이 함께 있어야 병아리가 부화할 수 있다는 뜻이다. 8.15 해방의 역사를 한 단어로 표현한다면 줄탁동시(啐啄同時)라고 할 수 있다. '줄'이 이승만 박사의 30여 년에 걸친 외교투쟁이라고 한다면 '탁'은 카이로 선언과 함께 찾아온 일본의 패망과 8.15 해방이다. 한국이 일제로부터 해방을 얻게 된 배경에는 무엇보다 이승만 박사 한 사람의 끈질긴 외교투쟁이 있었다. 더 중요한 것은 역사를 움직이시는 하나님의 보이지 않는 손길이 있었기 때문에 1945년 8월 15일 우리나라는 드디어 자유와 해방을 얻게 된 것이다.

3 해방 후 혼란시대

1. 해방정국의 상황
2. 대한민국 건국의 최대 걸림돌, 좌우합작정책
3. 공산주의의 실체를 간파한 유일한 사람, 이승만
4. 공산주의의 실체
5. 김구의 변심과 4.30성명
6. 김구와 유어만과의 대화
7. 4.30성명의 복제판, 6.15선언과 10.4선언

제3장 해방 후 혼란시대

모스크바 3상회의
Moscow Conference(1945. 12. 27)

1. 해방정국의 상황

일본이 패망하고 해방을 맞이하면서 백성들은 독립된 국가가 바로 세워지는 줄 알았다. 하지만 현실은 그렇지 않았다. 국토의 남북 분단과 사상의 좌우 대립과 분열, 여기에 신탁통치에 대한 찬반양론 등으로 해방정국은 혼돈의 양상이 계속되었다. 우리가 잘 알듯이 대한민국은 자유민주주의 국가로 건국되었고 지금도 자유민주주의 국가다. 이것은 당연한 것처럼 생각되지만 해방정국에서 대한민국이 건국되는 과정을 보면 우리나라는 공산국가가 될 수밖에 없는 나라였다. 그 이유는 해방 직후 건국의 흐름을 주도한 세력이 대부분 공산세력이었기 때문이다.

1945년 8월 15일 해방되자마자 여운형은 온건좌파세력들을 모아 건국준비위원회를 조직하였다. 여운형의 건국준비위원회는 빠른 속도로 지방에 지부들을 조직해 나갔다. 그 결과 8월 말이 되었을 때 북한지역을 포함해 전국에 145개의 지부가 생겨났다. 그야말로 압도적으로 많은 좌파세력들이 해방정국을 이미 지배하고 있었다. 게다가 급진 공산주의자였던 박헌영에 의해 건국준비위원회가 장악되면서 9월 6일, 박헌영은 건국준비위원회를 조선인민공화국으로 명칭을 바꾸었다. 그리고 9월 11일 박헌영은 조선공산당의 재건을 선포하였다. 한편 우익진영은 늦게나마 조직화에 나서는데 9월 10일, 안재홍을 중심으로 조선국민당이 창당되었다. 이어서 9월 16일에는 송진우와 김성수를 중심으로 한민당이 창당되었다. 그야말로 좌우 대립이 극에 달해 있었다.

이렇게 좌우 대립으로 인한 갈등이 극에 달해 있던 때인 1945년 10월 16일, 드디어 이승만 박사가 미국에서 귀국했다. 해방을 맞이하면서 이승만 박사는 서둘러 귀국하려 했으나 그의 귀국은 매우 어렵게 이루어졌다. 미국 정부가 이승만 박사의 귀국을 도와주기는커녕 방해를 했기 때문이다. 2차 세계대전이 끝나갈 무렵 미국 정부는 이승만 박사를 사실상 기피 인물로 취급했다. 그 이유는 미국 국무부 극동 문제 담당 관리들 가운데 친소경향의 인사들이 상당히 많았기 때문이다. 훗날 소련 간첩으로 드러난 앨저 히스, 빈센트 카터, 한슨, 서비스, 클럽 등이 그런 사람들이었다. 이들은 모두 소련과의 협의 하에 한반도 문제를 해결해야 한다는 입장이었다. 따라서 반소, 반공사상이 확고한 이승만은 이들에게는 눈엣가시 같은 존재였다. 그래서 이승만의 귀국을 집요하게 방해하였다. 하지만 그러한 미국 정부의 방해에도 불구하고 천신만고 끝에 이승만 박사는 10월 16일 귀국하였다.

귀국하자마자 이승만 박사는 다음날인 10월 17일 라디오 연설을 통해 다음과 같이 말했다. "우리는 하루빨리 뭉치고 대동단결하여 우리의 자주독립을 얻어야 합니다. 우리가 당면한 문제 중 가장 긴급한 문제는 완전 독립이 아닙니까? 그러자면 하루빨리 뭉쳐야 할 줄 압니다. 한데 뭉치어서 우리 땅을 우리 국가를 찾아놓고 전인민의 총선거를 단행하여 새 국가를 세우지 않으면 안 될 줄 압니다. 그 후에는 정치, 경제는 물론이요, 민족반역자(친일파)도 재판을 열고 얼마든지 처벌할 수 있지 않을까 합니다."

이승만 박사에게 가장 시급했던 것은 독립된 국가를 세우는 일이었다. 하지만 국제정세를 보는 안목이 뛰어났던 이승만이 볼 때, 통일된 독립국가의 건설은 쉬운 일이 아니었다. 미국에 있을 때부터 그는 강대국들이 한국인들에게 즉각적인 독립을 허용하지 않을 가능성이 크다고 보았기 때문이다. 그러므로 미국과 소련이 한국인이 독립국가를 세우는 것을 방해하지 못하도록 압박하는 일이 시급했고, 그렇게 하기 위해서는 한국인의 단결이 필요했다. 그래서 '덮어놓고 뭉칩시다.'라고 말했던 것이다.

10월 23일 65개 정당 200여 명의 대표가 모인 자리에서도 이승만 박사는 "무엇이든지 하나로 만듭시다."라고 말하면서 대동단결을 강조했다. 그 결과 독립촉성중앙협의회(이하 독촉)가 발족되었다. 그러나 얼마 안 있어 독촉으로부터 좌익들이 이탈하기 시작했다. 좌익들은 친일파의 즉각 숙청을 요구하면서 친일파가 많은 한민당이 독촉에 참여하는 것을 반대했는데, 이승만이 그것을 용납하지 않았기 때문이다. 이승만이 볼 때 친일파 숙청은 당장 해결할 수 없는 어려운 문제였다. 설사 그 문제가 당장 이루어진다 하다라도 일본에 우호적인 미군정 하에서는 불가능한 일이었다. 그러므로 우선 시급한 건국 문제를 해결한 다음에 우리 정부의 손으로 법률에 따라 친일파를 숙청해야 한다는 것이 이승만의 생각이었다.

그러나 좌익들은 자신들의 요구가 받아들여지지 않자, 이승만을 가리켜 친일파를 옹호하는 매국노라고 비난하기 시작했다. 결국, 11월 16일 조선공산당의 박헌영은 독촉 탈퇴를 선언하고 이승만과 결별하였다. 박헌영이 친일파 제거를 주장한 것은 정말 친일파 제거를 원해서 주장한 것이 아니었다. 어디까지나 대한민국의 건국을 방해하여서 북한에 공산정권이 들어설 수 있는 시간을 벌어주기 위한 지연 작전이었다. 이미 북한에는 해방 후 9월 20일, 스탈린의 비밀지령에 의해 공산정권이 들어서기 시작했다는 것을 알아야 한다. 아무튼, 박헌영의 독촉 탈퇴로 말미암아 독촉을 통해 좌우를 아우르는 통합조직을 만들어 정부를 수립하려던 이승만의 계획은 차질을 빚게 되었다.

설상가상으로 1945년 12월 28일, 소련의 수도 모스크바에서는 날벼락같은 소식이 전해졌다. 강대국이 한국을 5년 동안 신탁통치 한다는 소식이었다. 12월 16일부터 미국의 번즈 국무장관, 소련의 몰로토프 외상, 영국의 베빈 외상이 참석한 3개국 외상 회담에서 신탁통치가 결정 난 것이다. 모스크바 3상 회의에서 미국 측은 미소 양국 군대가 분할 점령하고 있는 한반도를 통일된 국가로 독립시키기 위해서는 남북한 지역을 하나로 묶어 신탁통치를 해야 한다고 주장했다. 먼저 남북한 통일 행정부를 수립하고, 다음에 미국, 소련, 영국, 중국 4개국이 5년간 신탁통치를 한다는 것이 주 내용이었다.

1946년 1월 16일부터 3상 결정에 따라 서울에서 미국과 소련 간의 예비회담이 열렸다. 미국 측 대표는 38선을 즉시 철폐하고 남북 간의 자유로운 여행과 물품의 유통 및 단일한 통화를 사용하자고 제의했으나 소련 측은 거부하였다.[18] 결국, 아무런 성과도 없이 한 달 후에 미소공동회담을 열기로 하고 소련 측은 2월 7일 북한으로 돌아가 버렸다. 그리고 다음날 2월 8일, 소련은 북한에 북조선 임시인민위원회라는 단독정부를 수립하면서 남북 분난은 현실화되었다. 그런 가운데 1946년 3월 20일 제1차 미소 공동회담이 서울에서 개최되었다. 이것은 남한을 속이기 위한 명백한 위장 전술에 불과했다. 미소 공동회담은 시작부터 임시정부 수립을 위한 남북한 정당, 사회단체의 참가문제를 둘러싸고 미·소 양국 간에 의견대립이 일어났다. 당시 소련 측은 신탁통치에 반대하는 정당, 사회단체는 임시정부 구성에 참여할 수 없다고 주장하였다. 반면 미국 측은 모든 정당, 사회단체를 임시정부 수립에 참여시켜야 한다고 주장하면서 그보다도 먼저 38선을 철폐하자고 제안하였다.

그러나 소련 측은 임시정부 수립 후에 38선 문제를 다룰 것을 주장하며 맞서다가 제1차 미소 공동회담은 1946년 5월 6일 무기휴회에 들어갔다. 1947년 5월 21일 제2차 미소 공동회담이 재개되었으나 역시 임시정부 참여단체 문제를 두고 의견대립이 계속되면서 제2차 미소공동회담도 10월 20일 무기휴회로 들어갔다. 결국 미소 공동회담은 북한에 완전한 공산정권 수립과 남한에 대한 무력침공을 준비하기 위한 시간만 벌어준 채 아무런 결실 없이 끝나고 말았다.

18　이인수. 2001. 「대한민국의 건국」. 서울:촛불. p.79

2. 대한민국 건국의 최대 걸림돌, 좌우합작 정책

해방정국에서 자유대한민국 건국 과정의 최대 걸림돌은 미국의 좌우합작 정책이었다. 당시 한반도에 대한 미국의 외교정책은 미국과 소련이 협의를 거쳐 한반도 내에 자유민주주의와 공산주의가 서로 공존하는 남북통일 정부를 세우는 것이었다. 즉, 목적을 이루기 위해 자유민주주의와 공산주의가 서로 손을 잡는 좌우합작을 추진한 것이다. 좌우합작의 대표적인 인물은 루스벨트 대통령(재임 1933~1945년)이다. 그의 전임 대통령 허버트 후버 재임 시절까지만 해도 미국의 외교정책은 소련을 고립시키는 것이었다. 그런데 루스벨트는 소련의 고립이 미국의 국익에 별 도움이 안 된다고 판단, 집권 초부터 소련과 우호 관계를 모색했고, 1933년 11월에는 소련을 외교적으로 승인했다. 1939년 9월 히틀러가 폴란드를 침공하여 2차 세계대전이 발발한 후 1941년 6월 22일, 히틀러가 소련마저 침공하자 루스벨트는 공산주의에 대한 경계심을 풀고 공산 독재자 스탈린과 손을 잡았다. 히틀러라는 악(惡)을 물리치기 위해 스탈린이라는 거악(巨惡)과 손을 잡은 셈이다. 루스벨트는 소련에 거의 무제한으로 막대한 양의 무기를 지원했다. 루스벨트가 1941년부터 1945년 9월까지 소련에 제공한 군수지원은 항공기 1만4834대, 전차 1만3000대, 트럭 42만7000대, 지프 5만 대, 철강 200만 톤 등 막대한 양이었다. 이러한 루스벨트의 좌우합작 정책으로 인해 동구 유럽은 불행하게도 모두 공산화가 되었다. 이러한 좌우합작 정책은 독일과 일본이 패망하고 2차 세계대전이 끝난 이후, 해방을 맞은 우리나라에 그대로 들어오게 되었다.

한반도에 대한 좌우합작 정책의 본격적인 시작은 얄타회담에서 출발한다. 1945년 2월 미국 루스벨트 대통령, 영국 처칠 수상, 소련의 스탈린이 모인 얄타회담에서 미국과 소련은 처음으로 해방 후 한반도에 대한 신탁통치에 합의했다. 그것은 소련이 대 일본전에 참전하는 대가였다. 미국은 얄타회담에서 소련이 일본전에 참전하면 1905년 가쓰라-태프트 밀약에 의해 조선을 일본에 넘겨주었던 것처럼 해방 후 한반도의 절반을 소련에 넘겨주려는 속내를 드러냈다. 얄타회담에서 스탈린은 루스벨트에게 "대일 전에 참전하면 해방지역을 점령해도 좋은가?"하고 물었을 때, 소련의 참전을 고대하던 루스벨트는 이를 승낙했다.

그만큼 미국은 공산주의 국가인 소련의 실체를 전혀 몰랐다는 얘기다. 소련은 해방되자마자 1945년 9월 20일, 북한에 공산정권 수립을 지시하였다. 소련은 겉으로는 한반도에 남북통일 임시정부 수립과 신탁통치 실행을 위한 미소 공동회담에 참여했지만, 그것은 어디까지나 북한에 완전한 공산정권 수립과 남한에 대한 무력침공을 준비하기 위한 시간벌기에 불과했다. 그런 교활한 소련과 협의해서 한반도에 남북통일 임시정부를 세우려는 미국의 좌우합작 정책 때문에 해방 후 3년이 지나도록 우리나라는 자유민주주의 국가로 건국될 수 없었다.

지금이야 공산주의에 대해서 아는 사람은 다 아는 세상이 되었지만, 당시에는 공산주의의 실체를 잘 모른 채 무조건 공산주의를 옹호하고 지지하는 사람들이 상당수였다. 실제로 미군정의 설문조사 결과에 따르면, 당시 우리나라 국민들 대다수가 사회주의와 공산주의를 선호하고 있는 것으로 나타났다. 이는 우리나라뿐만이 아니었다. 1917년, 러시아에서 노동자, 농민들이 평등사회를 부르짖으면서 황제의 권력을 무너뜨리고 볼셰비키 공산혁명이 성공하면서부터 전 세계는 공산주의에 대해서 열렬히 환호하였다. 심지어 전 세계의 지성들은 공산주의가 '인류가 나아갈 새로운 길'이라고 미화하고 찬양하기까지 했다.[19]

자유민주주의 국가인 미국의 대통령과 미국의 고위 각료들과 정치인들조차 소련 공산주의의 무서운 실체를 모른 채 공산주의 사상을 환영하였다. 심지어 미국 정치인들 중에는 자발적으로 공산당원이 된 사람들이 많았다. 미국의 앨저 히스 같은 사람이 대표적인 인물이다. 앨저 히스는 미국 국무부 차관이었지만 소련 공산당의 첩자로서 해방 후 우리나라가 자유민주주의 국가로 건국되는 과정에서 끊임없이 걸림돌 역할을 했던 사람이다. 대한민국 건국에 있어서 걸림돌은 좌우합작에 빠져있는 미국뿐만이 아니었다. 남한 내에 있는 수많은 민족 지도자들조차 거의 대부분 좌우합작을 주장했다. 김구, 김규식, 여운형 등 대부분의 지도자들은 공산주의의 실체를 제대로 알지 못한 채 좌우합작을 옹호했다.

3. 공산주의의 실체를 간파한 유일한 사람, 이승만

해방 후 거의 대부분의 사람들이 좌우합작 논리에 빠져서 소련 공산주의와 함께 손을 잡고 나라를 건국하려고 했을 때 유일하게 공산주의의 위험한 실체를 꿰뚫어 보고 홀로 공산주의와 싸운 인물이 바로 이승만 박사다.

이승만 박사는 대통령이 되기 훨씬 이전부터 반공주의자였다. 그의 반

---

19 김정수. 「초대 대통령 이승만 제1부 개화와 독립」. 서울:청미디어. p.268

공 노선은 해방 후 냉전 상황에서 갑자기 형성된 것이 아니라, 청년 시절 조선에 대해 이권 침탈을 하려는 러시아의 야욕을 보면서 생긴 것이다. 특히 한성감옥 시절 러시아의 황제들에게 침략의 방법을 알려준 『표트르 대제의 유훈』이란 책자를 읽으면서 더욱더 강해졌다.[20]

이승만의 이러한 반러 의식은 그가 미국에서 유학, 망명 생활을 하는 동안 변하지 않고 유지되다가 1917년 볼셰비키 혁명을 통해 로마노프 왕조가 붕괴되고 공산정부가 들어서자 반공사상이 더욱 확고해졌다. 이 무렵부터 그는 공산주의를 '원래 자유롭게 되기를 원하는 인간의 본성을 거역해 가며 국민을 지배하려는 사상체계'라고 간주하고 이 이념을 따르는 정치는 반드시 실패할 것이라고 장담했다.

1923년 『공산당의 당 부당』이라고 쓴 이승만의 글을 보면 그의 철저한 반공사상을 엿볼 수 있다. "모든 부자의 돈을 합하여다가 나누어 가지고 살게 하면 부자의 양반 노릇하는 폐단은 막히려니와, 재정가(기업가)들의 경쟁이 없어지면 상업과 공업의 발달이 되기 어려우리니, 사람의 지혜가 막히고 모든 기기묘묘한 기계와 연장이 다 스스로 폐기되어, 지금에 이용후생 하는 모든 물건이 다 더 진보되지 못하며, 물질적 개명이 중지될지라."

"설령 세상이 다 공산당이 되며 동서양 각국이 다 국가를 없이 하야 세계적 백성을 이루며, 군사를 없이 하고 총과 창을 녹여 호미와 보습을 만들지라도, 우리 한인을 일심단결로 국가를 먼저 회복하야 세계에 당

---

20 이주영. 2014. 『이승만 평전』 경기도:살림. p.19

당한 자유국을 만들어놓고 군사를 길러서 우리 적국의 군함이 부산 항구에 그림자도 보이지 못하게 만든 후에야 국가주의를 없이 할 문제라도 생각하지. 그전에는 설령 국가주의를 버려서 우리 2천만이 모두 밀리어네어(백만장자)가 된다 할지라도 우리는 원치 아니할 바라."

공산주의에 대한 이승만의 강한 불신은 1945년 12월 17일 '공산당에 대한 나의 입장'이라는 방송 연설에서도 분명히 드러난다. "한국은 지금 우리 형편으로는 공산당을 원치 않는 것을 세계 각국에 대하여 선언합니다… 이 분자들이 러시아를 저희 조국이라고 부른다니, 과연 이것이 사실이라면 우리의 요구하는 바는 이 사람들이 한국을 떠나서 저희 조국에 들어가서 충성스럽게 섬기라고 하고 싶습니다… 이 분자들과 싸우는 방법은 먼저는 그 사람들을 회유하여 사실을 알려주시오… 시종 고치지 않고 파괴를 주장하는 자는 비록 친부형이나 친자질(子姪)이라도 원수로 대해야 합니다."

이 선언은 2차 대전 이후 소련과 공산당에 대한 세계 최초의 정면 대결 선언이다. 그는 공산주의자들은 소련을 조국으로 생각하는 반역세력이고 파괴자들이므로, 국가 건설 과정에서 함께 갈 수 없다고 선언하였다. 공산주의에 대한 이승만 박사의 단호한 발언은 계속되었다. 1946년 3월 4일에는 이런 말을 했다. "공산분자와 협동을 이루지 못하고는 통일이 될 수 없다 하는 이가 있다면 이는 곧 집에 불 놓는 자와 함께 일하라는 말과 같으니 불 놓는 사람이 주의(主義)를 그치기 전에는 합동할 수 없으며 그들이 그 주의를 고집할 동안에는 평안히 살 수 없는 터이다."

1946년 4월 15일부터 이승만 박사는 소련 공산주의자와 좌우합작에 의한 신탁통치 반대 운동을 전국적으로 전개하면서 영남지역을 시작으로 전국 유세에 들어갔다. 그의 연설 주제는 신탁통치 반대와 반공이었다.

"이론상으로 공산주의는 그럴듯하다. 만일 이 주의를 전달하는 사람들이 이 주의를 전하는 대로 실천한다면 나도 그들을 존경할 것이다. 그러나 공산주의를 선전하는 자들은 아름다운 이상으로써 양의 가죽을 만들어 쓰고 세계정복을 꿈꾸는 소련의 앞잡이로서 공산주의를 선전하는 것이다. 그들은 세계 사람들에게 각각 그들의 정부를 파괴시키고 나라를 소련의 독재하에 넣도록 훈련시키고 있다. 당신의 동생일지라도 공산주의의 훈련을 과학적으로 받았다면, 이제는 당신의 동생이 아니다. 그 동생은 소련을 자신의 조국이라고 부르며 당신의 국가 공업을 파괴하는 한편 정부를 뒤엎고 동포들을 소련에 넘겨주려 할 것이다. 그러면 드디어는 당신의 나라는 소련의 위성국이 되는 것이다. 그러나 그 뒤엔, 당신의 동생은 집 없는 거지가 되고 가족은 노예가 될 것이다. 이때에 이르러 잘못을 깨달아도 아무 소용이 없을 것이다."

영남 유세를 마치고 호남지역을 방문했을 무렵, 1946년 5월 6일 미소 공동회담이 결렬되어 무기 휴회에 들어가게 되었다는 소식이 이승만 박사에게 들려왔다. 북한에는 이미 1946년 2월에 공산정권이 수립되어 한반도 공산화 작업을 빠른 속도로 준비하고 있는데, 남한은 미국과 소련의 가망 없는 합의만 기다려야 하는 상황에 처한 것이다. 자칫하다가는 남한마저 공산화될 수도 있는 위험한 상황이었다. 이런 위기의 상황을 돌파하기 위해 1946년 6월 3일, 이승만 박사가 취한 행동이 그 유명한 정읍 발언이다.

"이제 우리는 무기 휴회된 공위(미소공동위원회)가 재개될 기색도 보이지 않으며 통일 정부를 고대하나 여의케 되지 않으니, 우리는 남방만이라도 임시정부 혹은 위원회 같은 것을 조직하여 38 이북에서 소련이 철퇴하도록 세계 공론에 호소하여야 될 것이니 여러분도 결심하여야 될 것이다."

이승만을 비판하는 사람들은 이승만 박사가 이렇게 정읍 발언을 한 것은 그가 남한의 대통령이 되고자 하는 권력욕 때문이라고 주장한다. 통일 한국의 대통령이 되기 어려울 바에는 한반도를 반으로 나누어서라도 대통령이 되는 편이 낫겠다고 생각했다는 것이다. 그래서 그의 정읍 발언으로 인해 남북 분단을 초래했다고 주장한다. 하지만 그것은 정읍 발언의 배경을 전혀 모르고 하는 소리다.

이승만 박사가 정읍 발언을 한 것은 북한지역이 이미 공산화된 상황에서 답도 나오지 않는 미소 공동회담의 합의만을 기다린 채, 정부를 수립하지 않는 상태가 지속될 경우, 남한마저 공산화될 가능성이 매우 높았기 때문이다. 그것은 일본의 식민지에서 해방된 우리나라가 또다시 소련의 노예가 되는 것을 뜻했다. 남한마저 소련 공산주의의 노예로 전락하는 것을 막기 위해 이승만은 정치적 생명을 무릅쓰고 정읍 발언을 한 것이다.

정읍 발언을 한 이승만 박사의 의도를 정확히 이해하려면 1948년 3월 1일 이승만 박사가 했던 이 말을 되새겨 볼 필요가 있다. "남조선에 정부 수립이 되면 남북 분열을 영구히 인정하는 것으로 남북이 병행할 수 없으므로 총선거는 지지할 수 없다는 말이 있으나 이것은 사리에 당치 않는 말이다. 사람의 몸에 한 편이 죽어가는 경우에는 살아 있는 편이라도 완전히 살려서 죽은 편을 살리기를 꾀할 것인데 다른 방책 없이 운명을 기다리고 있다면 살아 있는 편까지 마저 죽어버리자는 것은 누구나 알아들을 수 없는 말이다."[21]

공산주의에 대한 이승만 박사의 혐오감이 어느 정도였는지를 잘 보여주는 사례가 있다. 일본 패망 직전이었던 1945년 어느 날 이승만 박사가 워싱턴에 있었을 때 그의 충실한 조언자인 시라큐스 대학교수 올리버 박사가 찾아와 미국 정부의 좌우합작 정책을 따르도록 간곡히 권고했다. 그렇지 않으면 일본 패망 뒤에 이루어질 정부수립 과정에서 이승만이 완전히 제외될 것이라고 말했다. 그러한 올리버의 우정 어린 권고에도 이승만의 태도는 바뀌지 않았다. 오히려 그렇게 하느니 차라리 아이오와주 같은 시골에서 닭이나 키우며 살겠다고 대답했다. 좌우합작으로 가면 한국이 공산화될 것이 뻔한데 그것을 알면서도 단지 권력을 잡기 위한 목적으로 좌우합작을 받아들일 수는 없다는 것이었다.[22]

이렇게 공산주의에 대해 극도의 반감을 가지고 있는 이승만 박사는 소련과의 공조를 통해 한반도에 남북통일 정부를 세우려고 하는 미국의 입장에서는 상당한 골칫거리였다. 그래서 친 공산주의 관료들이 많았던

---

21 이한우. 2008. 「우남 이승만, 대한민국을 세우다」. 서울:해냄. p.362
22 이주영. 2013. 「대한민국의 건국과정」. 서울:건국이념보급회 출판부. p.20

미 국무부는 이승만을 "독립에 미친 늙은이"라고 비웃었고 미군정 사령관이었던 하지 중장도 그의 친구에게 보낸 편지에서 이승만을 '늙은 악당(Old Rascal)'이라고 불렀다.

정읍 발언 이후 이승만 박사에게는 말할 수 없는 고난이 찾아왔다. 하지 장군은 이승만을 가택연금에 처하게 해서 전화도 차단시키고 그에게 배달되는 모든 편지를 검열하고 하루 24시간 철저히 감시했다. 라디오 연설도 금지되었다. 설상가상으로 이 무렵 이승만은 두 차례 암살 미수까지 당했다. 누군가 부엌에 시한폭탄을 설치했는데, 다행히 폭발 직전에 발견되었다. 범인을 잡고 보니 이승만이 머물던 돈암장의 경비 경찰관이었다. 그는 공산당 프락치로 밝혀졌다. 또 한 번은 돈화문 부근에서 이승만의 차량에 누군가 권총을 쏘고 달아났다.

이렇게 말로 다 할 수 없는 고난을 겪으면서도 이승만 박사는 좌우합작과의 싸움을 끝까지 포기하지 않았다. 그는 끝까지 반공(反共)을 외쳤다. 이렇게 수많은 비난을 받고 갖은 고난을 겪으면서도 그가 공산주의와의 좌우합작을 절대 반대한 이유는 무엇일까? 그것은 공산주의야말로 반인륜적이고 반국가적이며 반기독교적인 사상임을 잘 알았기 때문이다. 그리고 좌우합작이야말로 폴란드가 그랬던 것처럼 공산화로 가는 함정임을 너무나 잘 알았기 때문이다.

4. 공산주의의 실체

1956년 2월 전당대회에서 흐루시초프는, 1936년에서 1938년 사이에 스탈린이 1917년 러시아에서 일어났던 10월 공산혁명 이전에 공산당에 입당한 사람의 90%를 죽였고 그 후에 입당한 사람은 50%를, 군 장성급의 60%를 처형했다고 폭로하였다. 스탈린의 군부 대숙청으로 고급장교가 5,000명 이상 처형되었다. 또한, 1921년부터 실시한 농업 집단화 과정에서 수많은 농민들이 살해되었다. 특히 소련 공산주의는 본질적으로 무신론을 주장하기 때문에 공산주의자들은 종교, 특히 기독교를 공산혁명에 가장 큰 장애물로 보며 기독교를 말살시키려 하였다. 마르크스는 "종교는 인민을 노예로 만드는 아편"이라고 말했고, 레닌은 "교회는 노동자, 농민, 무산대중의 원수이기 때문에 교회부터 파괴해야 한다. 무엇보다 대형교회부터 파괴해야 한다."고 주장하였다. 소련의 공산당 서기장이었던 흐루시초프는 서기장이 된 다음 "3년 안에 크리스천들을 다 없앤 후 마지막 한 사람 남은 것을 전국 TV에 보여 준 후 처치하여 크리스천들의 씨를 말려 버리겠다."라고 말하였다.

실제로 소련 공산주의자들은 모든 교회를 다 파괴시키고 기독교인들을 시베리아로 끌어갔고 그보다도 더 무서운 동북쪽 마가단으로 보내서 죽게 했다. 그들은 겨울에는 얼어붙은 모스크바 강가에 구멍을 파고 기독교인들을 벌거벗겨서 산 채로 마구 밟아 집어넣었고, 여름에는 배 스크루에 사람들을 묶어서 찢어 죽였다. 모든 교회의 종탑들과 십자가들을 꺾어버렸고, 교회들을 불 지르거나 부수거나 혹은 오락 장소나 극장으로 만들어 버렸다. 러시아 공산주의자들은 공산화 과정에서 2,700만 명의 기독교인과 그 외에 반동분자들 4,000~4,500만 명을 합하여 모두 7,000만 명을 학살하였다.

소련에서 벌어지고 있는 이처럼 끔찍하고도 파괴적인 공산주의의 실체에 대해 서방 세계의 지식인이나 일제 치하에 있는 한국인들은 전혀 모른 채 공산주의야말로 "인류가 나아갈 유토피아"라는 환상 속에 빠져있었다. 그런 가운데 해방 후 공산주의의 실체를 적나라하게 보여준 공산폭동이 발발했다. 바로 대구 10월 폭동과 제주 4.3폭동이다.

1) 대구 10월 폭동

해방 후 대부분의 사람들이 좌우합작에 사로잡혀서 미소 공동회담을 통해 남북통일 정부 수립을 기대하고 있던 바로 그때 공산주의의 실체를 적나라하게 보여준 엄청난 사건이 발생했다. 바로 대구 10월 폭동이다. 1946년 10월 1일에 일어난 대구 10월 폭동은 해방 이후 공산주의의 실체를 보여준 최초의 폭동으로 소련의 지령을 받은 박헌영이 일으킨 폭동이다. 특히 대구폭동을 주도했던 인물은 간첩 이석(남로당 경북도당 간부)이었다. 이 폭동은 해방 이후 1년 동안 우리나라에서 공산주의가 얼마나 급속히 파급되고 있었는지 그리고 그들의 잔인성이 어느 정도인지를 여실히 보여준 사건이었다. 대구 10월 폭동에서 좌익세력들은 경찰서의 무기를 탈취하고 유치장을 부수어 투옥됐던 좌익사범들을 석방시켰다. 또한 무장 폭도들은 경찰과 우익인사나 그 가족들을 학살하고 집에 불을 질렀다. 이러한 일련의 폭동 과정에서 경찰의 피해는 사망자 31명, 행방불명자 36명, 부상자 30명, 피해 경찰서는 대구를 비롯한 도내 10곳, 전소된 경찰서는 영천경찰서와 예천경찰서장 관사 두 곳이었으며 폭동으로 검거된 자가 700여 명에 이르렀다. 자세한 피해 상황은 아래와 같다.

칠곡 경찰서

소총과 수류탄, 낫과 창으로 무장한 2,000여 명의 폭도들은 10월 3일 새벽 3시에 칠곡 경찰서를 습격하여 서장 장석한의 눈을 파내고 혀를 잘라낸 뒤 전화선으로 묶어 시내를 한 바퀴 돌게 한 다음, 도끼로 장작 패듯이 머리에서부터 밑으로 반을 쪼개 죽였고, 수사계장 이지동 외 4명의 경찰관을 도끼로 찍어 참살했다. 이들 중 주동자 500여 명은 이에 앞서 약목지서를 습격하고 경찰관 3명을 지서 기둥에 묶은 다음 낫과 도끼로 전신을 찍어 죽였다.

화원 지서

10월 2일 오후 3시, 화원지서 주임 김대현 경사(43세)를 10여 명의 청년들이 무참하게 때려죽였다.

달성 경찰서

경찰관 6명이 사망, 17명이 중경상을 입었고, 가옥 107채가 파괴되었다. 폭도들은 경찰의 얼굴과 몸뚱이를 칼과 도끼로 난자하고, 큰 돌을 머리에 떨어뜨리고 사지를 절단하고 심지어 거세까지 하는 만행을 자행했다.

영천 경찰서

죽창, 낫, 도끼로 무장한 2천여 명의 폭도들이 경찰서를 포위하고 습격, 총격전을 벌여 경찰 15명이 사망하고 수많은 부상자가 발생하였다. 영천 군수 이태수를 잡아 새끼줄로 묶은 뒤 도끼와 죽창, 낫 등으로 난도질하여 죽이고 군청에 방화, 19명의 면 직원과 관리들을 살해하였다.

상주 경찰서
10월 3일 폭도들이 경찰서를 습격, 경관 5명을 폭행 후 생매장하였다.

자양 지서
폭도들은 경찰관과 그 가족들의 사지를 찢어 죽이고 경찰관의 부인을 벌거벗긴 채 사지를 찢어 죽였다.

화산 지서
화산 지서의 한 경찰관이 산으로 도망가는데 폭도들이 쫓아가서 낫으로 두 눈을 뽑아 죽인 후 그 경찰관의 자택으로 몰려가 불을 지르고, 5명의 가족을 불 속에 집어넣어 생화장해 죽였다.

2) 제주 4.3 폭동

제주 4.3폭동은 1948년 4월 3일 5.10선거를 반대한다는 명분하에 남로당 중앙위원회와 남로당 전라남도위원회의 지령을 받은 남로당 제주도위원회 공산주의자들이 대한민국 건국을 저지하기 위하여 제주도에서 일으킨 폭동 및 반란으로써, 1957년 4월 2일 마지막 인민유격대원을 체포하여 사건을 완전히 종결할 때까지 만 9년간 반란을 진압하는 과정에서 진압군과 폭도들은 물론 무고한 양민들이 사망하였다.

4.3폭동세력은 당시 4.3주동자인 김봉현,김민주가 쓴 '제주도 인민들의 4.3무장투쟁사'에 보면 3천명이라고 기록되어 있다. 브라운 대령 보고서에는 '폭동이 최고조에 달했을 때 인민민주주의 군대는 약 4,000명의 장교와 사병을 보유한 것으로 추산된다.'라고 기록되어 있다. '제주

4.3사건의 진상(이선교 지음)'에 보면 당시 폭도와 동조자(협조자) 수가 7,893명이라고 하였다.(1957년 4월 3일 경찰의 발표) 그리고 생포 7,065명 중 재판에 기소된 자가 2,530명이다. 그러니까 폭동주동세력(공비) 및 동조자(협조자) 7,893명에 2,530명을 합한 10,423명이 제주 4.3폭동세력으로서 그중에 주동세력은 3천여 명, 나머지 7천여 명은 동조자라고 말할 수 있다.

제주 4.3폭동의 자세한 전개 과정은 다음과 같다.
(1) 남로당 제주도당(공산당) 간부와 김달삼 외 350여 명의 폭도들과 협조자 1,000여 명은 5.10선거를 반대하기 위하여 무장을 하고 1948년 4월 3일 새벽 2시 군사작전을 하듯 12개 경찰지서를 공격하여 고일수 순경의 목을 참수하여 무참히 살해하고, 김장하 순경 부부를 대창으로 찔러 죽이고, 선우중태 순경을 총으로 쏘아 죽이고, 문기찬(33세), 문창순(34세)을 죽창으로 죽이는 폭동(내란)을 일으켰다. 4.3폭도들은 같은 날 우익인사 문영백의 집을 기습할 때 문영백이 도망치고 없자, 큰딸 문숙자(14세), 둘째딸 문정자(10세)와 선거관리위원과 우익인사를 닥치는 대로 살해했다.
(2) 5.10 선거 때 제주도 3개 선거구 중 2개 선거구를 폭도들이 폭력으로 저지, 무효화시켰다.
(3) 폭도들은 북한의 8.25선거에는 제주 유권자 85%(김달삼 주장)인 52,000여 명이 참여하게 하여 북한을 지지하였고, 남로당 제주도당 대표 김달삼 외 5명이 북한 해주 8월 25일 인민대회에 참석하여 김일성 만세를 불렀다.
(4) 48년 6월 18일 제주 9연대 안의 좌파 문상길 중대장 외 다수가 박진

경 9연대장을 암살하였다.

(5) 48년 5월 20일 9연대 안의 좌파 군인 41명이 5,600발의 실탄을 가지고 탈영, 대정 지서 경찰을 공격하여 5명의 경찰을 죽이고 다수를 부상시키고 21명은 폭도들과 합세하여 폭도들의 군사력이 강화되었다. 탈영병 20여 명이 체포되어 군법회의에 반란죄로 기소되어 사형당했다.

※ 제주도에서 1948년 4월 3일부터 7월 20일까지 경찰 56명, 우익 및 그 가족 235명이 폭도들에 의해 살해될 때 폭도는 15명이 죽었다. 이때까지만 해도 폭도들이 제주도를 장악하였으나 국군을 공격하지 않아 국군 전사자가 없었고, 제주 양민이 희생되지 않았다. 제주 4.3폭동이 여기에서 끝났으면 제주도의 그 많은 사람들이 죽지 않았을 것이다.

(6) 김달삼이 48년 8월 2일 제주도를 출발, 북한 해주 대회에 참석하고 돌아오지 않아 48년 7월부터 조용하던 제주도는 이덕구가 제2대 제주 폭도 사령관이 되면서 제주에 조선민주주의 인민공화국을 세우려고 48년 9월 15일부터 다시 경찰과 우익과 국군을 공격하기 시작하였다.

① 48년 9월 15일 중문면 도순리 대동청년단(우익단체 이름)원 문두천 외 다수의 우익인사 학살
② 48년 10월 1일 도순리 주둔 경찰을 공격하여 정찬수, 박홍주 등 5명 학살, 2명 납치, 다수 부상
③ 48년 10월 24일 폭도 사령관 이덕구는 대한민국에 대해 선전포고
④ 48년 10월 28일 9연대 안의 강의현 소위 등 80여 명의 좌파 국군이 반란을 일으켜 폭도들과 합류하려다 실패
⑤ 48년 10월 31일 75명의 좌익 경찰과 좌익 공무원 등이 폭도들과 합세 제주도 적화 음모 실패
⑥ 48년 11월 2일 폭도들이 국군 9연대 6중대를 공격하여 국군 21명

전사

⑦ 48년 11월 7일 폭도들은 서귀포시 가옥 72채에 불을 지름. 폭도 6명 사망, 경찰 3명 순직, 일반인 3명 사망

⑧ 폭동이 악화되자 정부에서는 11월 17일 계엄령을 선포, 폭동을 진압, 폭도들과 치열한 전투를 하였다.

(7) 4.3폭도들의 잔인한 학살사례

① 1948년 11월 28일(음력 10월 28일) 07:00경 공비들이 남원면 남원리를 습격할 당시 민보단원이었던 남원리 200번지 거주 정남휴(호적명 정남국, 1916년생)의 처 김영선(당시 31세, 임신 6개월)을 비롯해서, 장남 정태언(10세), 장녀 정태희(8세), 차남 정태인(6세), 누이동생 정계양(25세), 정정양(17세), 정계양의 장녀 고성춘(3세), 차녀 고양춘(2세), 3녀 고계춘(1세), 그리고 집에서 가사를 돕던 외가친족 이복길(15세)을 납치, 구덩이에 파묻어 살해했다. (정남휴 증언)

② 1948년 11월 10일(음력 10월 10일) 04:00~05:00경 조천면 조천리에 거주하던 이월색의 아버지 이장원, 어머니 남금례, 숙부 이수남, 남동생 이만국(9세), 이만선(7세), 이만복(4세), '어진이'라고 부르는 여동생(3세), 2세 등 8명을 무참하게 살해했다. 이월색도 일본도와 창으로 7군데를 찔렸으나 돼지 움막으로 기어들어가 구사일생으로 살았으며, 남동생 이만선(7세)은 무서워서 "엄마, 엄마"하며 우는 것을 일본도로 배를 두세 번 찌르자 창자가 배 밖으로 나와 어머니 옆에 쓰러져 죽었다. 살해 이유는 평소 돈과 쌀 등을 지원해주지 않았고, 제주읍으로 도피성 이사를 한다는 사실을 집주인이 공비에게 제보하여 참혹한 변을 당한 것이었다. (이월색 증언)

③ 1948년 12월 31일 19:00~21:00 사이 공비들이 위미리 2차 습격 때,

남원면 위미리 거주 강학송의 아버지 강기서를 창과 칼로 난자, 손과 발은 물론 신체 부분 부분을 주먹만큼씩 여러 개로 도려내었으며 심지어 성기까지 잘라 버렸는데 길에서 수습한 시신 덩어리가 5kg을 넘을 정도였다. (강학송 증언)

④ 애월면 용흥리 양영호(梁榮鎬)는 경찰에 근무하다, '시국이 어수선하니 경찰을 그만 두라'는 아버지의 권유로 퇴직, 집에서 가사에 종사하고 있던 중 1948년 10월 28일(음력 9월 26일) 폭도들이 용흥리를 습격, 동리 강병호(姜柄浩, 1925년생) 등과 함께 납치당하여 생사불명 되었는데 이듬해 체포된 인민유격대의 진술을 근거로 애월면 장전리 속칭 건나물 옆 동녘동산(현재 소공원 조성)에 묻혀 있는 시체를 발굴해 보니, 시체가 완전히 부패되지 않은 상태였고 어른 새끼손가락 굵기의 철봉을 항문에서 입까지 찔러 죽였었다. (강병옥 증언)

⑤ 1948년 11월 19일 밤 10시경 폭도 10여명이 구좌면 월정리를 습격, 공회당에 방화한 후 4시간 가량 마을 곳곳을 돌아다니며 살인, 방화하고 새벽 2시경 월정리 328번지 박서동(1942.9.26생)의 집에 들이닥쳐 '통시'(돼지우리)에 숨은 모친 윤원길(尹元吉 33세)을 발견하고 그곳에서 36곳을 찔러 죽인 후 배를 갈라 6개월 된 태아를 꺼내 6곳을 찔러 죽였다. 이어서 누이동생 박매옥(2세)을 창으로 14곳을 찔러 살해했다. 부친이 구장을 지낸 반동가족이었다는 이유였다. ("월간 관광제주" 1988년 11월호)

(8) 제주 4.3폭동 당시 폭도들은 군경복장을 하고 마을을 여러 차례 습격, 살인, 방화를 자행하여 이를 군경에게 뒤집어씌웠다. 전형적인 민심이반 책동이었다. 인민유격대가 군경 복장으로 습격하여 사람을

살해한 사례를 소개하면 다음과 같다.

① 1948년 4월 21일 밤11시 대정면사무소에서 숙직 중이던 박근식(구억 출신), 정을진(하모 출신) 등 면 직원 2명이 괴한들에게 피습을 당했다. 당시 습격자들은 경찰복을 착용하고 있었다. 1948년 4월 22일, 대정경찰복장을 한 무리들이 선관위원을 공격해 살해, 등록기록을 탈취하였다.

② 1948년 8월 1일 오후 3시 31분, 김녕지서가 폭도 약 30명으로부터 공격을 받았다. 폭도들 다수는 일본제 철모와 경관 제복을 입었고 M1소총을 휴대하고 있었다.

③ 1948년 12월 3일과 4일 새벽 사이에 세화리를 습격한 무장대는 종달리도 덮쳤다. 4일 새벽 무장대는 민보단원들을 공회당 앞에 집결시켰다. 무장대가 군인 복장을 한 것에 속아 순순히 모였던 민보단원 이태화(48), 현임생(45), 윤두선(32), 임두선(25), 강기옥, 오경봉 등이 현장에서 희생당했다.

④ 1952년 9월 16일 오전 2시경, 숫자 미상의 무장대가 국군과 경찰로 가장하고 제주방송국을 습격, 숙직 중이던 방송과장 김두규와 18세의 기술견습원 및 소년 급사 등 3명을 납치하였다. 이들 납치된 3명은 며칠 후 무장대 아지트 부근에서 무참히 살해되어 땅에 묻힌 채로 발견되었다.

제주4.3사건은 무장봉기 내지 민중항쟁이 아니라 건국과정에서 처음부터 대한민국을 무너뜨리기 위해 남로당 공산주의자들에 의해 일어난 계획적인 무장반란이자 공산폭동이다. 그런데 오늘 우리의 현실은 어떤가? 현재 대한민국의 모든 교과서에서는 제주4.3공산폭동을 민중봉기로 왜곡 기술하고 있다. 만약 이러한 역사왜곡을 바꾸지 못한다면 제주 4.3폭동을 진압한 이승만 정권은 학살자가 되어 대한민국의 자랑스러운 건국의 역사는 설 자리를 잃게 될 뿐만 아니라 이 나라는 처음부터 태어나지 말았어야 하는 나라로 전락하게 될 것이다.

5. 김구의 변심과 4.30 성명

한국 근현대사에서 우리가 유념해서 보아야 할 인물이 김구 선생이다. 왜냐하면, 김구 선생은 위대한 독립투사였지만, 동시에 대한민국 건국을 반대한 인물이기 때문이다. 이승만 박사가 건국을 위해서 목숨을 걸고 투쟁하던 1947년 12월 1일 김구는 다음과 같은 성명서를 발표했다. "이승만 박사가 주장하는 정부는 결국에 내가 주장하는 정부와 같은 것이다. 그런데 세상 사람들이 그것을 오해하고 단독정부라고 하는 것은 유감이다." 분명히 김구는 이승만 편에서 대한민국 건국을 지지한다고 말했다. 그런데 불과 20여 일이 지난 1947년 12월 22일, 그는 말을 바꾼다. "나는 이승만 박사의 정부 수립 노선을 지지하지 않겠다."

한 달이 지난 1948년 1월 25일, 김구는 또다시 말을 바꾼다. "유엔 감시 하에 수립되는 정부가 중앙정부라면, 38선 이남에 한하여 실시되는 선거라도 참가할 용의가 있다." 정부 수립을 위해서 이승만 박사가 추진하는 총선거에 참여하겠다는 말이다. 그 다음 날 1948년 1월 26일, 하루 만에 김구의 주장은 또다시 뒤집힌다. "미군과 소련군이 철수하지 않고 있는 남북의 현재 상태로서는 자유스러운 분위기를 가질 수 없으므로, 두 나라 군대가 철수한 후 총선거를 해서 통일 정부를 구성해야 한다."

이처럼 갈팡질팡하던 김구는 이승만의 반대를 뿌리치고 김일성이 주최한 남북조선 정당 사회단체 대표자 연석회의에 참석하여 56개 좌파 단체와 함께 성명서를 발표하였는데 그 내용은 미군 철수와 대한민국 건국 반대다. 일평생 일관되게 애국의 길을 걸어온 김구 선생이 마지막에 변심하고 대한민국 건국을 방해한 이유는 무엇일까?

그것은 1936년 임시정부의 주불(駐佛) 외교위원이었던 서영해와 북한의 거물급 간첩 성시백의 공작 때문이었다. 임시정부 국무위원을 지냈으며 김구의 추종자였던 조경한의 증언이다.

"김구는 처음에는 남한만의 단독 선거를 받아들일 생각이었습니다. 그러나 서영해가 나타나 '남북한을 통틀어 총선거를 하면 선생님이 대통령이 되실 텐데 무엇하러 이승만이 주도하는 남한만의 선거에 참가하려고 하십니까? 김일성도 김구 선생을 대통령으로 모시려고 만반의 준비를 갖추고 있습니다.'라고 집요하게 설득하는 바람에 변심하게 되었습니다."

서영해의 공작에 의해 김구는 1948년 4월 19일 북한을 방문하여 4월 30일 남한만의 단독선거반대와 주한미군 철수를 주장하는 이른바 4.30 성명서에 서명을 하였다. 4.30 성명서의 내용은 다음과 같다."[23]

> 1. 소련이 제의한 바와 같이 우리 강토에서 외국군대가 즉시에 철거하는 것은 우리 조국에서 조성된 곤란한 상태 하에서 조선 문제를 해결하는 가장 정당하고

---

23 이인수. 2001. 「대한민국의 건국」. 서울:촛불. p.108~109

유일한 방법이다. 미국은 이 정당한 제의를 수락하고 자기 군대를 남조선에서 철퇴 시킴으로써 조선 독립을 실지로 원조하지 않으면 안 된다.

2. 남북 정당 사회단체 지도자들은 우리 강토에서 외국 군대가 철퇴한 후에 내전이 발생할 수 없다는 것을 확인하며, 또 그들은 통일에 대한 조선 인민의 지망에 배치하는 여하한 무질서의 발생도 용허하지 않을 것이다. 남북 정당 사회단체들 간에 전취 약속은 우리 조국의 완전한 질서를 확보하는 튼튼한 담보이다.

3. 외국 군대가 철퇴한 이후 하기 제 정당 단체들은 공동명의로서 전조선 정치 회의를 소집하여 조선 인민의 각층 각계를 대표하는 민주주의 임시정부가 즉시 수립될 것이며 국가의 일체 정권은 정치, 경제, 문화생활의 일체 책임을 갖게 될 것이다. 이 정부는 그 첫 과업으로 일반적 직접적 평등적 비밀 투표로써 통일적 조선 입법 기관을 선거할 것이며, 선거된 입법 기관은 조선 헌법을 제정하여 통일적 민주 정부를 수립하여야 할 것이다.

4. 상기 사실에 의거하여 본 성명서에 서명한 제 정당 사회단체들은 남조선 단독 선거의 결과를 결코 승인하지 않을 것이다. 또 이러한 선거로서 수립되는 단독정부를 결코 인정하지 않으며 지지하지 않을 것이다.

1948년 4월 30일

이 4.30 성명서를 시작으로 김구는 대한민국 건국을 끝까지 방해하는 길로 걸어갔다. 이렇게 김구가 변심하게 된 배경에는 서영해 뿐만 아니라 성시백의 공작 또한 결정적인 원인이 되었다. 1997년 5월 26일 자 북한 '노동신문'은 성시백의 김구 공작에 대해 다음과 같이 밝히고 있다. "성시백 동지는 4월 남북련석회의를 성과적으로 보장하기 위하여 위대한 수령님의 높으신 권위를 가지고 극단한 반동분자로 있던 김구 선생을 돌려세우는 사업체에도 큰 힘을 넣었다."[24]

6. 김구와 유어만과의 대화

위의 두 내용을 종합하면, 서영해와 성시백의 공작으로 김구가 북한 편에 섰다는 결론이 된다. 그런데 이 문제에 대해서 김구가 직접 증언한 내용이 있다. 1948년 7월 11일, 자유 중국 외교관 유어만이 비밀리에 김구를 찾아갔다.

유어만은 김구의 아들의 친구로서 어려서부터 김구의 집에 자주 드나들며 친밀하게 지낸 사이이다. 그런 유어만이 김구에게 "당신은 내게 아버지와 같고 나는 당신의 아들과 같습니다. 나에게 솔직히 이야기해 주십시오. 왜 대한민국 정부 수립을 반대하십니까?"라고 질문을 던졌을 때 김구는 유어만에게 자신의 속마음을 털어놓았다.

"내가 평양에서 열린 회담에 갔던 동기의 하나는 북한에서 일어나는 사실을 보려고 한 것이다. 공산주의자들이 앞으로 3년간 조선인 붉은 군대의 확장을 중지하고, 그 사이에 남한이 전력을 다한다고 해도 공산군의 현재 병력만한 군대를 만들기는 거의 불가능하다. 러시아인들은 손쉽게 남쪽을 기습할 것이며, 당장 남한에 인민 공화국이 선포될 것이다."

---

24 인보길. 2011. 「이승만 다시 보기」. 서울:기파랑. p.179

유어만은 김구와 회담한 내용을 요약해서 이승만에게 보고했다. 그 서류가 현재 이승만의 유품을 보관하고 있는 이화장에 그대로 보존되어 있다. 이 부분과 관련하여 조갑제 기자는 이렇게 말하였다.[25]

> 특히 (고등학교) 교과서들은 거의가 김구, 김규식이 1948년 4월 평양에 가서 김일성과 회담한 것을 통일국가 수립을 위한 노력이라고 미화하고 있다. 천재교육 교과서는 '생각열기'란 항목에서 "우리가 우리의 몸을 반쪽을 낼지언정 허리가 끊어진 조국이야 어찌 차마 더 보겠나이까"(김구, 김규식이 김두봉에게 보낸 편지, p.315)란 감상적 문장을 소개하면서 '김구, 김규식은 왜 남북협상에 나섰을까'라는 유도성 질문을 던졌다. 이 교과서는 김구, 김규식이 김일성에게 철저하게 농락당한 사실을 소개하지도 비판하지도 않았다. 평양회담을 '통일국가 수립을 위해 노력하다'라고 말하면서 김구, 김규식, 김일성, 김두봉이 통일국가 수립을 위하여 만난 것처럼 왜곡했다. 네 김 씨의 회동은 대한민국의 건국을 방해하고, 주한미군을 철수시키기 위한 목적으로 일관했다. '통일국가 수립을 위한 노력'이 아니라 결과적으로 '대한민국 적화를 위한 노력'이었다. 이승만의 건국노선에 반대한 김구, 김규식은 1948년 북한으로 올라가 김일성과 회담하고 4월 30일에 '남북정당사회단체 지도자협의회의 공동성명서'를 발표하였다.
>
> 이 성명서는 김구, 김규식의 역사적 평가에 있어서 치명적인 내용을 담고 있다. 두 사람이 철저하게 김일성에게 이용당하여 대한민국 건국을 방해하려 하였음이 드러나기 때문이다.
>
> 성명서는 5월 10일로 예정된 남한 단독선거를 반대하기 위하여 회의가 열렸음을 분명히 한 뒤 '소련이 제의한 바와 같이 우리 강토에서 외국 군대가 즉시 철거'할 것을 요구하였다. 소련은 북한과 접경하고 있어 군대를 철수하더라도 언제든지 개입할 수 있지만 미군은 한번 철수하면 한국이 남침을 당하더라도 제때 파병할

---

25 조갑제 닷컴 편집실. 2011. 「고등학교 한국사 교과서'의 거짓과 왜곡 바로잡기」. 서울: 조갑제닷컴. p.92

수 없다는 것은 불을 보듯이 명백한 일이었다. 그럼에도 김구, 김규식은 공산주의자들의 주한미군 철수론에 동조한 것이다.

이 성명서는 또 "남북정당 사회단체 지도자들은 우리 강토에서 외국군대가 철퇴한 후에 내전이 발생할 수 없다는 것을 확인한다."라고 했다. 1949년 6월 주한미군이 철수한 1년 뒤 북한군의 남침이 있었다. 주한미군 철수는 남침의 초대장이었다. 그럼에도 김구, 김규식은 외국군대가 철수한 후에 전쟁이 없을 것이라고 확언함으로써 결과적으로 국민들을 속인 셈이다. 지도자가 속는 것은 결국 국민들을 속이는 행위이다.

이 성명서는 또 임시정부를 수립하고, '선거를 통하여 통일적 민주 정부를 수립하여야 할 것'이라고 했다. 통일정부 수립을 주도할 정당단체들은 북조선노동당, 남조선노동당, 한국독립당, 민족자주연맹, 근로인민당, 북조선농민동맹 등 56개 단체였다. 김구, 김규식 세력과 남북한 좌익단체 연합체가 건국을 주도한다는 말이다. 즉 이승만 세력 등 자유 진영을 제외하고, 남북한 공산세력이 뭉쳐 공산국가를 만드는 데 김구, 김규식이 가담한다는 뜻이었다. 여기서도 김구, 김규식은 철저히 이용당하였다.

이승만 대통령의 양자 이인수 박사는 이렇게 주장하였다. "김구와 김규식, 양 김은 북한에 가서 이미 양성된 공산군의 실태를 보고 남한에 정부를 수립해도 곧 붉은 군대가 쳐내려와 인민공화국이 될 터이니 대한민국을 건국할 필요가 없다고, 끝까지 소련과 북한 공산정권의 편을 들어 정부 수립을 반대하다가 마침내 해방정국의 미아가 되고 말았다." 그는 또 이렇게 설명하였다. "김구와 김규식은 북의 공산집단이 멀지 않아 남침해 올 것을 알고 돌아온 것이다. 그러면서 두 김은 그럴 일은 없다고 거짓 성명을 하였다. 정부를 수립해 봐야 곧 없어질 것이라는 확신이 그들의 강력한 건국 반대였다. 그대로 있다가 공산화 통일이 되어야 한다는 것이 그들의 민족 통일론이었다.

1948년 7월 11일, 유어만이 김구를 방문했을 때 유 공사는 대화의 내용을 영문으로 요약하여 국회의장 이승만에게 전달하였다. 이 대화는 대한민국 건국을 반대하는 일에 공산주의자들과 손잡은 김구의 심리를 연구하는 데 매우 중요한 자료이다.

김구와 유어만 공사 대화 비망록에는 김구가 보인 행동의 모순점이 드러난다. 김구는 "러시아 사람들은 비난을 받지 않고 아주 손쉽게 그것(북한군)을 남진(南進)하는데 써먹을 것이고, 단시간에 여기서 정부가 수립될 것이며, 인민공화국이 선포될 것입니다."라고 했다. 즉 소련의 지원을 받는 북한군의 남침이 있을 것이라고 믿었다. 그렇다면 평양에서 발표한 4.30 성명서 중 "외군이 철수해도 내전(內戰)은 없다."는 대목은 완전한 속임수가 된다. 김구는 북한군이 반드시 남침할 것이란 사실을 알면서도 주한미군 철수를 요구했다는 이야기가 된다. 북한군의 남침을 저지할 유일한 수단은 주한미군의 장기 주둔이었다. 그런데도 김구는 이 안전핀의 제거를 요구한 것이다. 즉, 북한 공산군이 남침하는데 있어 최대 장애물을 치우는 일을 도왔다는 이야기가 되는 것이다.

7. 4.30 성명의 복제판, 6.15선언과 10.4선언

김구와 김일성이 합의한 4.30 성명은 오늘날 6.15선언과 10.4선언과 그 맥락을 같이한다. 2000년 6월 15일 남북정상회담에서 합의된 6.15선언은 사실상 북한의 고려 연방제 통일안을 수용한 것이며, 2007년 10월 4일 남북정상회담에서 합의된 10.4선언은 6.15선언의 복사판이다.

6.15선언과 10.4선언대로 실천한다면 대한민국은 적화(赤化)될 가능성이 매우 높다. 왜냐하면 6.15선언과 10.4선언은 대한민국 헌법이 명시한 자유통일이 아니라 북한 정권을 국가로서 인정하여 남한정권과 연방제로 통일한다는 것이 핵심이기 때문이다.[26] 남한과 북한이 합의해서 평화적으로 통일한다는 연방제 통일은 얼핏 듣기에는 그럴싸하게 들린다. 그러나 여기에는 치명적인 함정이 있다. 북한 정권을 국가적 실체로 인정하는 것이기에 북한의 대표는 북한에서 선출하고, 남한의 대표는 남한에서 선출하여 '통일의회' 내지 '통일국회'와 같은 남북한 합의체를 구성하자는 것이다.

많은 이들이 이 유치한 사기극에 속아 넘어가고 있다. 남한의 대표는 다 합치면 북한보다 많겠지만 보수, 진보, 좌파, 우파 등으로 사분오열되어 있다. 반면 북한은 조선노동당 일당독재이기 때문에 모두 조선노동당 소속이다. 따라서 한반도 전체를 따지면 '통일의회' 내지 '통일국회'의 제1당은 조선노동당이 된다. 북한정권이 자유민주주의와 시장경제라는 시스템을 받아들이지 않은 상태에서 6.15, 10.4선언, 연방제 통일방안대로 간다면 결국에는 북한정권이 한반도 전체를 지배하게 되어 평화적인 적화통일이 될 수밖에 없다. 따라서 6.15 선언은 명백한 반헌법적이고 반국가적인 선언이다.

---

26 김성욱. 2010. 「북한을 선점하라」. 서울:도서출판 세이지. p.63

대한민국 헌법은 '북한 노동당 정권의 평화적 해체'에 의한 자유통일을 국가목표로 명시하고 있다. 헌법 제1조는 '대한민국은 민주공화국이다'라고 선언하고, 제3조는 '대한민국의 영토는 한반도와 그 부속도서로 한다.'라고 명시함으로써 북한지역도 민주공화국이어야 한다는 국가 의지를 천명하고 있다. 북한 지역을 민주공화국으로 만들려면 통일을 해야 하는데, 헌법 제4조는 '자유민주적 기본 질서에 입각한 평화적 통일정책'을 추진하라고 명령하고 있다. 헌법 제1, 3, 4조는 대한민국의 정통성과 정체성을 담은 헌법의 뇌수요 심장이다. 여기에 손을 대는 것은 국체(國體)변경을 가져오므로 개정 불가(不可)조항이라고 한다. 따라서 한국인으로 태어나면 북한노동당 정권을 평화적으로 해체하여 북한지역까지 민주공화국으로 만드는 자유통일을 위하여 헌신할 의무를 가지게 된다. 하지만 6.15, 10.4선언은 연방제 통일방안으로써 대한민국 헌법의 뇌수요 심장인 헌법 3조, 4조를 위반하는 명백한 위헌선언이다.

가천대학교 이용희 교수는 "고려연방제는 대한민국의 정체성이라 할 수 있는 헌법 제3조와 4조에 위반된 내용이다. 헌법 3조에 의하면 한반도에서는 대한민국만이 유일한 합법적인 국가이며, 북한은 나라가 아닌 반(反) 국가단체로 간주하고 있다. 북한은 주체사상을 통해서 주민들에게 인권유린을 포함해 수많은 자유를 박탈하고 있는 비정상적 체제를 가지고 있는 집단이기 때문이다. 헌법 제4조에 명시되었듯이, 대한민국은 1국가 1체제의 자유민주주의 통일을 지향하는 나라이다."라고 말하고 있다. 숭실대 강경근 교수(헌법학) 또한 "우리 헌법 3조는 한반도 내 유일 합법정부인 대한민국이 주체가 되어 불법 점거단체인 북한을 통합하는 통일을 상정하고 있다. 그 같은 통일을 자유민주적 기본질서에 입각해 평화적으로 하자는 것이 헌법 4조이다. 남과 북이 서로 대등한 입장에서 통일하자는 것은 헌법에 명백히 위반되는 것이다."라고 말했다.

황장엽 선생은 "북한의 공산독재 체제와 남한의 자유민주주의 체제는 서로 양립할 수 없는 정반대되는 것인 만큼 서로 하나로 결합시킬 수도 없는 것인데 이것을 결합시키려고 하는 것 자체가 잘못이든가 아니면 속임수가 아닐 수 없다."라고 말했다.

대한민국이 자유통일, 복음통일로 가기 위해서는 6.15, 10.4선언에 의한 통일방안이 기만적인 적화통일로 가는 무서운 함정이요 속임수임을 분명히 알아야 한다. 하지만 이러한 무서운 함정이 있음에도 불구하고 오늘날 상당수 정치 지도자들과 심지어 기독교 지도자들까지 6.15선언과 10.4선언 이행을 주장하고 있는 것은 놀라운 일이다. 현재 북한 정권의 속임수인 6.15, 10.4선언, 연방제 통일 방안에 가장 잘 속고 있는 것은 기독교계이다. 그중에 대표적인 곳인 한국기독교교회협의회(NCCK)는 6.15와 10.4선언 실천의 선두주자로 활약하고 있다. 예컨대 NCCK는 북한 조그련(조선그리스도연맹)과 함께 2009년 12월 '평화통일 공동기도문'을 작성, "하느님께서는 우리에게 평화와 통일의 세상을 주시고자 6.15와 10.4선언이라는 소중한 결실을 주셨다."며 "남과 북의 우리 민족끼리 힘을 합쳐 평화와 통일을 향해 약속한 역사적 결단들이 하나하나씩 성취되어 통일과 평화의 밑거름이 되게 하소서."라고 기도했다. 또한 NCCK와 조그련의 2009년 4월 2일 부활절 공동기도문을 보면 "신실한 마음으로 6.15공동선언과 10.4선언을 굳게 지키며 남과 북이 마음과 힘을 모아 실천하게 하소서."라고 말하고 있다.

NCCK와 조그련의 2008년 11월 3일부터 6일까지 평양 봉수교회 '6.15 공동선언 이행과 평화통일을 위한 기도회'의 기도문은 이렇다. "우리 교회는 '우리 민족끼리' 서로 협력하여 6.15공동선언이 실질적으로 이행될 수 있도록 상호 간의 지혜와 역량들을 모아 더욱 노력할 것이다."라며 "이에 우리는 민족의 숙원인 평화통일을 위한 민족 공조에 적극 협력해 상생을 이루어 낼 것이다."라고 기도했다.

NCCK와 조그련의 2017년 남북 공동기도문을 보면 "주님, 우리는 입으로는 하나의 민족이요, 같은 동포라고 하면서 서로 증오하였습니다. 남북기본합의서, 6.15남북 공동선언, 10.4남북정상선언의 정신을 훼손하였고, 금강산 관광과 개성공단의 문빗장을 굳게 닫아걸었습니다. 그리하여 이 땅은 더 큰 위험과 위협 속에 놓였습니다."라고 말하고 있다.

6.15, 10.4선언에 대한 기독교계의 지지와 옹호는 NCCK에만 국한되지 않는다. 2009년 3월 1일, 한국교회를 대표하는 수많은 목회자들은 '평화와 통일을 위한 한국교회 3.1 선언문'을 발표했다. 요지는 우리 사회의 소위 "이념의 대립과 갈등을 회개하며", "북한에 대한 지나친 공격적 태도를 우려하고", 나아가 "남북한 사이의 기존합의 존중", "북미수교와 한반도 평화체제 정착"을 미국에 촉구하는 것이었다.

이 선언에서 말하는 남북한 사이의 기존합의란 6.15와 10.4선언이다. "이념의 대립과 갈등을 회개한다."는 내용은 선언문 여러 곳에서 등장한다. 그러나 한반도 이념의 대립과 갈등은 북한 정권과 남한 내 북한 정권 추종세력이 '대한민국의 존립과 안전, 자유민주적 기본 질서'를 파괴해

온 탓이다.

북한 정권은 6.25남침으로 250만 명을 죽이고, 아웅산 테러, KAL기 테러, 천안함 폭침, 연평도 포격, 그리고 핵실험에 이르기까지 60년간 한반도 적화를 목표로 끊임없이 도발해 온 반국가단체이다. 게다가 1990년대 중반에 300만 명을 굶겨 죽이고, 100만 명 이상을 정치범수용소에서 죽이고, 또한 현재 20만 명의 아무런 죄가 없는 주민들을 정치범 수용소에 가두어 강제노동, 강제낙태, 생체실험, 무자비한 고문과 함께 끔찍한 공개처형을 자행하고 있으며 2,400만 주민 모두를 노예로 만들어 버린 반민족적인 집단이다.

그럼에도 3.1선언문에는 북한의 처참한 인권에 대한 언급은 찾아볼 수 없다. 20만 명 이상 죄 없이 수감되어 있는 정치범 수용소에 대해서는 한 줄도 언급하지 않았다. 인간 노예로 팔려 다니는 수십만 탈북 여성이라든지 탈북민들에 대한 강제북송, 강제낙태, 영아살해, 공개처형과 같은 끔찍한 인권유린에 대해서 중단을 촉구하는 말 한마디도 없었다.

한국교회가 진정으로 회개하고자 한다면 그동안 북한 인권에 대해 침묵한 죄를 회개해야 한다. 만약에 북한 인권에 대해서는 침묵하면서 계속 6.15, 10.4선언을 이행해야 한다고 말한다면 그것은 집안 전체를 강탈해 가려 하는 강도를 도와주는 꼴밖에 되지 않는다. 따라서 대한민국이 자유통일, 복음통일의 대업을 이루기 위해서는 하루속히 6.15와 10.4선언의 환상에서 빗어나 6.15와 10.4선언에 대해 결별을 선언해야 한다.

4 대한민국 건국

1. 이승만의 마지막 승부수, 도미외교
2. 역사의 위대한 대전환점, 트루먼 독트린
3. UN 한국 임시위원단과 5.10 총선거
4. 1948년 5월 31일, 역사적인 제헌국회
5. 건국헌법 제정
6. 1948년 8월 15일, 대한민국 건국
7. 국가보안법 제정
8. 유엔 승인 획득 외교
9. 남북분단의 주범, 스탈린과 김일성
10. 대한민국의 초대 항일 내각
11. 반일과 반공 사이의 선택

제4장 대한민국 건국

1948년 8월 15일
정부수립 선포식 및 대한민국 건국

1. 이승만의 마지막 승부수, 도미외교

이승만 박사의 가장 큰 공적은 자유민주주의 국가인 대한민국을 건국한 일이다. 이는 실로 기적에 가까운 일이었다. 1945년 일본이 항복하였을 때 미국의 한반도 정책은 소련과 함께 신탁통치를 하는 것이었다. 그러나 이승만 박사는 귀국 즉시 반탁운동을 전개하였고 미국은 2년 후인 1947년 신탁통치 정책을 정식으로 철회하고 이승만의 주장에 따라 총선거에 의해 건국하는 방향으로 정책을 바꾸게 되었다. 미국의 정책을 이승만 개인의 힘으로 2년 만에 바꾼 것이다. 이승만의 국제정세를 보는 눈과 올바른 신념에 따라 행동하는 용기와 미국을 설득하여 독립을 쟁취하려는 전략적 노력이 없었다면 오늘날 자유민주주의 국가인 대한민국은 건국되지 못했을 것이다. 그것을 가장 잘 보여주는 것이 이승만의 도미 외교였다.

이승만은 미국이 미소공동위원회를 통해 남북통일 정부를 세우려고 하는 좌우합작 정책을 바꾸지 않는 한 한국은 공산화될 수밖에 없다고 생각했다. 그래서 그는 미국 정부와 여론을 설득해서 어떻게 해서든지 미소공동위원회를 폐기시키기 위해서 미국행을 결심했다. 하지만 미군정은 이승만 박사가 미국으로 떠나려고 할 때 그의 출국을 집요하게 방해했다.

간신히 맥아더의 도움을 받아 1946년 12월 4일 김포비행장을 떠난 이승만 박사는 미국에 도착하자마자 곧장 미국정부와 언론매체를 상대로 다음과 같은 성명서를 발표했다. "조선인의 독립 요망은 즉시 성취되어야 하며 만약 그렇지 않으면 전쟁이 일어날 것이다. 조선인의 인내는 최후 단계에 달하고 있으며 조선인의 정당한 요구는 즉시 받아들여져야 할 것이다. 즉, 자유롭고도 민주주의적인 조선의 탄생이야말로 극동의 평화를 의미하는 것이며 그렇지 않은 경우에는 전 세계에서 회피하고자 하는 신 전쟁이 야기될 것이다." 그러면서 이승만은 한반도 정부수립문제는 미소공동위원회가 아닌 유엔이 맡아야 한다고 주장했다. 그리고 우선 남한에 과도정부를 세웠다가 때를 기다려 남북한 총선거로 통일정부를 세우라고 요구했다.

이승만은 다른 한편 트루먼 대통령 및 폴 헨리 스파크 유엔총회 의장과의 면담을 시도했다. 그러나 미 국무부의 반(反)이승만 기류는 일제 때와 마찬가지로 여전하였다. 그리하여 대통령과 장관들은 물론 스파크와의 면담도 좌절되었다.

이승만은 접촉 방향을 미국 의회와 언론으로 돌렸다. 이는 독립운동 당시에도 그가 활용했던 방법이기도 했다. 이승만의 입장은 초지일관이었다. 미국은 더 이상 소련을 비롯한 공산주의를 이롭게 하는 정책을 계속해서는 안 되며 한국의 조속한 독립만이 미국의 이익에도 부합된다는 것이었다. 그리고 이승만은 "미 국무부 내에는 공산주의 쪽으로 기울어진 일부 인사들이 있어 이들이 한국의 독립에 대한 미국의 공약 이행을 방해하고 있다.", "남한 주둔 미군 사령관 하지는 좌익에 호의를 가지고 있으며, 남한의 미군정은 공산당을 지원하고 있다.", "하지는 이승만과 미국의 공동의 적이다."는 등의 매우 자극적인 성명과 발언을 쏟아냈다.

2. 역사의 위대한 대전환점, 트루먼 독트린

미국방문 기간 중 이승만이 만날 수 있었던 행정부의 고위 관리는 국무부 점령지역 담당 차관보 힐드링 뿐이었다. 그가 힐드링을 만날 수 있었던 것은 맥아더의 영향력 때문이었다.

이승만은 비록 미국 행정부 고위관리들은 만나지는 못했지만, 그가 미국에 체류하는 기간중에 세계 역사를 뒤바꾸는 놀라운 일이 찾아왔다. 동유럽을 포함해서 그리스와 터키마저 공산화하려는 소련의 팽창야욕을 확인한 미국이 1947년 3월 12일, 좌우합작 시대에서 냉전의 시작을 알리는 역사적인 트루먼 독트린을 발표한 것이다. 당시 트루먼 대통령은 상하원 양원 합동회의에서 "의회가 지중해 지역에서 공산주의 침투에 방어선 역할을 하고 있는 그리스, 터기 양국에 4억 달러의 차관을 부여할 것과 미국이 군사고문을 양국에 파견할 것을 승인해주기를 바란다."라고 연설했다.

트루먼 독트린이란 소련이 그리스와 터키를 공산화하려 할 때 이 두 나라에 대해 경제적, 군사적 원조를 약속하는 선언이었다. 그리스와 터키를 공산화하려는 소련을 향해 공산화 의도를 포기하고 손 떼라는 일종의 경고였다. 이는 미국의 외교정책이 소련에 대한 유화, 협력 노선에서 강경, 봉쇄 노선으로 전환될 것을 알리는 신호탄이었다. 동시에 1917년 볼세비키 공산혁명 이후 30년 동안 이승만 박사가 일관되게 주장해오던 반공, 반소 노선을 미국이 드디어 인정하는 선언이었다.

결국, 트루먼 독트린은 한반도에 좌우합작에 의한 정부수립이 아닌 자유민주주의에 기초한 정부수립을 인정하는 결과를 가져왔다. 아더 반덴버그 상원 의원은 "그리스, 터키에 대한 원조 안(트루먼 독트린)이 한국 문제 해결을 위한 선례가 될 것"이라며 이승만을 지지하는 입장을 밝히기도 했다. 또한, 트루먼 독트린이 발표된 직후 미 국무장관 마셜은 기자회견을 통해 한국문제에 대한 소련의 비협조적 태도를 비판하면서 미국은 남한에 독자적인 계획을 추진할 용의가 있다고 천명했으며, AP통신은 그 '독자적인 계획'이 단독정부 수립을 의미하는 것이라고 보도했다.

이러한 트루먼 독트린은 1946년 말부터 1947년 4월까지 미국에 체류하며 미국의 세계전략의 거대한 변화를 파악한 이승만이 미국의 전략상 변화를 적극적으로 활용하여 남한에서만이라도 정부를 수립해야 한다는 주장을 강하게 밀고 나간 노력의 결실이었다. 이승만의 주장이 결국 미국을 움직여, 미국이 남한에 정부를 수립하는 쪽으로 방향 전환을 하게 된 것이다.[27]

---

27   김용삼. 2014. 「이승만의 네이션 빌딩」. 서울:북앤피플. p.159

이한우 박사는 "결과적으로 이승만의 4개월 도미는 우연의 일치로 인해 '트루먼 독트린'이라는 성과를 그에게 가져다주었다."라고 말했다. 결국, 이승만 박사는 도미 외교를 통해 미국 내에서 반공 여론과 대한민국 건국에 대한 지지를 얻는 데 성공한 셈이다. 만약에 이승만 박사의 도미 외교가 없었다면 대한민국 건국의 문을 연 트루먼 독트린 또한 없었을지도 모른다.

여기서 우리는 역사를 섭리하시는 하나님의 보이지 않는 위대한 손길을 보게 된다. 8.15 해방이 줄탁동시(啐啄同時)의 역사인 것처럼 건국의 과정 또한 마찬가지이다. 줄탁동시의 '줄'이 이승만 박사의 도미 외교라고 한다면 '탁'은 트루먼 독트린이라고 말할 수 있다. 대한민국 건국은 미소공동회담에서 찾아온 것이 아니라 전혀 예상치 못한 이승만의 도미 외교에서부터 찾아왔다. "이승만의 도미 결정은 대한민국이라는 나라의 탄생에 결정적인 순간이다."라고 말한 이한우 박사의 말은 역사에 대한 정확한 통찰에서 나온 말이다.

이승만 박사는 소련 공산주의자들에 대해 강경 대응노선을 밝힌 트루먼 독트린이 발표된 이후 트루먼 대통령에게 다음과 같은 내용의 서한을 보냈다. "각하는 전 세계의 자유 애호 인민들에게 새로운 희망을 주었습니다. 공산주의에 대항하는 이러한 용기 있는 자세를 취함에 있어서 주한 미군정 당국에 각하의 정책을 따를 것과 민족주의자들과 공산주의자들 간의 연합과 협력을 초래하려는 노력을 포기해줄 것을 지시해주기 바랍니다. 한국의 애국자들은 각하의 감동적 메시지로 인해 그들의 자유를 위한 투쟁에 크게 고무되었습니다. 미군 점령 지역에 과도적 독립정부를 즉각 수립하는 것은 공산주의의 진격을 저지하는 보루를 구축할 것이며 남북한의 통일을 가져올 것입니다."

역사적인 트루먼 독트린 선언에도 불구하고 미국은 약 5개월 동안 소련에 대한 미련을 버리지 않고 계속 소련과의 좌우합작을 추진했다. 그래서 1947년 5월 21일 미소공동위원회가 다시 열렸다. 회의가 열리는 동안 이승만은 미소공동회담을 결렬시킬 행동을 할 위험이 있다는 이유로 미 군정청에 의해 가택연금을 당했다. 라디오 방송 출연은 물론 일반인과의 접촉이 금지되었다. 전화도 철거되고, 미국으로부터 오는 편지들도 모두 검열을 받아야 했다. 미국인들도 그를 만나기 위해서는 까다로운 절차를 밟아야 했다. 1947년 5월~7월은 이승만 박사 인생에 있어서 최악이었다. 미국의 좌우합작 정책에 반대한다는 이유로 이승만 박사는 미국의 적이 된 것이다.

그러나 1947년 3월 12일 트루먼 독트린을 계기로 미국은 서서히 좌우합작 노선에서 벗어나기 시작했다. 동유럽 국가들에서 소련이 보인 팽창 야욕을 늦게나마 확인한 미국은 소련에게 속았음을 알게 되었다. 결국, 1947년 8월 마셜 국무장관은 미소공동위원회의 실패를 인정하게 되었고 9월에 이르러 미소공동위원회에 대한 미련을 버리고 한국문제를 UN으로 가져갔다.

미국이 이처럼 소련에 대한 태도를 강경노선으로 바꾸게 된 데는 크게 두 가지 이유가 있었다.[28]

---

28 이주영. 2013. 「대한민국의 건국과정」. 서울:건국이념보급회 출판부. p.109

첫째는 1947년 6월에 서울로 부임해 미국대표단에 합류한 조셉 제이콥스의 영향 때문이었다. 그는 알바니아에서 외교관으로 근무하면서 동유럽의 공산화를 보고 난 뒤 반공 반소주의자가 된 사람이었다. 둘째는 알버트 웨드마이어 중장이 트루먼 대통령 특사로 8월 26일에 남한을 방문하고 제출한 보고서 때문이었다. 웨드마이어 장군은 한 달 동안 중국에 가서 장개석과 모택동의 국공내전을 직접 눈으로 보고 난 뒤 한반도에 들렀다. 그리고는 미국에 돌아가 장개석에 대한 지원과 함께 남한에 대한 경제원조, 미군의 계속 주둔, 남한 단독정부 수립을 권고하는 보고서를 냈다.

이러한 배경에서 1947년 8월 26일 미 국무차관 로버트 러빗은 미소공동위원회가 사실상 실패했다고 선언하였다. 즉, 트루먼 독트린 이후 5개월이 지난 1947년 8월 말이 되어서야 미국은 소련과의 좌우합작을 포기한 셈이다. 그 결과 대한민국 건국의 임무가 UN 총회에 이관되면서 대한민국의 건국은 민주주의와 공산주의가 혼합된 형태가 아닌 오직 자유민주주의에 기초한 건국의 토대가 마련된 것이다.

3. UN 한국 임시위원단과 5.10 총선거

1947년 9월 16일 마침내 미국은 한반도 문제를 제2차 유엔총회에 넘기겠다는 뜻을 소련에게 알렸다. 10월 17일 미국은 한반도에서 통일정부를 수립하는 문제를 유엔 정치위원회에 제출했다. 10월 30일이 되어서는 한반도에 통일정부를 수립한 후에 미소양군이 철수해야 한다는 미국안과 미소양군이 먼저 철수한 후에 통일정부를 수립하자는 소련 안을 두고

UN정치위원회에서 투표를 한 결과 미국 안이 채택되었다. 제2차 유엔총회에서는 11월 14일, 43대 9, 기권 6표로 마침내 한국에 대하여 신탁통치를 거치지 않는 즉각 독립과 UN 감시하의 남북한 총선거를 실시하여 한국 통일을 달성시켜야 한다는 미국안을 통과시켰다. 이것은 이승만과 남한 우익의 승리이기도 했다.

이 결정에 따라 1948년 1월 8일 유엔한국 임시위원단이 서울에 도착하였다. 당시 UN 한국 임시위원단의 대표들은 좌우합작, 또는 남북협상에 미련을 두고 있었다. UN 한국 임시위원인 8개 대표 가운데서도 좌파성향이 강한 캐나다와 호주의 대표들은 선거 자체를 반대했다. 인도와 시리아도 부정적이었다. 그러므로 이승만 박사는 김성수, 조병옥, 모윤숙 등의 보수우파 지도자들과 함께 메논을 비롯한 비우호적인 대표들에게 자유 총선거의 필요성을 설득시키기 위해 온갖 노력을 기울였다.

그러나 김일성이 UN 한국 임시위원단의 북한 방문을 거부하고 UN의 선거계획을 반대하자 UN 한국 임시위원단은 남한에서만이라도 선거를 실시할 것인가 아닌가를 결정해야 했고 그 때문에 단장인 메논은 그 문제를 상의하기 위해 UN 본부로 돌아갔다. UN 특별 소총회에서 좌파성향의 캐나다와 호주의 대표들은 남한만의 선거가 분단을 고착시킬 것이라는 이유로 반대했다. 그러나 마침내 1948년 2월 19일 UN 소총회는 UN 한국임시위원단이 '감시가 가능한 지역에서 선거를 실시할 것'을 결의했다.

이로써 우리나라는 1948년 5월 10일, 만21세의 남녀라면 누구나가 국회의원을 뽑을 수 있는 최초의 자유 선거를 치르게 되었다. 하지만 선거를 앞두고 좌익들의 선거방해 투쟁이 일어나기 시작하였다. 1948년 2월 7일, 남로당은 당원 30만 명을 동원하여 전국적으로 전쟁을 방불케 하는 폭동을 일으켰다. 그들은 곳곳에서 파업을 일으켰고 학생들은 동맹휴학에 들어갔으며 농민들과 노동자들이 경찰서와 지서를 습격하는 일까지 벌어졌다. 1948년 4월 3일 새벽 2시 제주전역에서는 350여 명의 좌익폭동 부장대를 포함한 1,350여 명이 일제히 12개 경찰지서 및 우익인사들에 대한 살인, 테러, 방화 등을 자행했다.

좌익들의 선거방해 투쟁은 1948년 5월 3일부터 5일까지 서울의 노고산, 북악산, 남산 등에서 봉화를 올리는 것을 신호로 전국적으로 일어났다. 당시 전국에서는 선거사무소 습격, 방화, 선거 입후보자에 대한 테러, 경찰관서 습격, 살상 등 선거방해를 위한 폭력과 파괴 행위가 일어났다. 심지어 선거 당일 서울 마포구의 한 투표소에서는 수류탄이 터지는 바람에 경비원 3명이 폭사하였다. 또한, 전신, 전화, 철도, 교량이 파괴되었다. 자세한 피해 실태를 보면 선거사무소 습격 134회, 경찰 등 관공서 습격 301회, 방화 103건, 도로 교량 48회 파괴, 기관차 파괴 71량, 객화차 파괴 11량, 철도 노선 파괴 65건, 전화선 절단 541건, 테러 612회 등이다. 그로 인해 선거 직전 5주 동안 피살된 인명은 589명에 이르고 5월 10일 선거 당일에만 62명의 경찰관과 공무원이 피살되었다.

이러한 좌익들의 선거방해에도 불구하고 5.10 총선거는 원만히 진행되어 95.5%라는 경이로운 투표율을 기록했다.[29] 남한 지역에서 선출될 국

---

29 김용삼. 2014. 「이승만의 네이션 빌딩」. 서울:북앤피플. p.183

회의원 총수는 200명이었는데, 제주도의 3개 선거구 중 북제주군 2개 선거구에서 좌익 폭동으로 투표가 실시되지 못해 총 198명의 제헌 의원이 선출됐다.

1948년 5월 10일에 있었던 5.10 자유 총선거는 한국 민주주의 발전 과정에서 중대한 의미를 갖는다. 사실 세계 수많은 나라 가운데 나라를 건국하면서 자유총선거 투표에 의해 초대국회의원을 선출하는 사례는 거의 찾아보기가 힘들다. 자유민주주의 국가들의 사례를 보면 처음부터 모든 국민들에게 투표권을 부여하지 않았다. 자유민주주의의 본산지인 영국만 보더라도 174년이 지난 1928년이 돼서야 여성에게 투표권을 주었다. 그런데 우리나라는 시작부터 만 21세 이상의 한국 국민이면 성별, 신분 따지지 않고 투표권을 무조건 다 주었다. 이는 세계민주주의 발전 역사에서 유례를 찾아볼 수 없는 대사건이다.

자유 총선거가 주는 의미는 단순히 투표권을 주었다는 것만이 전부가 아니다. 나라를 시작하면서 모든 국민에게 균등한 자유와 권한을 다 주었다는 것을 의미한다. 이는 반만년 역사 속에서 처음 있는 일이었다. 우리 민족 5천 년 역사 속에 백성이 주인이 되고 백성이 자유를 누렸던 적은 단 한 번도 없다. 조선왕조 518년 역사만 보더라도 10% 미만의 소수 양반계층이 대다수의 백성들을 지배하고 다스리던 시대였다. 신분제라고 하는 굴레 속에서 살아야 했던 것이 우리 민족이었다. 그렇게 반만년 동안 내려왔던 신분제 전통을 깨고 모든 국민에게 자유를 부여한 대사건이 바로 1948년 5월 10일 있었던 자유 총선거이다.

모든 국민에게 동등한 자유와 권한을 주는 것이 왜 그렇게 중요한가? 국민 모두에게 자유를 줄 때 모든 국민의 역량과 잠재력을 최대한 이끌어 내어 가장 빠른 경제성장과 발전을 가져올 수 있기 때문이다. 그 시작이 자유 총선거였기 때문에 이것은 대한민국 발전과정에서 매우 중요한 뿌리가 되는 것이다. 실제로 대한민국은 이러한 토대 위에서 서구 유럽이 300여 년 걸린 산업화의 과정을 단 60여 년만에 완성할 수 있었다. 그야말로 후발 주자로서 단숨에 선발 주자들을 따라잡은 압축 산업화의 모범적인 사례가 된 것이다.

4. 1948년 5월 31일, 역사적인 제헌국회

1948년 5월 31일, 5.10선거로 탄생한 한민족 최초의 국회가 옛 중앙청 국회의사당에서 열렸다. 임시 의장으로 선출된 이승만 박사는 단상에 올라가 감리교 목사인 이윤영 국회 부의장에게 기도를 부탁했다. 당시 이승만 박사는 이렇게 말했다.

"대한민국 독립 민주국 제1차 회의를 여기서 열게 된 것을 우리가 하나님에게 감사해야 할 것입니다. 종교, 사상 무엇을 가지고 있든지, 누구나 오늘을 당해 가지고 사람의 힘으로만 된 것이라고 우리가 자랑할 수 없을 것입니다. 그러므로 하나님에게 감사를 드리지 않을 수 없습니다. 나는 먼저 우리가 다 성심으로 일어서서 하나님에게 우리가 감사를 드릴 터인데 이윤영 의원 나오셔서 간단한 말씀으로 하나님에게 기도를 올려주시기를 바랍니다."

이윤영 목사는 단상에 올라가 5.10 총선거로 선출된 198명의 국회의원들과 함께 기도를 올렸다. 가장 중요한 국가 사료인 수백만 쪽의 국회 속기록 제 1면에 기록된 '하나님께 드리는 나라와 민족을 위한 기도문'의 내용은 이렇다.

"이 우주와 만물을 창조하시고 인간의 역사를 섭리하시는 하나님이시여. 이 민족을 돌아보시고 이 땅에 축복하셔서 감사에 넘치는 오늘이 있게 하심을 주님께 저희들은 성심으로 감사하나이다. 오랜 시일동안 이 민족의 고통과 호소를 들으시사 정의의 칼을 빼서 일제의 폭력을 굽히시사 하나님은 이제 세계만방의 양심을 움직이시고 또한 우리 민족의 염원을 들으심으로 이 기쁜 역사적 환희의 날을 이 시간에 우리에게 오게 하심은 하나님의 섭리가 세계만방에 현시하신 것으로 믿나이다.

하나님이시여, 이로부터 남북이 둘로 갈리어진 이 민족의 어려운 고통과 수치를 신원하여 주시고 우리 민족 우리 동포가 손을 같이 잡고 웃으며 노래 부르는 날이 우리 앞에 속히 오기를 기도하나이다. 하나님이시여, 원치 아니한 민생의 도탄은 길면 길수록 이 땅에 악마의 권세가 확대되나 하나님의 거룩하신 영광은 이 땅에 오지 않을 수 없을 줄 저희들은 생각하나이다. 원컨대, 우리 조선 독립과 함께 남북통일을 주시옵고 또한 민생의 복락과 아울러 세계 평화를 허락하여 주시옵소서.

거룩하신 하나님의 뜻에 의지하여 저희들은 성스럽게 택함을 입어 가지고 글자 그대로 민족의 대표가 되었습니다. 그러하오나 우리들의 책임이 중차대한 것을 저희들은 느끼고 우리 자신이 진실로 무력한 것을 생각할 때 지와 인과 용과 모든 덕의 근원되시는 하나님께 이러한 요소를 저희들이 간구하나이다.

이제 이로부터 국회가 성립되어서 우리 민족의 염원이 되는 모든 세계만방이 주시하고 기다리는 우리의 모든 문제가 원만히 해결되며 또한 이로부터서 우리의 완전 자주독립이 이 땅에 오며 자손만대에 빛나고 푸르른 역사를 저희들이 정하는 이 사업을 완수하게 하여 주시옵소서.

하나님이 이 회의를 사회하시는 의장으로부터 모든 우리 의원 일동에게 건강을 주시옵고, 또한 여기서 양심의 정의와 위신을 가지고 이 업무를 완수하게 도와주시옵기를 기도하나이다. 역사의 첫걸음을 걷는 오늘의 우리의 환희와 우리의 감격에 넘치는 이 민족적 기쁨을 다 하나님에게 영광과 감사를 올리나이다. 이 모든 말씀을 주 예수 그리스도 이름 받들어 기도하나이다. 아멘."

하나님은 이 기도문을 다종교 국가인 대한민국 국회 속기록에 영원히 기록되게 하셨다. 이윤영 목사는 제헌국회 개원식을 시작하는 기도에서 민생(民生)의 복락(福樂)과 남북통일(南北統一) 그리고 세계평화(世界平和) 이 3가지를 구했다. "원컨대, 우리 조선독립과 함께 남북통일을 주시옵고 또한 민생의 복락과 아울러 세계평화를 허락하여 주시옵소서."

이윤영 목사가 구한 이 3가지는 신생국 대한민국이 나아가야 하는 건국의 비전이라고 할 수 있다. 여기서 '민생의 복락'은 선진한국을, '남북통일'은 통일한국을, '세계평화'는 선교한국의 비전을 담고 있다. 즉, '남한을 잘 살게' 해 주시면 '북한 동포를 육적으로 해방하고 영적으로 구원하는 자유통일, 복음통일'을 이루어 '남북이 하나 되어 세계복음화'를 이루겠다는 것이다. 선진한국과 선교한국 이 두 가지는 이승만 박사가 1899년 한성감옥에서부터 1948년 8월 15일 대한민국이 건국되기까지 50년 동안 품고 기도하였던 국가의 건국비전이었다. 여기에 남북이 분단되면서 통일한국의 비전이 추가된 것이다.

선진한국이란 단순히 잘 먹고 잘사는 선진국만을 의미하지 않는다. 공의와 정의가 강물같이 흐르는 정직하고 의로우면서 잘 사는 나라, 즉 거룩한 선진한국을 의미한다. 통일한국이란 연방제 통일방안이 지향하는 적화통일이 아닌 오직 자유통일과 복음통일을 말한다. 선교한국이란 복음을 듣지 못해 구원받지 못했을 뿐만 아니라 경제적으로도 가난한 수많은 나라들에게 가서 그들도 구원받고 잘 사는 나라가 되게 하는 그런 복된 나라를 의미한다.

이승만 박사가 오랫동안 품고 기도하였고 또한 이윤영 의원이 역사적인 제헌국회를 열면서 기도하였던 선진한국, 통일한국, 선교한국 이 3가지 꿈은 신생국 대한민국이 나아가야 하는 미래의 청사진이자 건국의 비전이 된 것이다. 이 세 가지 건국비전은 모두 다 기독교 신앙에 그 뿌리를 두고 있다. 특히 선진한국의 비전은 기독교 정신이 바탕이 되어야만 성취될 수 있는 비전이었다. 이는 이승만이 일찍이 29세의 나이에 한성감옥에서 쓴 『독립정신』에서 강조하였던 부분이다. "그러므로 우리가 기독교를 모든 일의 근원으로 삼아 자기 자신보다 다른 사람을 위해 일하는 자가 되어 나라를 한마음으로 받들어 우리나라를 영국과 미국처럼 동등한 수준에 이를 수 있도록 최선을 다해야 할 것이다."

이승만이 꿈꾸었던 미래 선진한국은 기독교 정신이 지배하는 그런 나라가 되는 것이었다. 따라서 이승만 대통령은 12년의 집권기간 동안 이 꿈을 이루기 위해 기독교와 기독교 문화의 확산을 위해 혼신의 노력을 기울였던 것이다. 이 대통령은 그의 집권기간 동안 영부인 프란체스카 여사와 함께 주석으로 기도와 성경읽기를 실천하였으며, 서울 정동감리교회의 등록교인(1956년 이후에는 '명예장로')으로서 주일 예배를 거르지 않았다. 개인적으로 이렇게 독실한 신자의 모범을 보이면서 그가 집권하는 12년 동안 기독교를 장려하기 위해 다음과 같은 주요 조치를 취하였다.

1) 국가의 주요 의식을 기독교 의식에 따라 거행하는 관례를 세웠다.
    ① 1948년 5월 31일 초대 제헌국회 개원식 때 임시의장이던 이승만 박사는 동료 의원인 이윤영 목사에게 감사의 기도를 부탁하면서 기도로 국회를 시작하였다.
    ② 7월 24일 대통령 취임식에서는 하나님과 동포 앞에서 대통령으로서의 직무를 다할 것을 하나님 앞에 맹세하면서 성경에 손을 얹고 선서하였다.
    ③ 8월 15일, 정부수립 기념식 취임사에서도 하나님께 맹세하였다.
2) 정부 요직에 기독교인들이 대거 진출하도록 장려했다. 이승만의 12년 통치기간에 임명된 135명의 장관급 부서장 가운데서 기독교인은 47.7%나 되었다. 이것은 당시 기독교인이 인구의 1.7%밖에 되지 않았던 사실에 비추어볼 때 놀라운 비율이었다.
3) 기독교의 교세신장에 도움이 되는 제도들을 마련하였다.

군대에 군종제도(軍宗制度)를 도입함으로써 군에 복무하는 병사들에게 기독교 복음을 전할 수 있는 길을 열었고, 또 감옥에는 형목제도(形牧制度)를 도입해 옥중의 죄수들에게 전도의 문을 열어 주었다. 또한, 1949년 5월 24일 성탄절을 공휴일로 지정하였다.
4) 기독교 신문과 방송사의 설립, 기독교계 학교와 신학교 설립, YMCA의 활동을 장려 및 지원하였다.
5) 기독교 선교사들을 우대하고, 6.25전쟁 당시와 그 후 외국(특히 미국)에서 들어오는 구호금과 구호물자를 '한국기독교 연합회'를 통해 개별 교회와 교역자들 그리고 신학교 등에 배분토록 조처하였다.

해방 전 한국 전체의 기독교인 수는 37만 명에 불과했다. 해방 후 기독교인의 숫자가 조금씩 불어나 그 수가 1950년에 이르러 60만 명 수준에 도달했다. 그런데 이승만 대통령의 통치기간에 교인수가 부쩍 늘어 1960년에 남한의 기독교인 수는 114만 명이 되었다. 그 후 우리나라의 기독교 교세는 날로 번창하여 2005년에는 기독교인 861만 명을 헤아리게 되면서 아시아를 대표하는 기독교 부흥 국가가 되었다.

5. 건국헌법 제정

건국헌법 전문을 보면 대한민국의 정체성과 대한민국이 나아가야 하는 국가의 미래방향과 목표가 분명히 제시되고 있다. 그것은 바로 국민 개개인에게 동등한 자유와 기회를 주어서 개개인 속에 있는 능력과 잠재력을 최대한 이끌어내어 안으로는 경제발전을 이루고 밖으로는 세계평화에 이바지하는 나라가 되는 것이다.

◈ **대한민국 건국헌법 전문** ◈

유구한 역사와 전통에 빛나는 우리들 대한국민은 기미 삼일운동으로 대한민국을 건립하여 세계에 선포한 위대한 독립정신을 계승하여 이제 민주독립국가를 재건함에 있어서 정의인도와 동포애로써 민족의 단결을 공고히 하며 모든 사회적 폐습을 타파하고 민주주의제도를 수립하여 정치, 경제, 사회, 문화의 모든 영역에 있어서 각인의 기회를 균등히 하고 능력을 최고도로 발휘케 하며 각인의 책임과 의무를 완수케 하여 안으로는 국민생활의 균등한 향상을 기하고 밖으로는 항구적인 국제평화의 유지에 노력하여 우리들과 우리들의 자손의 안전과 자유와 행복을 영원히 확보할 것을 결의하고 우리들의 정당 또 자유로이 선거된 대표로서 구성된 국회에서 단기 4281년 7월 12일 이 헌법을 제정한다.

건국헌법 제1조 1항을 보면 "대한민국은 민주공화국이다"라고 명시하고 있다. 여기서 민주공화국(民主共和國, democratic republic)이란 어떤 의미를 담고 있는가? 공화제(republic)란 라틴어 '레스 푸블리카'(res publica)에서 유래되었는데 이는 '공공의 것' 또는 '국민의 것'이란 뜻이며 공화제를 채택하는 국가를 공화국(共和國)이라 한다. 따라서 민주공화국이란 궁극적으로 국가의 권위와 권력이 국민으로부터 나오며, 국민에 의해 선출된 대표가 국정을 운영하는 정치제도이다.

1914년 2월호에 실린 "태평양 잡지"에서 이승만 박사는 공화제에 대한 자신의 생각을 이렇게 표현하였다.

"대저 공화라 하는 것은… 백성이, 백성으로, 백성을 위해 세운 정부라는 것이 곧 이것이라. 그런즉 공화정체는 군주정체와 반대니 이는 한 사람이 다스리는 것이요, 사부정체와도 반대되니 이는 일본사람들의 소위 귀족정체라 하는 것으로 위에 있는 양반끼리 다스리는 것이요, 소수정체와도 반대니 이는 적은 수효의 몇몇 사람이 짜고 앉아 다스리는 것이라. 오직 모든 백성이 평등한 권리를 가지고 공동히 합하여 다스리는 것을 곧 공화라 하는지라."

구한말 배재학당 시절부터 이승만은 나라가 부강하게 되는 길은 정부 형태를 전제군주제에서 민주공화제로 바꾸는 것이라고 확신했다. 또한 이승만은 독립정신 제9장 "자주와 독립의 중요성"에서 국가가 존재하는 목적은 국민 개개인의 자유와 권리를 보호하는 것이라고 밝혔다. "오늘날 다른 나라 사람들이 잘 살게 된 것은 모두가 자주권을 중요하게 여겼기 때문이니 자주권은 이처럼 중요한 것이다. 나라를 세우고 정부를 수립하여 법률을 제정하는 것은 모든 사람의 권리를 보호하기 위한 것이다. 그러므로 법을 모든 사람의 권리를 보호할 수 있도록 공평하게 제정하여 모든 사람에게 속한 권리를 빼앗을 수 없게 하는 것이니, 이것이 국가를 설립한 근본 목적이라 할 수 있다."

국가가 국민 개개인의 자유와 권리를 보호해 주는 것이 왜 중요한가? 국민 개개인의 자유와 권리가 보장될 때 국가발전을 이룰 수 있기 때문이다. 하지만 이 자유는 무한대의 자유가 아니다. 건국헌법에는 자유의 한계를 명시하고 있으며 자유와 함께 국민으로써의 책임과 의무를 강조하고 있다. 아울러 건국헌법에는 대한민국 국민 모두가 함께 나아가야 하는 국가적 목표가 다음 세 가지임을 명확히 제시하고 있다.

첫째, 국민모두가 하나 되어 선진국가를 이루는 것이다.

    "안으로는 국민생활의 균등한 향상을 기하고"(건국헌법 전문 中)

둘째, 북한 독재체제를 무너뜨리고 자유통일을 완성하는 것이다.

    "대한민국의 영토는 한반도와 그 부속도서로 한다"(건국헌법 제4조)

셋째, 세계평화에 이바지하는 나라가 되는 것이다.

    "밖으로는 항구적인 국제평화 유지에 노력하여"(건국헌법 전문 中)

이러한 국가 공동체의 공공의 목표를 성취하기 위해서는 개인 이기주의, 집단 이기주의, 지역 이기주의의 구습에서 벗어나야 한다. 개인의 자유와 권한을 주장하기보다 먼저 국민의 책임과 의무를 다해야 한다. 개인의 인권과 복지를 주장하기보다 국가안보를 더 중요시해야 한다. 내 개인의 행복을 중요하게 생각하는 것 이상으로 북한 동포들의 참혹한 인권문제와 세계평화에 더 많은 관심을 가져야 한다. 그럴 때 그 사람이 바로 민주공화국의 시민이라고 말할 수 있다. 우리는 과연 민주공화국의 시민으로서 책임과 의무를 다하고 있는가?

6. 1948년 8월 15일, 대한민국 건국

대한민국이 건국된 날은 1948년 8월 15일이다. 이날 신생국 대한민국의 건국행사는 중앙청 광장에서 열린 정부 수립 선포식, 즉 '정부수립 국민축하대회'였다. 이날 기념사에서 초대대통령 이승만 박사는 북한 지역 대표들이 참석하지 못한 데 대해 아쉬움을 표시했다. 자유 민주주의를 지향하고 있는 새 나라 대한민국은 양반 계급만을 위했던 조선 시대와는 달리 평민의 자유가 보장되는 평등한 나라가 될 것이라고 강조했다. 그에 따라 양반과 상놈, 부자와 가난한 자, 남자와 여자, 남한 출신과 북한 출신이 모두 동등한 기회와 권리를 가지고 법 앞에서 평등하게 보호받게 될 것을 강조했다.

1948년 8월 15일 대한민국의 건국은 그렇게 시작되었다. 공교롭게도 8월 15일은 광복절이기도 하다. 따라서 8월 15일을 광복절과 함께 건국절로 기념하는 것은 너무나 당연하다. 그럼에도 대한민국은 현재까지도 건국을 기념하지 않고 오로지 광복절만을 기념하고 있다. 모든 사람은 생일과 이름을 가지고 있다. 이는 각 개인의 정체성을 형성하는데 가장 중요한 요소이다. 나라도 마찬가지이다. 나라의 이름과 함께 나라가 세워진 건국일은 그 나라의 정체성을 이루는데 가장 기본적이고 중요한 것이다. 따라서 건국절의 기념은 국가 정체성 수호, 국민의 올바른 역사의식 함양과 국민통합을 위해 반드시 필요하다. 하지만 대한민국은 생일(건국일)이 있음에도 생일을 기념하지 않는 대표적인 나라이다.[30]

대한민국 건국은 독립운동 - 해방 - 총선거 - 국회구성 - 헌법제정 - 대통령선출 - 정부수립의 과정을 거쳐서 이뤄졌다. 따라서 1948년 8월 15일의 정부수립 선포는 건국 과정의 마지막 단계이자 완성이었다. 이날이 대한민국의 생일인 것이다. 결혼 - 임신 - 출산의 과정을 거쳐서 아이가 태어나면 출산일을 생일로 정하는 것과 같은 이치다.

그런데도 대한민국의 건국일을 1948년 8월 15일이 아니라 1919년 4월 11일 상해임시정부 수립일로 정해야 한다고 주장하는 이들이 있다. 이들은

---

30 김길자 엮음. 2014.「건국의 발견」. 서울:대한민국 사랑회 출판부. p.341

대한민국 헌법 전문에 대한민국 임시정부의 법통을 계승한다는 구절이 있다는 점을 내세우고 있다. 대한민국 임시정부의 법통을 계승한다는 구절은 임시정부의 독립운동 정신을 계승한다는 것이지 법률적으로 대한민국이 임시정부를 계승한다는 뜻이 아니다.[31]

만약 상해임시정부 수립일을 대한민국 건국일로 본다면 심각한 문제가 발생한다. 우신 1948년 제정된 헌법은 제정이 아니라 개정이라고 해야 한다. 왜냐하면, 상해임시정부 때 채택된 임시헌장이 대한민국의 건국 헌법이 되기 때문이다. 그러나 대한민국 헌법은 1948년 7월 12일 제정되었고, 7월 17일 선포되면서 개정이 아니라 제정이라고 분명히 못 박았다. 또한 상해임시정부 수립일이 건국일이 된다면 이승만 박사는 해방 후 건국된 대한민국의 초대 대통령이 아니며, 박정희 대통령도 5, 6, 7, 8, 9대 대통령이 아니고 김영삼 대통령도 14대 대통령이 아니며 김대중 대통령도 15대 대통령이 아니며 노무현 대통령도 16대 대통령이 아니다.

또 상해임시정부 수립일을 대한민국 건국일로 본다면 대한민국은 7개의 건국 기념일을 가져야 한다. 왜냐하면 상해임시정부가 수립되기 전에 이미 2개의 임시정부가 있었고 그 후에는 4개의 임시정부가 생겼다. 그때 상해임시정부는 7개 임시정부 중의 하나였다. 따라서 7개 임시정부의 하나인 상해임시정부의 수립일만을 건국 기념일로 정하는 것은 사리에 맞지 않게 된다.

---

31 앞의 책, p.158

1948년 8월 15일을 건국 기념일로 정하는 것을 반대하는 사람들은 상해 임시정부의 정식 이름이 대한민국이라는 국호가 들어간 대한민국 임시 정부인 만큼 상해임시정부가 대한민국의 건국이라고 주장한다. 하지만 대한민국의 국호가 들어가 있다고 해서 임시정부가 합법적인 정식 정부일 수는 없다. 일반적으로 국가는 영토, 국민, 주권 등 3개 요소가 갖추어져 있어야 국가라고 할 수 있다. 영토와 국민, 주권을 상실한 상태에서 임시정부가 수립되었다고 해서 건국되었다고 할 수는 없다. 무엇보다 상해임시정부는 국제적 승인을 받지 못한 독립운동 단체였다. 그야말로 '임시정부'에 지나지 않았다. 해방 직후 국민들도 임시정부를 국가로 생각하지 않았다. 김구를 위시한 임시정부요원들조차도 상해임시정부 수립을 건국으로 생각하지 않았다. 일제를 몰아낸 후 국토와 국민과 주권을 되찾은 다음 건국하는 것이 순리임을 알고 있었다. 그 증거로 1941년 11월에 대한민국 임시정부에서는 '건국강령'이라는 것을 발표하는데 이 내용을 보면 임시정부의 활동을 복국기(復國期)와 건국기(建國期)로 나누고 있다. 즉, 외국에서 독립운동을 하는 시기는 복국기(復國期)의 단계이고, 해방 후에 국내에 들어가서 정부를 수립하게 되는 시기를 건국기(建國期)의 단계라고 규정하고 있다. 이에 따라 해방 후 1945년 9월 3일이 되었을 때 김구는 "지금은 건국의 길로 들어가는 과정에 있다"라고 분명히 말했던 것이다.

그럼에도 오늘날 몇몇 사람들에 의해 1919년 대한민국 건국설이 끊임없이 제기되고 있다. 그 배경에는 1987년 개정된 헌법 내용이 있다. 1987년 10월에 9차 헌법 개정이 이루어지면서 이승만 대통령이 만들어 놓은 대한민국의 원래 헌법이 변형되는 중대한 사건이 발생했다. 원래

1948년의 대한민국 헌법은 임시정부와의 어떤 법적 연관성도 인정하지 않았다. 1948년의 건국헌법 전문은 "기미 3.1운동으로 대한민국을 건립하여 세계에 선포한 위대한 독립정신을 계승하여 이제 민주독립 국가를 재건함에 있어"라고 함으로써, 1948년에 세워진 대한민국은 1919년의 임시정부를 계승한 것이 아니라 3.1운동의 독립정신을 계승한 것임을 밝혔다.

그 이후에 이루어진 제5차, 제7차, 제8차 개헌에서도 헌법 전문에 "3.1운동의 숭고한 독립정신"을 계승한다는 표현이 지속됨으로써 1948년에 세워진 대한민국이 임시정부와는 직접적인 법적 관련성이 없음을 나타냈다. 그러나 1987년의 6.29 선언 이후 좌경화된 사회 분위기 속에서 상황은 달라졌다. 그해 10월에 이루어진 제9차 개정 헌법의 전문은 "유구한 역사와 전통에 빛나는 우리 대한민국은 3.1운동으로 건립된 대한민국 임시정부의 법통과 불의에 항거한 4.19 민주이념을 계승하고, 조국의 민주개혁과 평화적 통일의 사명에 입각하여"라고 함으로써 대한민국 국가 정체성이 '기미독립운동의 독립정신을 계승한' 나라(1948년)에서 '임시정부의 법통을 계승'한 나라로 뒤바뀌게 되었다.

이처럼 1987년의 헌법 전문에서 대한민국의 이념적 토대가 "3.1운동 정신의 계승"으로부터 "임시정부의 계승"으로 바뀐 것은 체제 변혁의 시작을 알리는 중요한 신호였다. 대한민국이 임시정부를 계승했다는 것은 반공국가에서 좌우합작 국가로 바뀌어 가고 있음을 의미하였다. 왜냐하면, 임시정부는 1942년부터 김구의 우파세력과 공산주의자인 김원봉의 좌파세력으로 이루어진 좌우합작 정부가 되었기 때문이다.

따라서 대한민국이 그러한 좌우합작 정부의 법통을 계승했다면 앞으로 좌우합작 국가가 되어야 한다는 주장도 나올 수 있게 된 것이다. 이러한 대한민국의 체제 변화는 이승만을 비롯한 '건국의 아버지들'이 의도하지 않았던 뜻밖의 결과였다. 예상치 못했던 이 중대한 변화로 인해 그 후 오늘날까지 대한민국은 국가 정체성 문제에 있어서 심각한 혼란에 빠졌던 것이다.

7. 국가보안법 제정

걸음마 단계의 대한민국이 안고 있었던 가장 큰 어려움은 나라 안팎의 공산주의자들로부터 국가의 생존이 위협받는 것이었다. 그 때문에 이승만 대통령은 초기부터 반공 정책을 시행하지 않을 수 없었다. 일찍이 1945년에 북한이 공산화되고 1949년에는 중국 대륙 전체가 공산화되는 위기 상황에서, 이승만은 공산주의자들의 혁명운동까지 허용할 수는 없었다.

아무리 개인의 자유와 사회의 다양성을 강조하는 자유민주주의 체제라 할지라도, 체제를 전복시키려는 공산혁명의 자유까지 인정할 수는 없었다. 그래서 이 대통령은 1948년 8월 15일 정부 수립을 선포함과 동시에 언론 준수 7개 조를 발표하여 신문들이 공산당과 북한 정권을 긍정하는 기사를 싣지 못하게 했다. 그리고 10월 19일에 공산주의자들이 여수 14연대 반란을 일으켜 대한민국의 존립이 위기에 처하자, 서둘러 국가보안법(國家保安法)을 제정하여 12월 1일에 국회를 통과하게 했다.

국가보안법은 1948년 대한민국 정부가 수립된 지 4개월 정도 지난 후에, 대한민국 안에서 국가의 안전을 위태롭게 하는 반국가 단체의 활동을 규제하기 위해 제정한 특별 형법으로, 줄여서 '국보법(國保法)'이라고 부른다. 1948년 10월 19일에 일어난 여수 14연대 반란은 제주 4.3폭동과는 달리, 국군 1개 연대가 지방 남로당원들과 합세하여 대한민국 정부에 대항하여 일으킨 반란으로 국가적으로 위험천만한 사건이었다. 1946년 11월 23일 창당된 남로당은 합법정당이었기 때문에 1948년 12월 1일 국가보안법이 통과되기까지 반국가적 행위에도 불구하고 마땅히 처벌할 법이 없었다. 이에 여러 단계의 토의와 간담회를 거쳐 1948년 11월 20일 국가보안법이 국회 본회의를 통과하게 되었고, 같은 해 12월 1일 법률 제10호로 법령을 통과, 12월 20일 공포하였다.

국가보안법이 발표된 이후 군 내부에 침투해 있는 남로당원에 대한 대대적인 숙군(肅軍)이 진행됐다. 심사를 거친 결과, 군 내부 각 연대에서 남로당원 가운데 4,749명을 사형, 유기징역, 불명예 제대 등으로 숙군했으며, 이에 놀란 군 내부 남로당원 5,568명이 탈영하였다. 모두 1개 사단 인원, 즉, 육군 총병력의 약 10%에 해당하는 10,317명이 좌익 공산 세력이었다. 만일 국가보안법이 없었다면 이렇게 짧은 시간 내에 좌익 혐의자들을 색출해 낼 수 없었을 것이다. 전국의 남로당원이 국가보안법에 의해 수배되자 초조해진 박헌영은 "남조선 전 당원을 동원해 4월에 봉기하여 서울을 불바다로 만들어 남조선을 해방하고, 1949년 9월 20일 조선 인민공화국 총선을 실시할 것이다. 서울시 책임은 홍민표(본명:양한모)에게 맡겨 총 궐기하라"고 50만 명 남로당 총책이었던 김삼룡에게 지령을 내렸다. 이에 김삼룡은 홍민표에게 2천만 원을 주면서 수류탄 만 개로 6

만 당원을 동원하여 4월에 서울시를 불바다로 만들라는 박헌영의 지령을 전달하였다. 그런데 국가보안법에 의해 남로당원들에 대한 검문검색과 체포가 계속되면서 4월 무장폭동계획은 계속 지연되어 마지막에는 9월 20일까지 연기되었다. 급기야 9월 20일 무장폭동계획을 4일 앞둔 9월 16일 오전 12시경, 홍민표는 무교동에서 대한민국 경찰당국에 의해 체포되고 말았다. 또한, 무장폭동에 사용하려고 했던 수류탄 6천 개와 기타 무기들까지 압수당하기에 이르렀다. 우리가 알지 못하는 사이에 국가적인 큰 위기가 지나간 것이다.[32]

홍민표에 대한 심문은 오제도 검사가 맡게 되었다. 홍민표는 당시 영락교회 집사였던 오제도 검사의 뇌물을 받지 않고 정직하게 사는 모습에 감동을 받아 심문에 순순히 대답하고 전향을 하였다. 전향한 홍민표는 이어서 9월 20일 오후 5시경, 남로당 핵심간부 16명을 시경사찰과 별관 응접실로 소집한 후 모두 전향시키는 데 성공하였다. 이때 홍민표는 남로당 위원들을 여러 말로 설득하였는데, 이때 남로당 특수부대 사령관 조병수를 비롯한 위원들은 한 사람도 반대 없이 눈물을 흘리며 동의하고 전향하기로 결의하였다. 이에 정부에서는 1949년 10월 25~30일을 자수 기간으로 정하였고, 다시 11월 30일까지 연장하여 전국 자수자가 무려 33만 명에 달하였다. 또 1950년 3월 1일에는 남로당 특별공작원 196명이 체포되어 남로당은 결정적인 타격을 입었다.[33]

6.25전쟁 발발 3일 만인 6월 28일에 공산군이 서울을 점령하였을 때, 공

---

32 박윤식. 2012. 「여수 14연대 반란 여수·순천 사건」. 경기도:휘선. p.118
33 이선교. 2013. 「6.25 한국전쟁, 국군은 왜 막지 못했을까!」 서울:현대사포럼 p.145~150

산군은 6월 30일까지 3일간 지체하면서 한강을 건너지 않았다. 그 이유는 박헌영이 장담한 대로 남로당원의 폭동을 기다렸기 때문이다. 하지만 그들이 예상한 남로당원 20만 명의 폭동은 일어나지 않았다. 이는 홍민표를 통해 33만 명 가량이나 자수한 결과, 남한 내의 공산당 세력이 크게 약화되었기 때문이었다.

홍민표와 남로당원 33만 명의 자수는, 박헌영이 김일성에게 큰소리쳤던 20만 남로당의 봉기를 미리 차단시키는 엄청난 효과를 가져왔다. 특히 1950년 3월 1일 남로당 특별공작원 196명이 체포된 일과 3월 17일 남로당의 거물 김삼룡과 이주하가 체포된 것은 남로당 조직에 가장 큰 결정타였다. 이와 같은 결과는 국가보안법이 있었기 때문에 가능한 일이었다. 이러한 관점에서 볼 때, 이승만 대통령이 국가보안법을 제정하여 좌익 세력을 숙군 조치한 것은, 대한민국을 공산화의 위기에서 구하는 대단히 큰 업적이었다고 말할 수 있다.

종종 친북 좌파세력은 국가보안법이 남북 화해협력에 걸림돌이 된다는 이유로, 또 사상 및 양심의 자유를 침해한다는 이유로 국가보안법을 폐지해야 한다고 강하게 주장하고 있다. 그러나 국보법은 자유민주주의를 추구하는 대한민국을 해치는 반국가활동을 금지하려는 것이지 남북 교류 자체를 금지하는 것은 아니다. 대한민국 헌법은 사상 및 양심의 자유 등 여러 가지 자유를 인정하고 있으나 국가안전보장, 질서유지, 공공복리를 위하여 필요한 경우에는 이들 기본권을 제한하도록 되어 있다.

우리나라가 북한과의 법체계상의 형평성을 유지하기 위해서는, 반드시 국가보안법이 존속되어야 한다. 북한에는 국가보안법과 같은 별도의 안보법령을 가지고 있지는 않으나, 북한 형법 제3장(반국가 및 반민족범죄)이 우리 형법에서의 국가보안법에 해당된다. 북한에서는 남한의 보안법에서 처벌하지 않는 것도 광범위하게 처벌하고 있으며 그 형량도 훨씬 무겁다. 2004년에 제6차로 개정된 북한의 형법은 우리의 국가보안법에 상응하는 반국가 및 반민족범죄의 관련 조항들을 더욱 강화하였다.

북한의 가혹하기 짝이 없는 헌법과 노동당 규약 및 형법 등은 그대로 둔 채, 남한의 국가보안법만 성급하게 폐기 한다는 것은, 우리나라의 안전보호장치를 완전히 해체하는 자살행위가 되는 것이다. 국가보안법은 우리나라의 국가체제수호를 위하여 필수적인 법적 장치이다. 시대적 정황이나 북한의 도발 행위로 말미암아 국가안보가 위협받는 상황으로 볼 때, 국가보안법 폐기 주장은 적절치 않다. 다만 국보법을 적용할 때, 인권을 유린하는 일이 없도록 확대 해석되거나 확대 적용되지 않도록 모두가 함께 노력해 나가야만 할 것이다.

8. 유엔승인 획득 외교

1948년 8월 15일 대한민국은 가까스로 건국되었지만, 대한민국의 앞길은 험난하기만 했다. 대한민국이라는 국가가 탄생하기는 했으나 생존에 필요한 경제적 토대와 국방력을 보유하고 있지 못했기 때문이다. 게다가 북한 공산정권과 남한사회의 내부의 적이 대한민국을 전복시키기 위해 안팎으로 협공을 가하고 있었다. 이러한 상황에서 어렵게 탄생한 대한민국이 생존하기 위해서는 외부로부터 많은 경제원조와 군사원조를 획득하는 것이 절실히 필요했다. 그런데 대한민국에게는 생존을 위해 필요한 경제원조와 군사원조의 획득보다 더 시급히 해결해야 할 문제가 앞에 놓여 있었다. 그것은 대한민국 건국에 대한 유엔의 승인을 획득하는 일이었다. 유엔 총회가 건국의 정당성을 승인해주어야만 온전한 국가의 지위를 누릴 수 있기 때문이다.

그러나 당시 대한민국이 처해 있던 국내외 상황을 볼 때 대한민국에 대한 유엔의 승인은 낙관할 수 없었다. 우선 대한민국 내부에서는 김구와 김규식을 중심으로 한 남북협상파가 통일독립촉진회를 결성하여 5.10 선거 무효화투쟁을 전개하면서 유엔총회가 개최되는 파리에 통일독립촉진회의 대표단을 파견하여 유엔에 대해 대한민국 승인을 거부하도록 촉구할 계획을 세웠다. 국제적으로는 유엔한국위원단에 참여한 8개국 가운데 3개국(호주, 캐나다, 인도)의 대표들이 대한민국에 대한 유엔의 승인에 부정적인 태도를 취하고 있었다. 따라서 이승만 대통령은 매우 절박한 심정으로 대한민국에 대한 유엔의 승인 획득을 위해 적극적인 외교 노력을 전개해 나갔다.

그러나 파리에서 유엔총회가 개최되고 있는 동안 국내에서 대한민국의 유엔승인 획득 외교에 재를 뿌리는 사건들이 잇달아 발생하여 전망을 다소 어둡게 했다. 여수 14연대 반란사건이 발생하여 국제사회로 하여금 대한민국의 존속능력을 의심하게 했으며, 국회에서는 반정부 의원들이 제출한 미군 철수 결의안을 둘러싸고 정치적 소란이 일어나 한국이 정치적 안정을 이룩하지 못하고 있음을 국제사회에 알렸고, 통일독립촉진회의 김구는 미군과 소련군이 철수한 후 새롭게 선거를 해서 한반도 통일정부를 구성하자는 성명을 발표한 후 그런 내용이 담긴 서한을 유엔사무총장에게 보냈다.

유엔의 한국 승인 문제는 총회폐막이 임박한 12월 6일에야 정치위원회에서 토론되기 시작했다. 정치위원회는 장시간의 토론 끝에 12월 8일 한국문제를 총회에 상정키로 결정했다. 총회의 한국문제에 관한 토론은 유엔총회의 마지막 날인 11일에 시작되었으나, 독설과 장광설로 이름난 소련대표 비신스키를 앞세운 필리버스터(Filibuster. '고의적인 의사진행 방해') 전술로 인해 결론을 내리지 못했다.

총회는 일요일인 12일 새벽까지 한국문제로 토론을 벌인 후 일단 정회에 들어갔다가 오후 3시에 회의를 재개하였는데 비신스키가 기세 좋게 등단했다. 예상대로 그는 독설을 퍼붓기 시작했다. 그런데 갑자기 이상한 일이 벌어졌다. 눈을 번득거리고 팔을 들어 연설하던 비신스키가 별안간 목이 메더니 15분 만에 목을 부여잡고 내려가 버렸다. 몇 시간씩 끄떡없이 방해연설을 해 온 비신스키가 갑자기 퇴장해 버린 것이다. 갑자기 치통과 함께 성대 결절이 찾아온 것이다.

비신스키의 예상치 못한 퇴장으로 총회는 즉각 투표에 들어갔다. 표결 결과 대한민국 승인 안은 찬성 48 대 반대 6, 기권 1표(스웨덴)로 대한민국은 유엔의 정식 승인을 얻어냄으로 합법적인 국가로서의 국제적인 지위를 얻게 되었다.[34]

---

34 박실. 2010. 「이승만 외교의 힘-벼랑 끝 외교의 승리」. 서울:청미디어. p.60

이렇게 대한민국 승인 결의안이 극적으로 유엔에서 통과된 시각은 1948년 12월 12일 오후 5시 8분이었다. 3개월 내내 집요하게 대한민국의 유엔 승인과정을 막았던 비신스키에게 찾아온 갑작스런 치통과 성대결절은 단순한 우연일까? 그렇지 않다. 이 또한 역사를 주관하시는 하나님께서 개입하신 결과이다. 유엔의 승인이 없었다면 오늘날 대한민국은 존재하지 못했을 것이다. 왜냐하면, 6.25전쟁이 일어났을 때, 대한민국은 유엔의 승인을 받은 합법적인 국가이므로 유엔군의 참전을 얻어낼 수 있었기 때문이다. 유엔의 승인결과 대한민국이 살아남을 수 있게 된 것이다.

9. 남북분단의 주범, 스탈린과 김일성

많은 사람들이 남북분단의 책임이 이승만 때문이라고 생각한다. 하지만 그렇지 않다. 남북 분단의 책임은 이승만 때문이 아니라 오로지 소련의 스탈린과 북한의 김일성 때문이다. 다음 3가지가 바로 그 증거다.

첫째, 해방 후 38선 이북을 점령한 소련의 스탈린은 1945년 9월 20일, 극동군 사령관을 비롯한 최고위인사들에게 "북조선에 반일적인 민주주의 정당·단체들의 광범위한 블록을 토대로 부르주아 민주주의 정권을 수립할 것"을 비밀리에 지시하였다.

이때는 이승만 박사가 미국에서 귀국하였던 1945년 10월 16일보다 한참 전이었다. 귀국이 두 달씩이나 지연된 이유는 미국의 방해 때문이었다. 당시 미국의 한반도 정책은 소련과 함께 한반도를 통치하는 것이었는데 철저한

반소, 반공주의자인 이승만 박사가 귀국하게 되면 자신들의 한반도 정책에 큰 걸림돌이 될 것을 우려했기 때문에 이승만 박사의 귀국을 집요하게 방해하였다. 즉, 이승만 박사가 미국에서 귀국하기도 전에 우리나라는 이미 스탈린의 명령에 의해 분단이 시작되었다.

둘째, 1946년 2월 8일, 북한에서는 김일성을 위원장으로 하는 사실상의 정권인 북조선 임시인민위원회가 만들어졌다. 북조선 임시 인민위원회가 명백한 정부라는 증거는 세 가지이다.
① 북한의 공식 역사서인 '현대 조선력사'는 다음과 같이 설명하고 있다.
 "북조선 림시 인민위원회의 수립으로서 우리 인민은 그토록 오랜 세월을 두고 념원하던 진정한 인민정권을 가지게 되었으며"
② 김일성 자신도 임시위원회가 정부임을 인정했다. 그는 1946년 8월 15일 "북조선 임시 인민 위원회는 전체 인민의 의사와 이익을 대표하는 북조선의 중앙 주권기관"이라고 말했다.
③ 북조선 임시 인민위원회에서는 1946년 '주요 산업 국유화 법령'이라는 것을 정했는데 그 법령에 따라서 북한 전역의 90%에 해당하는 1032개 공장, 기업, 문화 기관을 모두 '국유화 법령'이라는 이름 하에 국가의 소유로 모두 강제 몰수하였다. 이것은 그들 스스로 북조선 임시 인민위원회를 정권 또는 정부로 인정한 것이다.

셋째, 1945년 8월 말까지 38선 이북 지역을 점령한 소련군은 가장 먼저 통신, 우편, 철도 등 남북을 잇는 교통통신망을 차단했다. 소련은 38선을 봉쇄한 이후 남과 북을 잇는 경의선을 끊고 전화 통신도 끊었으며, 심지어 사람과 물자의 왕래도 철저히 차단했다.

10. 대한민국의 초대 항일 내각

많은 사람들이 이승만의 초대 내각이 친일 내각이라고 알고 있는데 사실은 그 정반대다. 이승만의 초대 내각은 모두 독립운동가로 구성된 항일 내각이었다. 다만 당시 파괴활동과 사회혼란을 획책하던 공산주의자들에 대한 수사를 위해 친일 경찰 출신들을 일부 등용한 것은 사실이다. 그러나 그것은 당시 극심한 좌우 대립으로 불안정한 치안을 확고히 하기 위해 군과 경찰, 행정 경험이 있는 사람들을 일부 채용한 것이었다. 분명한 것은 대한민국을 이끄는 초대 내각은 모두 항일 운동가들로 구성되었다는 것이다.

대한민국 초대 항일 내각

대통령 - 이승만(독립운동가, 상해 임시 정부 초대 대통령)
부통령 - 이시영(임시 정부 내무 총장)
국무총리(국방장관) - 이범석(광복군 참모장)
대법원장 - 김병로(항일 변호사)
무임소 장관 - 이윤영(국내 항일 운동가)
무임소 장관 - 이청천(광복군 총사령관)
외무장관 - 장택상(청구 구락부 사건 관련자)
내무장관 - 윤치영(흥업 구락부 사건 관련자)
법무장관 - 이인(항일 변호사, 한글학회 사건 관련자)
재무장관 - 김도연(2.8 독립 선언 사건)
상공장관 - 임영신(독립운동가/ 교육자)
문교장관 - 안호상(항일 교육자)
사회장관 - 전진한(국내 항일 운동가)

체신장관 - 윤석구(국내 항일 운동가)
교통장관 - 민희식(재미 항일 운동가)
총무처장 - 김병연(국내 항일 운동가)
기획처장 - 이순탁(국내 항일 운동가)
공보처장 - 김동성(국내 항일 운동가)

반면에 북한 김일성 정권의 초대 내각은 당시 서열 2위인 부주석 김영주부터 시작하여 일제시대에 친일 활동을 한 자들로 구성이 된 명백한 친일 내각이었다. 더욱이 김일성 내각은 지속적으로 친일파를 적극 등용하였다.

김일성의 친일 내각

김영주 - 북한 부주석. 서열 2위. 일제시대 헌병 보조원(통역)
장헌근 - 사법 부장. 당시 서열 10위 : 일제시대 중추원 참의
강양욱 - 상임위원장. 당시 서열 11위 : 일제시대 도의원
정국은 - 문화선전성 부부상 : 아사히신문 서울 지국 기자
김정제 - 보위성 부상 : 일제시대 양주 군수
조일명 - 문화 선전서 부상 : 친일단체 대화숙 출신. 학병 지원 유세 주도
홍명희 - 부수상 : 일제시대 임전 대책 회의 가입 활동
이 활 - 북한군 초대 공군 사령관 : 일본군 나고야 항공학교 출신
허민국 - 인민군 9사단장 : 일본군 나고야 항공학교 출신
강치우 - 인민군 기술 부사단장 : 일본군 나고야 항공학교 출신
김달삼 - 조선 로동당 4.3 사건 주동자 : 일제 시대 소위

박팔양 - 북한 노동 신문 창간 발기인,
    노동 신문 편집부장 : 일제시대 만선일보 편집부장
한낙규 - 김일성대 교수 : 일제시대 검찰총장
정준택 - 북한 행정 10국 산업국장 : 일제시대 광산 지배인, 일본군
    복무
한희진 - 교통국장 : 일제시대 함흥 철도 국장
이승엽 - 남조선 로동당 서열 2위 :
    일제시대 식량 수탈 기관 '식량영단' 이사

북한 정권이 발행한 역사서 『조선전사』 현대 편(23편)의 '민주 건설사 1'의 내용을 소개한다. "김일성 동지께서는 지난날 공부나 좀 하고 일제 기관에 복무하였다고 하여 오랜 인테리어들을 의심하거나 멀리하는 그릇된 경향을 비판 폭로하시면서(중략), 그들을 새 조국 건설의 보람찬 길에 세워주시었다" 또한 '조선 전사'의 내용 중에는 친일파들의 역할에 대해서도 긍정적인 평가를 내리고 있다. "지난날 식민지 노예 교육을 받고 일제 기관에 복무한 데로부터 자신들에게 적지 않게 남아 있는 부르주아 사상을 뿌리 뽑고(중략), 맡겨진 혁명 임무를 책임적으로 수행해나갔다" 무엇보다 김일성은 일제시대에 좋은 교육을 받고 고위직에 올랐다고 함부로 비판하지 말라고 말하기까지 했다. 이러한 기록을 종합해볼 때 분명한 것은 북한 정권이 세워질 때 김일성 자신이 앞장서서 친일파들을 적극 등용했다는 것이다.

1945년 10월에 개최된 북조선 5도 당대회에서 '정치노선 확립 조직 확대 강화에 대한 결정서'가 채택되었다. 이 결정서는 친일적 반동분자를 철

저하게 숙청하여 확고한 인민 정권을 수립할 것을 선언했다. 여기에 보면 "국내적 통일전선을 방해하는 자는 친일 분자와 영합한 것"이라고 말하고 있다. 이는 소련과 공산당 정권에 반대하는 인물들을 친일파로 몰아갈 수 있음을 명문화한 규정이다. 민족지도자인 조만식 선생까지도 불순분자, 친일파로 낙인을 찍어 숙청해버린 것은 바로 이에 근거한 것이다.

1946년 북조선 임시 인민위원회는 "친일파, 민족 반역자에 대한 규정"을 채택했다. 여기에서도 역시 단순히 일제 기관에 복무했거나 관련 기관에 근무했다고 해서 친일파로 분류하는 것을 제한하고 있다. 또한, 부칙에 "이상의 조항에 해당한 자로서 현재 나쁜 행동을 하지 않는 자와 건국 사업을 적극 협력하는 자에 한하여서는 그 죄상을 감면할 수도 있다."라는 조항이 있다. 이것은 공산 정권에 협력하는 자의 친일 행위는 눈 감아 준다는 공식적인 선언이다.[35]

11. 반일과 반공 사이의 선택

해방 직후 한반도의 분위기가 안정되지 못한 상황에서 1945년 10월 16일 이승만 박사가 귀국하였다. 귀국하자마자 그는 라디오방송연설을 통해 다음과 같이 말했다.

"우리는 하루빨리 뭉치고 대동단결하여 우리의 자주독립을 얻어야 합니다. 우리가 당면한 문제 중 가장 긴급한 문제는 완전 독립이 아닙니까?

---

35 이호. 2011.「친일청산에 대한 성서적 입장」. 서울:도서출판 정암서원. p.179

그러자면 하루빨리 뭉쳐야 할 줄 압니다. 한데 뭉치어서 우리 땅을 우리 국가를 찾아 놓고 전 인민이 총선거를 단행하여 새 국가를 세우지 않으면 안 될 줄 압니다. 그 후에는 정치 경제는 물론이요 민족반역자도 재판을 열고 얼마든지 처벌할 수 있지 않을까 합니다."

이승만 박사는 누구보다도 민족의 분열과 분단을 원하지 않았다. 또한 친일파 처벌의 중요성도 누구보다도 잘 알고 있었다. 하지만 먼저 나라를 건국한 후에 친일파를 청산해야 한다는 생각을 가지고 있었다. 왜냐하면 친일파를 청산하는 일을 먼저 하게 되면 그것을 둘러싸고 정치세력 간의 논쟁이 끝없이 계속되어 자칫하다가는 건국이 늦어질 수 있기 때문이다. 또한 일본에 대해 우호적인 입장을 가지고 있는 미군정이 통치하고 있는 상황에서 친일파를 제거하는 일은 사실상 불가능하다는 것을 잘 알았기 때문이다. 그래서 친일파 청산을 건국 이후로 생각하였던 것이다.

대한민국이 건국된 이후인 1948년 9월 22일 친일파 청산을 위한 반민족행위처벌법이 제정되고 반민족행위특별조사위원회(반민특위)가 구성되어 박흥식 외 약 7,000여명에 대한 검거가 시작되었다. 그런데 반민특위 활동이 시작된 지 1년 후인 1949년 9월 23일 반민특위가 해체되면서 친일파 청산작업은 중단되었다. 친일파 청산이 중단된 이유는 무엇인가?

1) 반민특위 부위원장인 김상돈 의원의 친일행각과 당시 사람을 사망하게 한 자동차 사고를 은폐했음이 드러났기 때문이다. 게다가 반민특위를 지지하는 김약수, 이문원, 노일환 등 13명의 국회의원들이 남로

당과 접촉하고 공산당에 협조하는 간첩혐의로 구속되는 일명 국회 프락치 사건이 발생했기 때문이다. 그러자 국회는 서둘러 반민특위의 해체 결의를 한 것이다. 즉 국회가 스스로 자진해서 반민특위를 해산시킨 것이다.

이승만 대통령은 반민족행위특별조사위원회(반민특위)를 해체시키지 않았다. 이승만 대통령이 해체시킨 것은 반민특위가 아니라 반민특위 산하에 있었던 특경대라는 사병조직이었다. 이 특경대의 불법 행위와 행패가 너무 심해 보다 못한 이승만 대통령이 해체한 것이지 반민특위를 해체한 것이 아니다. 그런데도 사람들은 이승만 대통령이 반민특위를 해체했다고 잘못 알고 있다. 여기에서 반민특위 산하의 특경대 폐지에 관한 이승만 대통령의 담화문(1949. 2. 15) 일부를 살펴볼 필요가 있다.

"어떠한 법들이 있을지라도 그것이 헌법과 모순되는 법이 아니면 성립되지 못하나니 조사위원들이 조사하는 일만 진행할 것이고, 입법원의 책임에 넘치는 일은 행하지 아니하는 것이 옳다고 권고하였고 또 범법자를 비밀리에 조사해서 그 조사한 결과를 사법부에 넘겨 속히 재판케 할 것이고, 만일 지금 진행하는 바와 같이 며칠에 몇 사람씩을 잡아 가두어 1, 2년을 두고 끌어 나아간다면 이는 치안에 중대한 영향을 주는 것이므로 지금 진행하는 방법을 모두 정지하고 우리의 의도와 합동하여 처리를 하면 정부에서 협조해서 이 법안(반민족행위 특별법 일부 개정)을 속히 귀결하도록 힘쓰겠다고 설명한 것이다.

근자에 진행되는 것을 보면 이러한 의도를 하나도 참고로 하지 아니하고 특별조사위원 2, 3인이 경찰을 데리고 다니며 사람을 잡아다가 구금, 고문한다는 말이 들리게 되니 이는 국회에서 조사위원회를 조직한 본의도 아니고 정부에서 이를 포용할 수도 없는 것이므로 대통령령으로 검찰청과 내무부장관에게 지휘 하에 특경대를 없이하고 특별조사 위원들이 체포, 구금하는 것을 막아서 혼란 상태를 정돈케 하라고 한 것이다. 국회에서 자세히 알기만 하면 즉시 법만을 교정해서도 그러한 행동을 막을 줄로 믿는 터이므로 이미 법무부와 법제처에 지시하여 법안의 일부를 고쳐 국회에 제출케 하는 중이므로 위원, 조사원들의 과도한 행동을 금지하기로 작정한다." (1949.2.16 조선일보 계재)

여기 보면 반민특위 산하의 특경대를 해체시키려고 했던 이승만 대통령의 해체 사유가 구체적으로 명시되어 있다. 즉, 특경대가 총으로 무장하여 불법적으로 사람을 잡아다가 고문, 가혹행위, 일반인 협박, 뇌물수수 등의 심각한 불법을 자행하는 지경에 까지 이르게 된 것이다. 이러한 반민특위 특경대의 행패가 지속되자 신고를 받고 경찰이 출동했으나, 오히려 특경대가 경찰서를 습격해서 경찰 간부의 친일행위를 조사한다며 체포, 납치, 감금해버리는 어처구니없는 사태가 반복되어 국민들의 반발을 사게 되었다. 이러한 배경으로 반민특위 산하의 특경대는 결국 해체하게 된 것이다. 반민특위 위원들이 만든 특경대는 해체하였지만, 반민특위는 그 이후에도 계속 친일행위를 조사하여 검찰에 송치하는 본연의 임무를 다하게 된다. 따라서 이승만 대통령이 반민특위를 해체시키고 친일파 청산을 막았다는 주장은 사실이 아니다.

2) 반민특위가 해체된 배경에는 또 다른 원인이 있다. 그것은 친일파 청산을 하기 싫어서가 아니라 당시 좌익들의 계속되는 반란과 북한의 잦은 남침 도발 때문에 친일파 청산을 제대로 할 수 없는 상황이 계속되었기 때문이다.

그 대표적인 예가 1946년 대구 10월 폭동, 1948년 제주 4.3 폭동과 여수 14연대 반란, 그리고 1949년에 일어난 옹진반도 전투이다. 특히 남한 내부에서 일어나는 좌익들의 반란과 폭동은 대한민국의 존립을 위협할 정도로 심각한 수준이었다. 오죽했으면 대통령이 "친일파 숙청보다 공산세력의 반란을 먼저 진압하지 않으면 대한민국은 망한다."라고 말할 정도였다. 그래서 이승만 대통령은 이러한 좌익들의 계속되는 반란을 진압하기 위해 1948년 11월 17일 계엄령을 선포하였고 1949년 9월 23일에 국회는 반민특위 해체 결의를 한 것이다.

참고로 친일파 청산이 실패하게 된 배경에는 북한의 잦은 도발이 있었다. 그중 대표적인 것이 옹진반도 전투이다. 1949년 5월 21일~6월 24일에는 제1차 옹진반도 전투, 1949년 8월 4일~8월 8일에는 제2차 옹진반도 전투, 그리고 1949년 10월 14일~10월 20일에는 제3차 옹진반도 전투가 있었다. 특히 제3차 옹진반도 전투 때는 북한 공산군 4천~6천 명의 병력이 침투, 은파산을 공격하는 바람에 국군 제18연대 2개 중대 병력이 섬멸되고 북한 공산군에 의해 은파산이 점령되기도 하였다. 이러한 북한의 잦은 남침 도발과 더불어 남한 내의 좌익들의 계속되는 반란으로 인해 결국에는 친일파 청산을 할 수 없는 상황까지 가게 된 것이다.

사실, 이승만 대통령은 누구보다도 반일(反日) 대통령이었다. 그는 90 평생을 살면서 인생의 가장 왕성한 활동기인 30세(1905년)부터 70세(1945년)까지 40년을 오로지 나라의 독립을 위해 헌신했던 항일 독립지사였다. 그래서 건국 대통령이 되어서도 일본에 대해서만큼은 아주 단호하게 대했다. 중공군의 개입으로 1951년 1.4후퇴 직후 미군 수뇌부가 유엔군에 일본군 편입 가능성을 검토했을 때, 이를 알게 된 이승만 대통령은 크게 대노했다. 그는 1951년 1월 12일 미군 수뇌부에게 "만일 일본군이 참전한다면 국군은 일본군부터 격퇴한 다음 공산군과 싸울 것이다."라며 극도의 불쾌감을 나타냈다.

이러한 일본에 대한 단호한 태도는 독도의 영유권 문제에서도 드러났다. 이 대통령이 1949년 1월 8일 일본에 대마도 반환을 요구하는 기자회담을 가졌던 것도 일본의 독도 영유권 문제에 대한 쐐기를 박기 위해서였다. 이 대통령이 전시임에도 불구하고 이를 구체화한 것이 1952년 1월 18일, "대한민국 인접 해양의 주권에 관한 대통령 선언"이었다.

이승만 대통령은 일명 '이승만 라인' 또는 '평화선'을 선포해 독도를 명실상부한 대한민국 영토로 선언했다. '이승만 라인'의 핵심은 "대한민국의 주권과 보호 하에 있는 수역(水域)은 한반도 및 그 부속도서의 해안과 해상 경계선으로 한다."며 독도를 이 선(線) 안에 포함시켰다. 이 선언으로 일본은 벌집을 쑤셔놓은 듯 들끓었다. 일본은 이것이 반일적인 이승만 대통령의 작품이라면서 '이승만 라인'이라 했고, 반면에 한국은 미국, 영국, 일본, 자유중국이 이에 대해 강력 항의를 해오자 대통령 담화를 통해 "한국이 해양 상에 선을 그은 것은 한일 간의 평화유

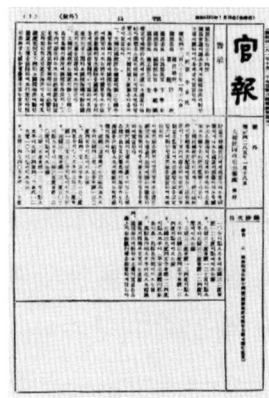 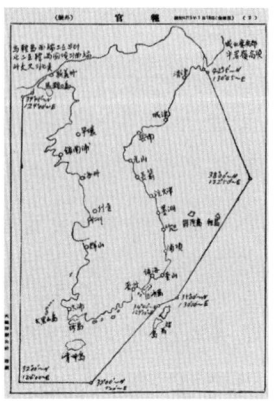

'인접 해양에 대한 주권에 관한 선언'이 게재된 관보(1952년)와 지도.
(이미지출처=독도바로알기)

지에 있다."라며 '평화선'이라고 불렀다. 이후 대한민국 정부는 1954년 1월 18일 평화선 선포 2주년을 맞이하여 독도에 '한국령(韓國領)'이라는 표지석을 세우고, 독도가 영원한 한국 영토임을 똑똑히 밝혔다.

5 6.25 전쟁

1. 6.25전쟁의 성격
2. 6.25전쟁관련 이승만을 둘러싼 의혹과 진실
3. 6.25전쟁의 주요 전투 및 사건
    1) 대한해협 해전
    2) 춘천전투
    3) 8월 16일 구국 기도회와 B-29 융단폭격
    4) 다부동 전투
    5) 영천 전투
    6) 초량교회 구국 기도회와 인천상륙작전의 승리
    7) 중공군과의 전투
    8) 이승만 대통령의 반공포로 석방

제5장 6.25전쟁

6.25전쟁은 1950년 6월 25일 일요일 새벽, 북한 공산군의 일방적인 남침 공격에 의해 시작되었다.

한국 현대사의 가장 큰 비극이라고 할 수 있는 6.25전쟁은 1950년 6월 25일 일요일 새벽, 압도적인 군사력을 가진 북한 공산군의 기습 남침공격에 의해 시작되었다. 지상군 약 18만 명, 대포 400여 문, 소련제 탱크 242대 등의 막강한 화력을 앞세워 파죽지세로 밀고 내려오는 북한군의 기습남침으로 4일 만에 대한민국 국군은 절반가량인 44,000여 명이 전사를 하게 되었고 수도 서울은 함락되고 말았다. 당시 대한민국은 누가 보아도 패망할 수밖에 없는 상황이었다. 그런데, 대한민국은 망하지 않고 기적적으로 살아남았다. 대한민국이 절체절명의 위기에서 망하지 않고 살아남을 수 있었던 원인은 무엇이었나? 그 배경에는 몇 가지 기적 같은 일들이 있었다.

첫째는, 트루먼 미국 대통령의 신속한 미군 참전 결심이다. 당시에는 한미상호방위조약이 없었기 때문에 미국은 6.25전쟁에 참전해야 할 이유가 없었다. 더군다나 한반도를 미국 태평양 방위선에서 제외한다는 애치슨 선언이 발표된 뒤였다. 그런 상황에서 미국 대통령 트루먼이 자국이 공격받은 것도 아닌데 그렇게 빨리 미군의 한반도 투입을 결심했다는 것은 기적이다.

둘째는, 유엔 상임 이사국 회의에서 유엔이 참전을 결의할 때 소련 대표가 불참한 것이었다. 6.25전쟁을 둘러싼 미스테리 중 하나는 1950년 6월 27일 유엔 안전보장이사회에 소련이 불참, 유엔군 파병 안에 거부권을 행사하지 않은 사건이다. 만약 소련 대표가 참석하여 거부권을 행사했다면 유엔군 참전 16개국, 의료지원 5개국, 물자지원 39개국, 전후복구 7개국, 모두 67개국의 지원은 불가능했을 것이다. 세계전쟁역사에 한 국가를 위해 67개국이 참전한 역사는 기네스북에 기록될 만큼 유례를 찾아볼 수 없는 세계기록이다.

소련은 왜 유엔 상임 이사국 회의에 불참하여 거부권을 행사하지 않았나?

2005년 러시아의 사회정치사 국립문서보관소에 보관되어 있던 스탈린의 극비편지가 공개됐다. 이 편지는 유엔 안보리 회의가 열린 지 두 달 후인 1950년 8월 27일 스탈린이 프라하 주재 소련 대사에게 보낸 편지로써 '체코슬로바키아 고트발트에게 아래 메시지를 구두로 전달할 것. 요구한다면 필사하여 줄 것'이란 발문이 달려 있는 편지였다.

스탈린의 이 극비 편지는 미군과 유엔군을 남한에 끌어들이기 위해 소련이 의도적으로 유엔 안보리에 참석하지 않았으며, 미군이 한국전에 발이 묶여 유럽에 신

> 경을 쓸 여유가 없도록 전쟁을 오래 끌어야 하며, 중공 군대가 한국전에 개입하여 미군과 싸우도록 해야 한다는 점을 밝히고 있다.
>
> 이러한 스탈린의 계략은 분명 착각이요 「역사적인 큰 실수」를 범한 것이다. 왜냐하면, 미국은 이미 유럽과 아시아 등 2개 지역에서 동시에 전쟁을 수행할 수 있는 능력과 전략을 갖고 있었기 때문이다. 따라서 소련이 거부권을 행사하지 않음으로써 미국과 유엔의 참전이 가능했고, 이길 수 있는 전쟁에서 패했으며, 소련은 침략자라는 지적을 피할 수 없게 되었다.

셋째는, 북한 공산군이 서울을 점령한 후, 약 1주일간을 서울에서 지체했다는 것이다. 그 이유는 무엇인가? 그때 김일성은 박헌영의 "인민군이 남으로 침공하여 서울을 점령하기만 하면 남한 내 각처에서 북에 동조하는 인민들의 대대적 봉기가 일어난다. 그러면 우리가 싸우지 않아도 남반부는 스스로 무너진다."라는 말을 믿고, 서울에서 1주일을 기다렸다는 것이다. 그 1주일의 시간이 결국 미군 및 유엔 연합군이 한반도에 진입하는 시간을 만들어 준 것이다.

한편 6.25전쟁이라는 국가적인 최대위기에서 대한민국이 망하지 않고 살아남을 수 있었던 것은 북한 공산군에 맞서 피 흘리며 싸운 국군과 UN군의 수많은 희생이 있었기 때문이다. 특히 미군은 한국을 위해 가장 많은 희생을 치렀다. 미군은 1950년 7월 1일 스미스 대대 장병 540명이 부산에 상륙한 이래 3년 1개월 동안 178만 명이 참전했다. 인천상륙작전, 낙동강 방어 전투, 장진호 전투 등 수많은 전투를 치르면서 전사 5

만 4246명, 실종 8177명, 포로 7140명, 부상자 10만3284명 등 17만2847명이 희생했다. 세계 최강국 국민이 약자를 위해 바친 희생은 값지고 숭고했다. 특히 우리에게 감동을 주는 것은 미국 대통령을 비롯해 장관·장군 등 최고위층 아들 142명이 참전해 그중 35명이 전사했다는 사실이다. 아이젠하워 대통령의 아들 존 아이젠하워 육군 중위는 1952년 미 3사단 중대장으로 참전했고, 워커 8군 사령관의 아들 샘 워커 중위는 미 24사단 중대장으로 참전해 부자가 모두 한국전 참전 가족이 됐다. 워커 장군은 도봉동에서 불의의 교통사고로 순직했다.

밴 플리트 장군은 한국전에서 사단장, 군단장, 8군 사령관까지 오른 인물이다. 그의 아들 지니 밴 플리트 2세도 B-52 폭격기 조종사로 한국전쟁에 참전, 1952년 4월 4일 새벽 평남 순천 지역에 야간출격을 나갔다가 전사했다. 미 해병 1항공단장 필드 해리스 장군의 아들 윌리엄 해리스 소령은 중공군의 2차 공세 때 장진호 전투에서 전사했다. 미 중앙정보국 앨런 덜레스 국장의 아들 앨런 메시 덜레스 2세도 해병중위로 참전해 머리에 총상을 입고 상이용사로 살고 있다. 또 유엔군 사령관 클라크(1896~1984년) 대장의 아들도 참전했다가 부상당했다.

하버드대학은 교내 예배당 벽에 한국전쟁에 참전했다가 전사한 20명의 이름을 동판에 새겨 추모하고 있다. 월터리드 미 육군병원에는 6.25전쟁에 참전했다가 중상을 입은 용사 수십 명이 아직도 침상에 누워 있다. 한편, 한국전쟁에서 미국은 천문학적인 비용을 지출했다. 2009년 미국의 국방정보센터(CDI)는 미 의회조사국 등의 자료를 바탕으로 6.25전쟁 당시 미국이 부담한 전쟁비용을 총 670억 달러로 산출했다. 이를 현재 가치로 환산하면 6910억 달러(약 767조 원)에 달한다. 그들은 이렇게 천문학적 비용을 지불하면서 한국을 도왔다.

미국은 한국을 지키기 위해 전쟁에 필요한 무기, 장비, 탄약 등 물자만 지원한 것이 아니라 한국 국민 전체를 먹여 살리면서 싸웠고 고귀한 생명까지 바쳤다. 한마디로 미국이 도와주지 않았으면 한국은 그때 없어졌을 것이고, 또 살아남았다고 해도 아프리카처럼 세계 최빈국으로 전락할 수밖에 없었을 것이다. 대한민국이 오늘날 경제적 풍요와 함께 자유를 누리며 살게 된 배경에는 미국이 있었음을 잊어서는 안 된다.

1. 6.25전쟁의 성격

대부분의 사람들은 6.25전쟁을 북한이 소련과 중국의 지원을 받아 남침한 전쟁이며 국군과 유엔군은 불법 남침한 북한군과 이를 지원한 중공군을 물리친 전쟁으로만 알고 있다. 하지만 여기에는 6.25전쟁의 핵심적인 주체 하나를 간과하고 있다. 그것은 바로 남한 내 좌익세력이다. 6.25전쟁은 북한군이 남한 좌익세력과 합세한 전쟁이었다. 남한 내 좌익이 존재하지 않았으면 전쟁은 일어나지도 않았을뿐더러 설령 전쟁이 일어났다 하더라도 그런 참혹한 전쟁이 되지는 않았을 것이다.

1950년 6월 25일 북한 인민군이 전면적 남침을 시작한 다음 날인 6월 26일 김일성은 방송 연설을 통해 남한의 공산주의 세력과 빨치산에게 『후방을 철옹성같이 다져야 한다. 도피분자, 요언(妖言) 전파 분자와 무자비하게 투쟁하며 밀정 및 파괴분자를 적발, 가차 없이 숙청하고 반역자는 무자비하게 처단해야 한다』는 지령을 하달하였다.

6월 28일 인민군이 서울을 점령하면서부터 북한은 남한지역에서 북한식 통치체제를 구축하였다. 전국적인 당 조직을 만들고, 행정조직망인 인민위원회도 만들었다. 경찰조직인 내무서 조직도 만들고, 북한체제의 통치를 옹호해 줄 각종 사회단체(민주청년동맹, 여성동맹, 직업동맹, 농민동맹)도 만들었다. 북한은 이러한 조직 안에 남한 내 좌익들을 끌어들이고, 이들을 통해 경찰가족, 군인가족 등 우익세력 색출, 처형 등을 하게 하였다.

좌익들은 북한이 주는 완장을 차고 동네마다 가가호호 가택수색을 하여 공무원, 군, 경찰, 학자 등 소위 인텔리 계층을 체포해 인민재판에 회부하여 처형하였다. 6.25전쟁 당시 12만 명에 달하는 남한 내 민간인 학살은 인민군에 의해 이루어진 경우도 있지만, 상당수는 남한 내 좌익들에 의해 이루어진 것이었다. 서울을 점령한 인민군의 경우 미처 피난을 가지 못한 경찰이나 군인 그리고 이들의 가족들을 체포해 그 자리에서 인민재판에 회부했으며, 체포를 거부할 시에는 즉결처형을 했다. 인민군은 공무원, 군, 경찰, 학자 등 인텔리 계층을 최우선 대상으로 학살했다. 그 대상에는 부녀자와 어린이들까지 대거 포함되었고, 반동분자로 낙인찍히면 가족은 말할 것도 없고 먼 친척까지 몰살당했다.

하지만 이와 같은 양민학살은 시작에 불과했다. 그 이후부터는 집단적 대량 학살이 본격적으로 자행되었다. 인민군 남침 초반의 계획적, 조직적, 선별적 학살은 9월 15일 인천 상륙작전 성공 이후 국군과 유엔군의 진격으로 전세가 불리해지자 인민군과 좌익들은 불안과 공포, 그리고 보복을 막기 위한 무차별적 학살로 전환되었고, 광란적 대학살이 자행된 것이다.

인민군이 남한을 점령한 초기 3개월(1950년 6월 말~9월 말)의 기간보다 국군과 유엔군의 반격으로 9.28 서울 수복이 이루어지고 인민군이 남한 지역에서 퇴각할 때 더 많은 학살이 일어났다. 점령 초기 선별적으로 있었던 학살에 반하여 퇴각하면서 저지른 무차별적 대규모 학살은 규모와 방법에 있어서 잔인함의 극치이자 '민족 대학살' 그 자체였다.

9.28 서울수복 이후 전세가 역전되면서 인민군과 좌익들은 후퇴하는 과정에서 그동안 체포, 수감하고 있던 우익들을 대전교도소, 전주교도소 등에서 집단 처형하기도 하고, 많은 인사들을 북으로 끌고 갔다. 또한, 좌익들은 마을마다 국군과 유엔군이 왔을 때 자신들에게 보복할 가능성이 있는 세력들을 아예 뿌리 뽑기 위해 경찰, 군인, 우익인사들의 가족은 물론 일가친척까지도 죽여 아예 씨를 말리는 만행을 저질렀다.

전체 학살 피해자 중 많게는 83%가 호남에서 발생하였는데, 호남지역에서 이렇게 많은 피해자가 나타난 것은 당시 다른 지역과 달리 호남지역에 있던 공산주의자들은 후퇴로가 차단되어 주변의 산으로 들어가 빨치산 활동을 하면서 심리적 공포감으로 인해 대규모 무차별적 학살을 자행했기 때문이다. 빨치산의 본거지가 있던 영암, 영광지역 피해자만 28,400명이고 전라도 지역 피해자는 전체 피해자의 65%에 해당하는 79,708명이 참혹한 학살을 당했다.

총 4권으로 간행된 '6.25 사변 피살자 명부'(공보처 통계국. 작성일 1952년 3월 31일)에는 59,964명의 피살자 명단이 실려 있다. 이 명부에는 59,964명의 피살자 가운데 전남 지역에서 피살된 사람이 43,511명으로 전체의 72.6%를 차지하고 있다. 여성 피살자 15,956명 가운데 13,946명이 전남 지역에서 피살됐다. 피살자가 집중된 전남 지역에서도 특히 영광군의 피해가 가장 컸다. 전남 지역 피살자 43,511명 중 절반에 가까운 21,225명이 영광군에서 피살됐다. 그중 12%에 해당하는 2,500여 명이 10세 이하의 어린이였다. 가족들이 집단적으로 학살되었음을 의미한다. 전남 영광군 백수면에 살았던 장맹룡씨는 6.25전쟁 당시 좌익들에 의해 6촌 이내 친척 300여 명이 떼죽음을 당했다고 증언했다.

2. 6.25전쟁 관련 이승만을 둘러싼 의혹과 진실

1) 한강교 폭파 명령은 과연 이승만 대통령이 지시하였나?

북한군이 침공한 지 3일째 되는 1950년 6월 28일 새벽 2시 30분, 폭우가 쏟아지는 가운데 한강의 인도교와 철교가 폭파되었다. 북한군의 한강 이남으로의 공격을 막으려면 한강교 폭파는 불가피하였다. 당시 한강에는 한강인도교, 한강철교, 광진교 등 모두 다섯 개의 다리가 있었다. 그 중 폭파 대상이었던 한강의 다리는 한강인도교와 세 개의 한강철교였다.

한강교 폭파계획은 6월 27일 오전 11시 국방장관 신성모, 육군 총참모장 채병덕, 국방차관 장경근, 육군참모부장 김백일 등이 참석한 육군본부회의에서 육군본부 시흥철수와 정부 철수 직후인 오후 2시에 한강다리를 폭파하기로 합의했다. 그 후 폭파일정은 여러 차례에 걸쳐 연기되었다. 한강교 폭파계획과정에서 이승만 대통령의 개입은 전혀 없었다. 국방부 "한국전쟁사1"은 1950년 6월 28일 새벽 2시 채병덕 총참모장이 공병감 최창식 대령에게 "지금 적 전차가 시내에 들어와 돈암동을 지나서 동소문 쪽으로 향하고 있다. 이미 배치한 전차공격조는 그대로 두고 즉시 한강으로 가서 한강다리를 폭파하라."고 명령했다는 사실을 기록하고 있다.

6월 28일 새벽 2시 20분 한강교 폭파명령을 받은 공병감 최창식 대령은 엄홍섭 중령에게 '즉시 한강다리를 폭파하라'라고 명령했다. 엄 중령은 다시 이 명령을 각 다리의 폭파 책임 장교 세 명에게 전달했다. 황원희 중위는 가장 상류에 위치한 한강인도교의 도화선에, 임홍순 중위는 두 개의 경인선단선철교 도화선에, 이창복 중위는 경부복선철교 도화선에 불을 붙였다. 먼저 한강철교 3개 지점에서 엄청난 폭발음이 있은 지 10분 후에 한강인도교 북쪽 두 번째 아치가 폭파되었다.

당시를 목격한 미 군사고문단은 50여 대의 차량이 파괴되고, 500명에서 800명이 희생되었을 것으로 추정했다. 하지만 그의 추정은 사실과는 전혀 달랐던 것으로 밝혀졌다. 한강인도교 폭파로 인한 희생자들 대부분이 민간인이 아니었다는 사실은 고든 리트먼의 "인천 1950"에 수록된 사진에서 확인된다. 리트먼은 전쟁 발발 직후 부유잔교로 한강을 건너려는 피난민들의 사진을 소개하면서 "남한의 군 당국이 피난민으로 위장한 파괴공작원의 활동을 우려해 피난민의 한강다리 사용을 금지하자, 통나무와 널빤지 등으로 다리의 교각을 따라 부유잔교를 만들었다. 이 부유잔교는 6월 28일에 파괴되었다"라고 설명하였다.

한강인도교 폭파로 인한 희생자 대부분이 경찰이었음을 입증하는 자료는 "한국전쟁사 1"로써 "종로경찰서는 28일 2시 30분에 트럭 여덟 대에 병력을 분승시켜 한강인도교를 건너던 중 네 대는 무사히 도교했으나 5번 차량부터는 교량과 함께 폭파되었으니 이로 말미암아 이상훈 경위 외 76명이 순직했으며"라고 적고 있다. 실제로 한강다리 폭파로 희생된 사람들 중에서 지금까지 신원이 확인된 경우는 경찰 77명 외에는 없다. 폭파당시 피난민이 사망했을 가능성은 있지만, 적어도 한강다리 위에서는 아니다. 왜냐하면 당시 피난민의 한강인도교 출입이 통제되었기 때문이다. 당시 피난민들이 한강인도교나 한강철교를 건널 수 없었다는 사실을 증명하는 사진이 한 장 있는데 '사진대장'으로 불렸던 임인식이 촬영한 것이다. 임인식이 촬영한 당시 사진은 한강 북쪽 강변에서 촬영한 것으로 경인철교 상행선과 하행선 사이에 임시로 만든 부교를 건너는 피난민들의 모습을 담고 있다. 종합하면 이승만 대통령이 한강교 폭파를 지시했다는 주장과 한강교 폭파로 인해 민간인 800여명이 사망했다는 것은 전혀 근거가 없는 허구에 불과한 것이다.

2) 6.25전쟁 발발 후 이승만은 과연 서울을 버리고 도망을 갔나?
이 부분에 대해 정확히 알려면 6.25전쟁 발발 초기 이승만 대통령의 행적을 자세히 추적해야 한다. 프란체스카 여사가 쓴 "6.25와 이승만"에 보면 6월 25일의 아침을 이렇게 기록하고 있다.

"나는 이날 오전 9시에 어금니 치료를 받으러 치과로 갔고, 대통령은 아침 식사를 끝내자 9시 30분쯤 경회루로 낚시하러 나갔다. 10시쯤 신성모 국방부 장관(국무총리 서리 겸임)이 허겁지겁 경무대로 들어와 '각하께 보고드릴 긴급사항이 있습니다'라고 했다. 두 분이 집무실에 마주 앉은

게 오전 10시 30분, 이 자리에서 신 장관은 개성이 오전 9시에, 그러니까 내가 치과로 떠나던 그 시간에 이미 함락되었고 탱크를 앞세운 공산당은 춘천 근교에 도착했다고 보고했다."

이승만이 경무대 경찰서장 김장흥 총경으로부터 북한의 남침상황을 보고받은 것은 낚시하던 중인 오전 9시 30분~10시경이었다. 이 대통령의 비서 황규면은 연락을 받고 급히 경무대에 들어간 것이 9시 30분이었다고 회고한다. 그가 도착했을 때 이승만은 화가 잔뜩 난 얼굴로 일본 동경의 연합군 최고사령부(SCAP)와 통화하고 있었고 곁에서는 신성모 국방장관이 어쩔 줄 몰라 하며 서 있었다. 당시 이승만에게는 군, 경찰, 미 대사관 등에서 보고서가 올라와 있었지만 서로 차이가 많아 어떤 것이 정확한 정보인지를 제대로 가리지 못하는 상태였다.

이승만은 황규면에게 11시까지 긴급 국무회의를 소집토록 지시했다. 이날 오전 10시부터는 북한군 전투기가 김포와 여의도의 공군기지에 출현했고, 정오경에는 북한 전투기 4대가 서울 상공에 출현하여 서울 용산역과 통신소 등 시내 주요 시설에 기총소사와 함께 폭탄을 투하하였다.

예정 시간이 지난 11시 30분에야 국무회의는 정족수 미달로 인해 간담회 형태로 열릴 수 있었다. 최순주 재무장관과 김훈 상공장관 등은 지방 출장 중이어서 차관들이 대신 참석했다. 대통령은 회의 서두부터 신성모 국방장관을 가리키며 "신 총리! 도대체 어떻게 된 것인지 상황부터 설명해봐. 정확한 것만 말할게, 정확한 것만"이라고 말했다. 전쟁 전부터 국군은 모든 준비가 돼 있으며 명령만 내리면 "점심은 평양에서 먹고 저녁은 신의주에서 먹는다."라며 허위 보고를 해온 신성모에 대한 불신감이 단적으로 담긴 표현이었다. 이에 신성모가 "옛! 각하. 조금도 걱정하실 것이 없습니다"라고 하자 이승만은 "허, 이런 답답한 사람을 봤나. 걱정하고 안 하고가 문제가 아닐세. 정확한 상황을 얘기하라는 것 아닌가?"라고 면박을 주면서 "신 국방은 앉게. 각 군 책임자들이 직접 말하는 게 좋겠어"라고 말했다. 그러나 별다른 대책이 없이 적의 공습에 대비해 "야간 등화관제를 철저히 실시하자"라는 결론만을 내리고 긴급 각료 회의는 어이없이 끝나고 말았다.

이때까지만 해도 이승만은 대규모 전면전쟁으로 생각하지 않고 전쟁이 흔히 있어 오던 터라 국지적인 무력 충돌이 다소 크게 일어난 것으로 보았다. 간담회에서 채병덕 총참모장도 "적의 전면 남침이라기보다는 남파 간첩 이주하, 김삼룡을 내놓으라는 움직임 같다."라고 보고했다. 경무대 비서였던 민복기는 당시 간담회에서 이승만의 심정과 관련해 "대통령의 표정은 심각했지만 당황하는 것같이 보이지는 않았습니다." 라고 증언한 바 있다.

이승만은 이날 밤을 앉은 채로 꼬박 새웠다. 26일 전황은 시시각각으로 불리해지고 있었다. 신성모는 계속 걱정할 것 없다고 보고했지만 다른 기관의 보고들은 비관적 상황임을 전하고 있었다. 이날 밤에는 소련제 야크기가 서울 상공을 돌면서 중앙청 근처에 기관총 공격을 퍼붓기까지 했다. 이승만은 미국에 지원을 요청했지만 이렇다 할 답변을 듣지 못한 상태였다.

27일 새벽 1시경 조병옥과 이기붕 서울시장이 경무대로 뛰어들어와 "각하! 사태가 여간 급박하지 않습니다. 빨리 피하셔야겠습니다."라며 피신을 권유했다. 이승만은 이 말을 듣고 "나보고 서울을 버리고 떠나란 말인가? 안 돼! 서울을 사수(死守)해야 해! 서울 시민은 어떻게 하란 말인가? 나는 떠날 수 없어!" 대통령은 그 이상 아무 말도 없이 문을 쾅 닫으면서 방으로 들어갔다. 신 장관은 침통한 표정으로 한참을 멍하니 서 있었다. 프란체스카 여사는 대통령을 뒤따라 들어가서 침착하게 그리고 간절하게 부탁했다. "지금 같은 형편에는 국가원수에게 불행한 일이 생기면 더 큰 혼란이 일어날 것이라고 염려들 합니다. 그렇게 되면 대한민국의 존속이 어렵게 된답니다. 일단 수원까지 내려갔다가 곧 올라오는 게 좋겠습니다." 프란체스카의 말이 떨어지기도 전에 대통령은 "뭐야! 누가 마미한테 그런 소릴 하던가? 캡틴 신이야, 아니면 치프 조야? 아니면 장인가 또는 만송(晩松·이기붕의 호)인가? 나는 안 떠나!"하고 고함을 질렀다. (이승만 대통령은 프란체스카에게 신 장관을 캡틴 신, 조병옥 박사나 장택상(張擇相) 씨는 경찰국장을 지냈다고 해서 치프(chief) 조 또는 장이라고 불렀다.) 프란체스카 여사는 다시 "모두가 같은 의견입니다. 저는 대통령의 뜻을 따르겠습니다."라고 했다. 이때 경찰간부 한 사람이 들어 와서 적의 탱크가 청량리까지 들이닥쳤다는 메모를 전했다. 그 메모는 대통령의 남하를 독촉하려는 꾀였었다. 프란체스카 여사는 "수원은 서울에서 별로 멀지 않아요"라고 넌지시 거들었다. 신 장관이 때를 놓치지 않고 "각하가 수원까지만 내려가 주시면 작전하기가 훨씬 쉽겠습니다."라면서 머리를 숙였다.

한 시간 이상을 설득한 끝에 이승만이 전용 승용차에 오른 것은 새벽 3시 반경이다. 수행원은 비서 황규면, 경무대 경찰서장 김장흥, 경호 경찰관 네 명 등 모두 여섯 명이었다. 열차는 새벽 4시 서울역을 출발했다. 수원을 지나며 잠깐 졸던 이승만은 갑자기 황규면을 불렀다. "이봐, 황 비서. 내가 아무래도 잘못을 저지르는 것 같아." "무슨 말씀이신지…" "아니야, 내가 잘못 판단했어. 서울을 떠나선 안 되는데…" (차창에 비치는 시골의 한가로운 풍경을 보며) "저게 좀 보게. 얼마나 어질고 순박한 국민들이야? 내가 저들을 버리고 떠나다니…" 심상치 않은 분위기를 눈치챈 프란체스카가 황규면에서 자리를 피하라고 눈짓했다. 그래서 황규면이 이승만의 말을 못 들은 척하고 돌아서려는데 이승만이 버럭 소리를 질렀다. "이봐! 황 비서. 지금 여기가 어디야." "예, 대전역을 지나 대구로 달리고 있습니다." "대구라고? 안 되겠어. 차를 세우게." "예?" "기차를 당장 세우라니까!" 이승만은 막무가내였다. 그래서 측근들은 "일단 대구에 들러 서울 소식을 알아본 뒤 기차를 돌려도 늦지는 않습니다."라며 만류했다. 이승만은 일단 "그래? 그것이 좋겠구먼. 대구에 들렀다가 돌리기로 하지."하고 한 걸음 물러섰다.

서울을 떠난 지 다섯 시간이 지나 대구역에 도착하자마자, 경북지사 조재천으로부터 "제가 알아본 전황은 아직 괜찮다고 합니다. 서울 북쪽 방어선에서 아군이 적을 막고 있는 것 같습니다"라는 말을 듣자 이승만은 "그렇겠지. 조 지사! 기관차를 다시 돌려 올라갈 수 있도록 해주게"라고 말했다. 역사(驛舍)에서 잠시 쉬었다가 가라는 조재천의 권유도 뿌리친 채 이승만 일행을 태우고 온 기차는 20여 분 만에 다시 북상했다.

대전역에서도 대구역에서와 같은 실랑이가 이승만과 측근들 사이에 벌어졌다. 이승만은 "조금이라도 서울 가까운 곳에 가야 한다"라고 우겼고 측근들은 위험하다며 만류했다. 결국, 대전으로 달려온 측근 인사 윤치영이 "전투는 군인이 하는 것이고 일국의 대통령은 다소 안전한 후방에서 지휘를 해야 한다"라고 설득해 이승만이 고집을 꺾었다. 그리고 그날 밤은 충남지사 관저에서 하룻밤을 묵기로 했다. 그날 저녁 7시 무쵸 주한 미국 대사가 찾아와서 미 공군 소속 항공기 300여 대가 참전하기로 했다는 소식을 전했다. 이에 들뜬 이승만은 대전에서 서울중앙방송국에 전화를 걸어 국민들을 안심시키는 대국민 방송을 녹음하였다. 방송이 나간 시간은 밤 10시였다. 이 대 국민 방송과 더불어 4시간 15분 후에 찾아온 한강교 폭파는 서로 상승 작용을 하여 한강을 건너지 못한 국군 44,000여 명이 죽거나 포로가 되었고 서울시민 150만 명이 피난을 못가는 바람에 인민군 치하에서 엄청난 고통을 겪어야 했다.

종합하면 이승만 대통령이 6.25전쟁 발발 초기에 서울을 버리고 도망간 것은 분명 그가 의도했던 바는 아니었다. 오히려 이승만 대통령은 서울을 떠날 생각이 없었다. 그리고 서울을 탈출한 이후 대구나 대전에서도 다시 서울로 올라오기 위해 참모진들과 계속 실랑이를 벌였다. 하지만 이승만이 서울을 비밀리에 탈출한 것이나 또 국민을 안심시키기 위해 내보낸 대 국민 방송은 대통령의 의도와는 전혀 상관없이 엄청난 오해와 비난을 사는 행동이 되었다. 이처럼 전쟁 초기 이승만은 본인의 잘못이건 참모진의 미숙이건 간에 잇달아 판단 착오를 범하였다. 그것은 신생국 대한민국이 불가피하게 겪어야만 했던 시행착오 중 하나였는지도 모른다.

3) 국군 최고통수권자로서 이승만은 무능한 대통령이었나?

이승만과 함께 6.25전쟁을 지휘했던 한국과 미국의 장군들은 이승만을 훌륭한 영도자 및 반공 지도자로 평가하는데 주저하지 않는다. 6.25전쟁을 전후하여 육군참모총장을 두 차례나 역임했던 백선엽 장군은 "전쟁의 위기를 이승만이 아닌 어떠한 영도자 아래서 맞이했다고 해도 그보다 더 좋은 결과를 얻지 못했을 것이다."라고 회고했다. 또 유엔군사령관을 지낸 클라크 장군은 전쟁이 끝난 후 미국의 한 텔레비전 방송에서 "나는 지금도 한국의 애국자 이승만을 세계에서 가장 위대한 반공지도자로 존경하고 있다."고 증언하면서 이승만을 위대한 사람(great man)이라고 평가했다.

6.25전쟁 동안 미8군사령관으로서 오랫동안 지내며 이승만을 가까이서 보좌했던 밴 플리트 장군도 이승만을 "위대한 한국의 애국자, 강력한 지도자, 강철 같은 사나이이자 카리스마적인 성격의 소유자"로 흠모하면서, "자기 체중만큼의 다이아몬드에 해당하는 가치를 지닌 인물"이라고 칭송했다. 밴 플리트 장군의 후임인 미8군사령관 테일러 장군도 "한국의 이승만 같은 지도자가 베트남에도 있었다면, 베트남은 공산군에게 패망하지 않았을 것"이라고 말하면서 그의 반공 지도자로서 영도력에 찬사를 아끼지 않았다.[36]

6.25전쟁 발발 당시 비록 국군이 반공사상으로 철저히 무장됐다고는 하나, 북한의 전면적 기습공격과 국군의 전력이 북한군의 절반도 되지 않는 현격한 차이를 고려할 때 전쟁의 승패는 북한의 승리가 확실했다. 그

---

36 남정옥. 2007. 「6.25전쟁과 이승만 대통령의 전쟁지도(戰爭指導)」

렇기 때문에 열악한 안보 상황에서 한반도의 공산화를 막고 미국과 군사동맹을 체결하고 한국군을 70만 대군으로 성장케 한 전쟁 지도자로서 이승만의 전쟁 지도력을 높이 평가하지 않을 수 없다. 6.25전쟁 당시 전쟁 지도자로서 이승만 대통령은 다음 세 가지 역할을 하였다.

첫째, 전쟁 발발 후 이승만은 국가원수 및 전쟁지도자로서 탁월한 전략적 선택을 했고 이것은 주효(奏效)했다. 개전 초기 전황조차 제대로 보고되지 않은 상황에서 이승만은 미국과 유엔을 끌어들이기 위한 외교적 노력에 최우선을 두고 행동했다. 즉, 이승만은 무쵸 미국대사와 긴밀한 접촉을 유지하는 가운데 워싱턴의 한국대사에게 미국의 지원을 위한 지시를 했고, 극동군 사령관과 주한미국대사에게 한국군에게 필요한 무기와 탄약을 요청함으로써 국군에게 부족한 탄약과 무기를 지원받을 수 있었다. 전시외교에 최선을 다했던 이승만의 노력은 유엔의 결의와 미국의 참전으로 결실을 맺게 되었고, 이에 따라 북한은 미국이라는 새로운 강적을 맞아 새로운 전쟁을 치르게 되었다.

둘째, 전쟁 수행과정에서 이승만은 한반도 통일과 북진통일이라는 전쟁 목적과 목표를 확고히 추진했다. 이로 인해 한국의 국권을 수호했을 뿐만 아니라 전후 미국으로부터 한미동맹과 한국군 전력증강이라는 기대 이상의 성과를 얻어냈다. 전적으로 지원받는 입장에도 불구하고 이승만은 확고한 전쟁목표 아래 국군의 통수권자로서 의연하게 대처했고, 도움을 주고 있는 미국에게 오히려 큰소리를 치면서 전쟁의 주도권을 행사했다. 이는 그에게 뛰어난 지도력과 미국 최고 명문대학을 졸업한 학문적 배경, 그리고 정세를 읽고 판단하는 통찰력이 있었기 때문에 가능한 것이었다. 전쟁지도자인 이승만에게 그러한 뚜렷한 국가적 목표가 없었다면 한국도 베트남처럼 공산화되었을 것이다.

셋째, 전쟁 수행 중 이승만은 유엔군의 원활한 지휘를 위해 국군의 작전지휘권을 유엔군 사령관에게 위임하면서도, 38선 이북으로의 북진 명령, 반공포로석방 등 그때그때의 전황에 따라 전쟁지도를 융통성 있게 실시했다. 이렇듯 이승만은 열악한 안보 환경 하에서 국가원수이자 행정 수반으로서 그리고 군 최고통수권자로서 전쟁을 훌륭하게 지도하며 수행해 냈다. 그는 개전 초기 어려운 상황에서 미군의 신속한 개입을 재촉하기 위해 노력했고, 미군 참전 이후에는 작전통제권을 위임하여 미국의 책임 하에 전쟁이 전개되도록 만든 후 그는 오로지 민족의 숙원인 북진통일을 이루기 위해 노력했다. 그러나 중공군 개입으로 미국의 한반도 정책이 정전협정 정책으로 바뀌자, 제2의 6.25전쟁을 방지하기 위해 미국으로부터 한미상호방위조약과 한국군 전력 증강 등 전쟁억지력 확보에 혼신의 노력을 다했다.

그리고 이 모든 과정에서 이승만은 약소한 국가의 지도자로서 전쟁의 위기를 타개하기 위해 끊임없이 기도하였다. 프란체스카 여사에 의하면, 그는 전쟁의 위기 속에서 한밤중에 침대에 엎드려, "하나님, 이 미련한 늙은이에게 보다 큰 능력을 허락하시어 고통받는 내 민족을 올바로 이끌 수 있는 힘을 주소서!" 하며 기도했다고 한다.[37] 그렇게 노심초사하며 살려낸 것이 오늘날의 대한민국임을 우리는 잊지 말아야 한다.

---

37 프란체스카 도너 리. 2012. 「6.25와 이승만」. 서울:기파랑. p.193

3. 6.25전쟁 중의 주요 전투 및 사건

6.25전쟁 중에는 절체절명의 대한민국을 구한 수많은 전투가 있었다. 그 중 몇 가지를 소개하고자 한다.

1) 대한해협 해전

대한민국 해군은 1945년 11월 11일 창설됐지만 전투함은 1척도 없었고 경비함정과 어업지도선(목선)뿐이었다. 초대 해군참모총장 손원일(孫元一) 제독은 전투함을 구하기 위해 모금 활동을 전개했다. 해군 장교들 봉급에서 매월 5~10%씩 떼어 기금을 적립하고, 병사들은 폐품을 모아 팔았으며, 가족들은 재봉틀 50대를 지원받아 삯바느질을 해 기금 조성에 보탰다. 4개월 만에 1만5000달러를 모았다. 거기에 정부에서 지원받은 4만5000달러를 더한 총 6만 달러를 가지고 손 제독은 미국으로 향했다. 손 제독은 미국 해양대학교에서 퇴역한 초계정 '화이트헤드 소위'호를 구매해 두 달간 정비를 한 후 1949년 12월 26일 뉴욕에서 명명식을 하고 '백두산함'이라는 이름을 붙였다. 이 배가 하와이를 거쳐 한국에 들어온 때는 1950년 4월 10일이었다. 이것이 대한민국 해군 최초의 전투함이었다.

1950년 6월 25일 새벽 3시 30분, 북한 무장특수부대 600여 명을 태운 1000톤급 무장수송선이 38선을 넘어 부산으로 항해를 하고 있었다. 이들의 목적은 부산에 침투하여 적 후방을 교란하는 것이었다. 적함이 발견되면서 당시 국내 유일의 전투함인 백두산함에게 긴급출동명령이 떨어졌다. 출동명령을 받은 백두산함은 부산 앞바다에서 1950년 6월 25일, 저녁 8시 12분에 괴선박을 발견, 자정이 되도록 교신을 시도하였으나 아무런 답변이 없자 적함으로 확신한 최용남 중령은 승조원 60여 명의 장병들을 향해 "김일성 공산당은 우리의 적이다. 일단 전투에 들어가면 이제 다시 만나지 못할 수도 있다. 전원 죽기를 각오하고 싸우자"라는 말을 하고 6월 26일 새벽 12시 30분에 적함을 향해 공격명령을 내렸다.

12시 30분부터 적함과의 치열한 교전이 오갔다. 새벽 1시 10분이 되었을 때, 적함이 침몰하기 시작하더니 새벽 1시 38분이 되었을 때 북한군 600여 명의 특수부대원을 태운 무장수송선은 부산 앞바다에 완전히 침몰하였다. 이것이 바로 6.25전쟁 최초의 승전인 대한해협 해전이다. 이 빛나는 승전의 과정에는 전병익 중사와 김창학 하사의 고귀한 희생이 있었다. 전병익 중사는 적탄에 의한 흉부 관통으로, 김창학 하사는 파편상으로 내장이 밖으로 흘러나오는 중상을 입고 전사하였다. 전병익 중사와 김창학 하사는 숨이 끊어지는 마지막 순간에 "적함은 어찌 되었습니까?"라고 외쳤다. 그리고 적함이 침몰되었다는 소식을 듣자 둘 다 '대한민국…'이라는 말을 남기고 운명하였다.

2) 춘천전투

6.25전쟁이 발발할 때 당초 북한군의 계획은 북한군 1군단을 개성, 문산과 동두천, 포천 방면에 투입해 38 도선을 돌파한 후 서울을 점령하고, 북한 2군단을 화천, 춘천 및 인제, 홍천 방면에 투입해 춘천과 홍천을 각각 점령한 후 서울 동남쪽과 수원 방향으로 진격해 들어가서 후퇴하는 국군을 포위 섬멸하는 것이 북한군 작전의 핵심이었다.

북한군 2군단 중 춘천 방면에 대한 공격은 제2사단이 맡고 있었다. 이청송 소장이 지휘하는 제2사단은 전쟁 발발 직전인 1950년 4월에 실시한 북한군 자체검열에서 최우수부대로 선정될 정도로 전투력을 인정받고 있는 사단이었다. 따라서 이들에게는 6.25남침에 있어서 가장 중요한 춘천점령의 임무가 주어졌다.

북한군 제2사단의 작전계획은 38선을 뚫고 모진교를 지나서 하루 만에 옥산포, 소양강, 춘천을 점령한 후 수원 이남으로 진격해 들어가는 것이었다. 이러한 남침계획대로 북한군은 전쟁발발 30분 만에 모진교를 점령하고 옥산포를 지나게 되었다. 그런데 옥산포에서 문제가 발생하였다. 바로 옥산포 전투가 벌어진 것이다. 이 옥산포 전투가 6.25전쟁의 양상을 완전히 바꾼 것이다. 그 당시 한국군 6사단 7연대는 옥산포를 지나고 있는 북한군을 향해 일제히 사격을 퍼부었다. 거침없이 내려오던 북한군은 뜻밖의 기습으로 큰 타격을 입고 하루 동안 옥산포를 넘지 못하게 되면서 하루 만에 춘천을 점령하려는 작전계획이 실패하게 되었다. 옥산포 전투에서 국군이 승리할 수 있었던 것은 당시 6사단 소속 7연대장이었던 임부택 중령이 전쟁을 예측하고 미리 한 달 전에 근처 우두산 8부 능선에다 참호를 설치하였기 때문이다.

그래서 전쟁이 발발하면서 북한군이 38선을 뚫고 내려올 때 국군은 우두산 참호에 들어가서 밀려오는 북한군을 상대로 큰 전과를 올릴 수 있었다. 비록 춘천이 적에게 점령되기는 했으나 국군 6사단이 적의 침략을 3일 동안 막아주었기 때문에 북한군의 '수도권 외곽 포위 작전'은 완전히 수포로 돌아가게 되었고 남한을 조기에 점령하려고 했던 북한군의 계획은 큰 차질을 빚게 되었다.

3) 8월 16일 구국기도회와 B-29 융단폭격

6.25전쟁 발발 후 대한민국은 40일 만에 낙동강 이남인 대구, 부산, 마산 등의 몇몇 지역을 제외한 남한의 전 지역이 북한 공산군에 의해 점령을 당했다. 포항-영천-대구-마산으로 이어진 동서 80㎞, 남북 160㎞의 '낙동강 방어선'이라 불리는 마지막 보루에서 국군과 유엔군은 처절한 항전을 계속했다. 이제 낙동강 방어선 중의 어느 한 곳이라도 뚫리게 되면 대한민국은 지구상에서 영원히 사라지게 되는 절체절명의 위기에 놓여 있었다.

낙동강 전선에서 전투가 치열하게 전개되던 1950년 8월 9일 임시수도 대구에서는 대통령이 주재하는 전시내각이 소집됐다. 그 전시내각에서는 비상시에 정부를 어디로 옮겨야 하는가 하는 문제가 논의됐다. 이 자리에서 이승만 대통령은 최악의 경우 정부는 제주도로 옮겨야 하겠지만 자신은 대구를 사수하겠다고 강한 어조로 말했다. 또한, 낙동강 전선이 최악의 위기에 빠진 8월 14일 적의 총공세에 의해 대구가 적의 공격권에 들어가자 무쵸대사는 정부를 제주도로 옮길 것을 건의했다. 무쵸가 한참 열을 올리며 얘기하고 있을 때 이승만은 허리에 차고 있던 모젤권총을 꺼내 들었다. 순간 무쵸 대사의 입이 굳어져 버렸고 얼굴색도 하얗게 질려버렸다. 옆에 있던 프란체스카 여사도 깜짝 놀랐다. 이승만은 권총을 아래위로 흔들면서 "이 총은 공산당이 내 앞까지 왔을 때 내 처를 쏘고 적을 죽이고 나머지 한알은 나를 쏠 것이오. 우리는 정부를 한반도 밖으로 옮길 생각은 없소. 모두 총궐기하여 싸울 것이오. 결코 도망가지 않겠소."라고 단호히 말했다. 무쵸는 더 이상 말을 못하고 혼비백산하

여 돌아갔다.[38]

1950년 8월 16일, 임시수도를 부산으로 옮긴 이승만 대통령은 풍전등화와 같았던 이 나라를 위해 당시 영남지역에 있는 목사님들을 긴급히 불러 모아 구국기도회를 가졌다. 당시 이승만 대통령은 목사님들께 이렇게 기도를 부탁했다. "지금 공산세력들이 당장이라도 낙동강 방어선을 뚫고 들어오기만 하면 대한민국이 공산화되는 것은 시간문제입니다. 그렇기 때문에 저 낙동강 방어선에 진을 치고 있는 공산세력들을 궤멸시키기 위해서는 저 오키나와에서 B-29 폭격기가 떠서 융단폭격을 해야 하는데 지금 계속되는 장마와 악천후의 날씨 때문에 폭격기가 뜨지를 못하고 있습니다. 그러니 하나님께서 좋은 날씨를 주시도록 기도해주십시오."

그렇게 해서 목사님들은 구국기도회를 통해 하나님께 좋은 날씨를 주시도록 간절히 기도했다. 기도가 끝나자 놀랍게도 낙동강 방어선 상공의 하늘은 구름 한 점 없는 쾌청한 날씨로 변했다. 그 결과 일본 오키나와에 있던 B-29 폭격기 99대가 이륙할 수 있게 되었고 8월 16일 오전 11시 58분부터 12시 24분까지 불과 26분 동안 북한군 4개 사단과 기갑부대가 대거 집결해 있었던 왜관 서북방 지역에 무려 960t의 폭탄을 퍼붓는 융단폭격을 감행하였다. 이 폭격으로 심리적인 큰 타격을 입은 공산군은 8월 16일 이후 하루 동안 움직이지 않았다. 융단폭격 다음 날인 8월 17일, 미 제8군사령부는 미 제25사단 예하 제27연대(연대장:마이켈리스 대령)를 다부동 전선에 급파하였다. 이로써 백선엽 1사단장은 미군과 협동작전을 하게 되는 최초의 사단장이 되었으며 미 27연대의 막강한 전차 화

---

38 프란체스카 도너 리. 2012. 「6.25와 이승만」. 서울:기파랑. p.98

력에 힘입어 적의 전차를 격파하는 데 성공하였다. 만일 당시 B-29 폭격기의 융단폭격이 없었다면 그리고 미 27연대의 증원이 없었다면 낙동강 교두보와 다부동 전선은 무너졌을 것이며 대한민국은 공산국가가 되었을 것이다.

절체절명의 낙동강 방어선 전투에서 대한민국을 구한 B-29 융단 폭격작전, 그 배경에는 1950년 8월 16일 이승만 대통령을 중심으로 모인 구국기도회가 있었다. 그 기도회가 풍전등화에 놓인 이 나라를 구해낸 것이다. 이 기도회가 오늘날 나라와 민족을 위한 구국기도회의 효시가 되었다.

4) 다부동 전투

낙동강 방어선 가운데 대구 북방 22km에 위치한 다부동은 대구 방어에 있어서 가장 중요한 전술적 요충지로써, 만일 다부동이 적의 수중에 들어가면 지형상 아군은 10km 남쪽으로의 철수가 불가피하고, 대구가 적 지상화포의 사정권 내에 들어가 전쟁의 승패를 좌우하게 되어 있었다. 따라서 북한군은 다부동 일대에 증강된 3개 사단을 투입, 약 21,500명의 병력과 T-34 전차 약 20대(후에 14대 증원) 및 각종 화기 약 670문으로 필사적인 공격을 해왔다. 이에 반해 이 지역 방어를 담당한 국군 제1사단은 보충받은 학도병 500여 명을 포함, 7,600여 명의 병력과 172문의 화포 등 열세한 전투력을 극복하면서 공산군의 이른바 8월 총공세를 저지하여 대구를 고수하는 데 크게 기여하였다.

다부동 전투 결과 아군은 3,409명이 전사하였고 공산군은 무려 12,000명이나 사살되었다. 이 다부동 전투 승리의 중심에는 제1사단장 백선엽 장군이 있었다. 1950년 8월 21일 다부동 전투 중에 백선엽 장군은 부하장병들을 향해 이런 말을 했다. "모두 앉아 내 말을 들어라. 그동안 잘 싸워주어 고맙다. 그러나 우리는 여기서 더 후퇴할 장소가 없다. 더 밀리면 곧 망국이다. 우리가 더 갈 곳은 바다밖에 없다. 대한 남아로서 다시 싸우자. 내가 선두에 서서 돌격하겠다. 내가 후퇴하면 너희들이 나를 쏴라."[39] 그리고 그는 실제로 치열한 전투현장의 맨 선두에 서서 다부동 전투의 승리를 이끌었다.

5) 영천 전투

낙동강 방어전에서 북한군이 대구를 점령하기 위해 계획했던 공격 루트에는 다부동 외에도 영천지역이 있었다. 9월 4일 북한군 제15사단은 영천 공격을 감행하여 9월 5일 오전에 결국 영천을 점령하였다. 대구 방어의 전략적 요충지인 영천을 공산군에게 빼앗기자 미8군 사령관 워커 장군은 정일권 육군참모총장에게 "영천을 탈환하지 못했을 경우 미8군은 일본으로 철수할 수밖에 없다. 한국군 2~3개 사단을 포함 약 10만 명의 요인을 괌이나 하와이로 철수할 것이니 준비해 주시오. 그리고 이 일은 극비로 해 주시오."라고 부탁하였다.[40]

정일권이 이 내용을 이승만에게 보고하자 대통령은 "워커 그 사람, 보기보다는 여간 겁쟁이가 아니구먼. 망명의 설움을 안고 하와이에서 외롭게 일본 제국주의와 싸웠던 나, 이승만에게 이제는 겨레를 이끌고 다시 그곳으로 망명하라는 것인가!"라며 격노했다. 그리고서 이승만은 "워커 장

39　백선엽. 2010. 「군과 나」. p.83. 서울:시대정신
40　이선교. 2013. 「6.25 한국전쟁, 국군은 왜 막지 못했을까!」. 서울:현대사포럼. p.334

군에게 말하시오. 나 대한민국의 대통령 이승만은 누가 가자고 해서 나의 조국을 등질 비겁자가 아니라고 말하시오. 나 이승만은 영천이 무너져 공산군이 여기 부산에 오면 내가 먼저 앞에 나서서 싸울 것이요. 그래서 내 침실 머리맡에는 언제나 권총이 준비돼 있다고 말하시오."라고 말했다. 이승만은 계속해서 "가려거든 떠나라고 하시오. 미군들은 왜 여기에 왔는가. 공산 침략군을 물리치고 정의와 자유를 위해 온 것 아닌가. 그런데도 전황이 위태롭다 해서 가고 싶다면 자기들끼리만 떠나라고 하시오!"라며 강한 어조로 말했다.[41]

절체절명에 빠진 나라를 구하기 위해 대통령이 할 수 있는 일은 기도밖에는 없었다. 이 대통령은 당시 부산에 있는 76명의 목사님들을 긴급히 경남도청으로 불러 모은 후에 구국기도회를 열었다. 이때가 1950년 9월 5일 오후 6시였다.

그러는 가운데 9월 5일부터 영천을 탈환하기 위한 치열한 전투가 시작되었다. 7일이 지난 9월 11일이 되었을 때 국군은 영천을 탈환하는 데 성공하였다. 그 과정에서 공산군은 3799명이 사살되면서 완전히 붕괴되었다. 반면 국군의 피해는 전사 29명, 부상 149명 등으로 경미했다. 이와 같은 영천전투의 결과는 6.25전쟁 발발 이후 최초의 대승리였다. 이처럼 최악의 위기를 극적인 승리로 전환시킨 영천 전투의 대승리는 이후 성공률 5,000분의 1이라는 인천상륙작전을 감행할 수 있는 발판이 되었다.

---

41 김영호 외. 2012. 「이승만과 6.25전쟁」. 서울:연세대학교 출판문화원. p.179~181

6) 초량교회 구국기도회와 인천상륙작전의 승리

낙동강 방어선 전투가 한창이던 8월 말이 되었을 때 풍전등화와 같았던 대한민국을 위해 부산 초량교회에서는 전국에서 피난 온 250여 명의 목회자들과 장로들이 모여 한상동 목사, 박형룡 목사, 박윤선 목사를 중심으로 8월 말에서 9월 중순까지 2주간 동안 국난극복을 위한 구국기도회가 열렸다. 설교와 기도로 이루어진 첫 번째 주간의 집회 가운데 회개의 영이 임하기 시작했다.

회개의 역사는 1주일 밤낮으로 계속되었고 간절한 마음으로 하나님께 부르짖었다. 특히 신사참배를 통해 우상숭배의 죄를 범한 것을 회개하면서 나라와 민족을 구원해 달라고 통곡하며 기도했다. 당시 절박한 심정으로 기도한 어느 목회자는 이렇게 증언한다. "부산마저 빼앗기면 어디로 갈 겁니까? 현해탄 밖에는 갈 곳이 없어요. 그러니 전국에서 교단을 초월한 목사님 수백 명이 부산 초량교회 마룻바닥에 모여서 기도하기 시작했어요. 당시 초량교회 당회장이었던 한상동 목사님은 '돼지를 잡아놓고 이들을 초대한들 이들이 올 것인가? 이 기회야말로 우리 한국 교회 목사님들이 하나님 앞에 회개하고 부르짖을 때다.'라고 생각하고 한 주간 동안 기도회를 하기로 했습니다. 박형룡 박사님과 박윤선 목사님을 강사로 모시고 한 주일 동안 기도회를 했어요. 초량교회 마룻바닥에서 놀라운 회개운동이 일어났습니다. 목사님들이 과거 신사참배 한 죄부터 개인의 죄, 민족의 죄를 있는 대로 다 털어놓으니 예배당 마룻바닥이 목사님들의 눈물과 콧물로 범벅이 되었습니다. 어느 목사님은 눈물로 범벅되면서 깊게 외치는데 인민군을 압록강까지 쫘-악 밀고 올라가는 것 같더랍니다. 그만큼 영적으로 통했다는 뜻이겠지요. 그렇게 회개하고 기도하고 울부짖은 후 인천상륙작전이 이루어진 겁니다. 역사적으로 나타난 것은 인천상륙이지만 영적인 발동은 기도하고 찬미하는 초량교회 마룻바닥에서 먼저 시작된 겁니다. 하나님의 백성들이 한자리에 모여 합심하여 기도하고 찬미할 때에 예상 안 했던 엄청난 기적이 나타났습니다."

그렇게 부산초량교회에서 밤낮없는 회개 기도가 있은 지 3일 후에 인간적으로 볼 때는 성공할 확률이 5,000분의 1도 되지 않는다는 인천상륙작전이 성공하게 된 것이다. 전쟁역사에 길이 빛날 인천상륙작전으로 '독 안에 든 쥐'가 된 공산군은 낙동강 전선에서 혼비백산하여 퇴각하기 시작하면서 전세는 역전되었고 이로써 89일간 공산군 치하에 있던 서울은 9월 28일에 다시 자유를 찾게 되었다.

당시 맥아더 장군은 서울을 수복하고 난 다음 날인 9월 29일, 12시 수도 서울의 환도식(還都式)에서 이승만 대통령에게 "하나님의 은혜로 인류의 가장 큰 희망의 상징인 UN 깃발 아래서 싸우는 우리 군대는 한국의 수도를 해방하게 되었습니다."[42] 라고 말하며 "대한민국 수도 서울을 이승만 대통령 각하가 영도하는 대한민국 정부에 돌려드립니다. 오늘의 승리는 오로지 하나님의 도우심이 없었다면 불가능했을 것입니다. 이제 서울 시민들은 공산군의 압제에서 해방되어 자유와 인권을 되찾게 되었습니다." 라고 선언했다. 이승만 대통령도 맥아더 장군의 손을 잡으며 "대한민국을 되찾게 도와주신 하나님께 감사드린다."며 감격의 눈물을 흘렸다.

42 김순욱. 2013. 「6.25란 무엇인가?」 p.46~47 서울:6.25 한국전쟁 진실알리기 운동본부

김영재 박사의 저서 "박윤선"에 보면 당시 초량교회당에서 열렸던 구국 기도회에 관해 다음과 같이 증언하고 있다. "이 일(인천상륙작전과 9.28 서울수복)이 있기 얼마 전에 부산 초량교회에서 피난 온 교역자들의 구국 기도회가 열렸다. 한상동 목사가 담임으로 시무하고 있을 때였다. 강사로는 박형룡 목사, 김치선 목사, 그리고 박윤선 목사가 매일 새벽 기도회와 낮 성경 공부 및 저녁 집회를 인도하였다. 성령께서 큰 은혜로 역사하여 집회에 모여든 교역자들이 자신들을 되돌아보고 죄를 회개하는 통회운동이 일어났다. 가슴을 치며 하나님의 용서와 자비를 비는 기도가 연일 계속되어 집회는 한 주간 더 연장되었다. 회개하는 중에 가슴 뼈아프게 뉘우친 죄목은 일제의 강압에 굴종하여 신사참배를 함으로써 하나님의 첫 계명을 범한 죄였다. 박윤선 목사는 집회 셋째 날 새벽 설교에서 한부선 선교사가 증언한 말을 소개하였다. 즉 한부선 선교사가 신사참배를 얼마나 끈기 있게 반대했으며, 그 일로 말미암아 얼마나 고난을 당했는지를 자상하게 얘기하였다. 한부선 선교사는 1938년 제27회 장로회 총회 석상에서 여러 다른 선교사들과 함께 신사참배 결의에 반대를 표명했을 뿐 아니라, 자신의 사역지인 만주에서도 신사참배를 반대함으로 말미암아 감옥 생활을 하다가 포로로 교환되어 본국으로 송환되었다. 설교하던 박윤선 목사는 성령의 도우심으로 자기 자신이 신사참배를 한 죄인이라고 고백하며 회개하였다. 이 간증을 들은 교역자들은 한 사람씩 회개하는 기도를 하여 집회 분위기는 더욱 뜨거워졌다."[43] 박윤선 목사는 훗날 "UN군이 승리하여 서울을 수복하게 되고 공산군이 38선 이북으로 물러가게 된 사실이 이처럼 교역자들이 자복하고 통회하는 일이 있은 후에 있게 된 데 대하여 하나님께 감사와 찬송을 드린다."고 고백하였다.

43 김영재. 2007. 「박윤선」. 경기도:살림. p.101~103

7) 중공군과의 전투

1950년 10월 하순이 되었을 때 중공군이 6.25 한국전쟁에 개입하기 시작했다. 10월 19일부터 압록강을 건너온 중공군은 60만 대군이었다. 중국 측이 1990년대 이후에 밝힌 숫자로는 1953년 정전협정 체결에 이르기까지 25개 보병군단(79개 사단)을 비롯하여 그 외 40개 이상의 사단을 합쳐 300만 명에 이르는 병력이 6.25 한국전쟁에서 싸웠다.[44]

중공군의 예상치 않은 개입으로 6.25전쟁은 또다시 한 치 앞도 내다볼 수 없는 상황이 되었다. 당시 전시상황이 얼마나 암울한 상황이었는가 하면 미국은 더 이상 전세를 뒤집기가 불가능하다는 판단을 내리고 한국군을 포함 총 328,000명의 한국인을 해외로 긴급 이주시킨다는 계획을 비밀리에 세워둔 상태였다. 그 이주지는 서(西)사모아 군도(群島)에 있는 사바이와 우폴루라는 섬이었다. 그곳에 328,000명의 한국인을 이주시켜 '뉴 코리아(New Korea)'를 만든다는 계획을 확정하였다. 이렇게 중공군의 침략으로 또다시 대한민국이 풍전등화의 위기에 빠져 있을 때 이 나라를 구한 여러 전투가 있었는데 그중 대표적인 전투가 장진호 전투, 지평리 전투, 용문산 전투, 백마고지 전투이다.

장진호 전투

장진호 전투는 1950년 11월 27일에서 12월 11일까지, 함경남도 개마고원의 장진호에 포위되어 있던 미 10군단이 15일 동안 흥남항까지 장장 128km에 이르는 중공군의 포위망을 간신히 뚫고 성공한 후퇴작전이다. 미 10군단 장병들은 영하 40도까지 내려가는 살인적인 추위와 폭

---

44 김용삼. 2014. 「이승만의 네이션 빌딩」. 서울:북앤피플. p.377

설 속에서 중공군 10개 사단의 포위망을 뚫고, 12월 11일 밤 9시 흥남항으로 철수를 완료하였다. 미 10군단의 장진호 전투에 관한 특별보고서에 의하면 미 10군단의 병력피해는 전사 705명, 부상 3,251명, 행방불명 4,779명, 합계 8,735명이 피해를 입었다. 이 장진호 전투는 미군 전쟁 역사상 최악의 전투로 기록될 만큼 미군들의 희생은 너무나 컸다. 하지만 미군들의 고귀한 희생으로 인해 흥남을 유린하고 남하하여 한국을 점령하고자 했던 중공군을 막아설 수 있었다. 무엇보다 98,000여 명의 함경도 주민들이 중공군에 의해 학살되지 않고 흥남철수작전을 통해 살아날 수 있었다. 만약 장진호 전투에서 수많은 미군들의 값진 희생이 없었다면 98,000명의 함경도 주민들은 모두 피의 학살을 당했을 것이다.

지평리 전투

지평리 전투는 1951년 2월 13일에서 2월 15일까지 지평리에서 중공군 5개 사단(5만 명)의 인해전술 공격을 미군과 프랑스군 6,000여 명이 막아서 싸워 승리한 전투다. 이 전투로 중공군 5,000여 명이 사살되었고 반면에 UN군은 52명의 전사자가 발생했다. 지평리를 지키던 미국 23연대 3개 대대 5,500여 명과 프랑스 1개 대대 500여 명은 6km에 걸친 방어선을 따라 2,000여 개의 참호를 파고 중공군을 맞아 싸웠다. 지평리 전투는 패색이 짙던 6.25전쟁의 전세를 뒤집는 중요한 전환점이 되었다. 당시 이등병으로 지평리 전투에 참전했던 박동하(90세.강원도 홍천 거주)씨는 당시 상황을 이렇게 회상했다. "무조건 보이는 대로 중공군을 쏘지 않으면 살 수 없겠다는 생각뿐이었다. 그렇게 많은 중공군에 맞서 한 발짝도 뒤로 물러서지 않고 싸워 승리했다는 것은 기적이다. 내가 살아남은 것 역시 기적이다."

용문산 전투

용문산 전투는 1951년 5월 17일에서 5월 21일까지 용문산에서 중공군 3개 사단에 맞서 6사단장 장도영 장군의 지휘 아래 2연대, 7연대, 19연대가 용감히 싸운 결과 승리한 전투다. 이 전투에서 중공군은 17,177명이 전사했고, 2318명이 포로로 잡혔다. 이에 비해 국군 손실은 전사 107명, 부상 494명, 실종 33명으로 보고됐다. 최소한의 희생으로 중공군 3개 사단을 물리친 것이다. 참패한 중공군은 화천 방향으로 퇴각했다. 그러나 화천에는 화천호가 이들을 기다리고 있었다. 앞에는 화천호, 뒤에는 6사단의 맹추격으로 진퇴양난이었다. 한편 용문산 전투의 연장선에서 이뤄진 화천전투는 이보다 더 큰 전과를 올리고 중공군의 기세를 완전히 꺾어놓았다. 화천전투는 5월 27일부터 아군의 공격으로 시작됐다. 미 24사단과 미 7사단을 좌우로 배치하고 중앙에는 국군 6사단이 주축이 돼 공격에 들어갔다. 5월 29일 국군과 유엔군은 미 공군의 지원을 받아 퇴각하는 중공군을 계속 압박했고, 지휘체계가 붕괴된 중공군은 퇴각 도중 미 공군의 폭격으로 사살당하는가 하면, 화천호를 건너가려다 무려 24,000여 명이 전멸했다. 용문산 전투와 화천전투로 이어지는 13일 동안 중공군은 총 41,300여 명이 전사했다. 그야말로 6.25전쟁 최고의 대승이었다. 당시 사단장 장도영 장군은 "후퇴하는 중공군을 추격하여 길가에 늘어진 중공군을 쓰레기 줍듯이 트럭에 실어 담았으며 아군 소대 병력이 적 대대 병력을 무더기로 생포하는 진풍경이 연출되었다."라고 회상하였다. 이승만 대통령은 장병들을 치하하면서 화천호 이름을 '오랑캐를 격파한 호수'라는 뜻의 파로호로 바꿨다. 이러한 대승으로 당황한 공산 측은 휴전회담을 제의하면서 이것이 결국 1953년 7월 27일 정전협정으로 이어지게 되었다.

백마고지 전투

백마고지 전투는 6.25전쟁 사상 가장 치열한 진지전이 전개됐던 시기인 1952년 10월에 철원 북방의 백마고지(395고지)를 확보하고 있던 국군 9사단이 중공군 38군의 맹렬한 공격을 받고 열흘 동안이나 이를 막아내며 고지를 사수한 전투다. 이 전투에서 국군 9사단은 중공군 38군 소속 3개 사단의 연속적인 공격을 받아 이를 물리치는 동안 수천 명의 사상자가 발생했으나, 국군 1포병단의 화력지원과 유엔 공군의 항공근접 지원 하에 끈질기게 저항하던 중공군 1만여 명을 격멸하고 백마고지를 확보하는 데 성공했다.

백마고지 전투 중 피아간에 엄청난 양의 포탄이 백마고지에 떨어졌다. 중공군이 55,000발, 아군이 219,954발의 포탄을 발사함으로써 총 274,954발이라는 막대한 양의 포격이 이 작은 고지에 집중됐다. 극심한 폭격과 포격으로 고지의 수목이 모두 사라져 하얗게 된 민둥산의 모습이 마치 백마(白馬)가 누워 있는 것처럼 보였기 때문에 이후부터 395고지 일대를 백마고지라 부르고, 이후 9사단을 백마부대라고 부르게 되었다. 백마고지 전투의 영웅 김종오 장군(9사단장)은 1952년 휴전회담이 한창이던 때에 백마고지 전투에 참여하여 6.25전쟁 사상 최고의 전투라 불리는 백마고지 전투를 승리로 이끈 장군이다. 백마고지는 철원에서 서울로 진격할 수 있는 군사적 요충지였기 때문에 절대 빼앗길 수 없는 장소였다. 1952년 10월 6일부터 10월 15일까지 12차례의 전투로 24번이나 고지를 뺏고 빼앗겼으나 김종오 장군이 이 전투를 승리로 이끌어 백마고지를 지켜냈다.

8) 이승만 대통령의 반공포로 석방

1950년 10월 중공군의 참전을 계기로 미국은 6.25전쟁을 서둘러 휴전하고자 했다. 어느 전쟁이든지 휴전을 마무리하려면 포로교환 문제를 마무리해야 휴전이 성립된다. 6.25전쟁도 마찬가지였다. 1951년 7월 10일 개성에서 시작된 휴전협상의 쟁점은 전쟁포로 송환문제였다. 휴전협상을 시작할 때, 양측은 협상이 오래 걸리지 않을 것으로 생각했으나 1951년 7월 8일 시작된 연락장교회의로부터 1953년 7월 27일 정전협정이 조인될 때까지 25개월이 걸렸다. 이 기간 동안 모두 500여 회가 넘게 회의가 열렸고, 여기에 소요된 시간도 거의 1,000시간이 걸렸다. 이 때문에 6.25전쟁을 협상전쟁(talking war)이라고 부르게 되었다. 이토록 협상이 오랜 시간이 걸린 이유는 전쟁포로 송환문제와 관련하여 유엔군 쪽이 내세운 자유 송환 원칙과 공산군 쪽이 내세운 강제송환 원칙이 서로 맞지 않아 협상의 마지막 단계에 이르도록 합의를 보지 못했기 때문이다.

그러는 중에 포로송환문제를 다루기 위해 1951년 12월 18일부터 열린 소(小)위원회에서 유엔군과 공산군 양쪽은 각각 상대방 포로들의 명단을 맞교환했다. 이때 유엔군 쪽은 북한 공산군 96,000명과 중공군 20,000명을 넣어 모두 132,000명의 명단을 넘겨주었으나 공산군 쪽에서는 국군 7,412명과 미군 3,198명을 넣어 모두 11,559명의 명단을 내어놓았다. 공산군 쪽이 밝힌 숫자는 유엔군 쪽이 밝힌 숫자에 비하여 10분의 1도 안되었을 뿐 아니라 그때까지 공산군 쪽이 방송을 통하여 65,000명의 유엔군 포로들을 가두고 있다고 주장해 왔던 사실에 비하면 약 53,000여 명이나 부족한 숫자였다. 한편 유엔군 쪽이 가두고 있던 공산군 포로들 가운데에는 휴전이 성립되더라도 공산 세계로 되돌아가기를 한사코 거부하는 반공포로들이 많았다.

그런데도 공산군 쪽은 모든 포로들을 한 번에 바꾸어야 한다고 주장했다. 1952년 7월 중순 유엔군 쪽은 공산군 포로들의 63%에 해당하는 약 83,000명만이 되돌아가기를 바라고 있다고 발표했다. 다시 말하면, 공산군 포로들 가운데 35,400여 명과 중공군 포로들 가운데 13,600여 명이 송환을 거부했다. 이토록 많은 반공포로들이 강제송환을 거부한 데에는 놀라운 배경이 숨어 있었다. 유엔군 군목이었던 미국 북장로교 소속 해롤드 뵐켈(Harold Voelkel) 목사는 1951년 초 한국인 목사 10여 명과 함께 거제도 포로수용소에서 포로들에게 성경을 가르치기 시작했다. 그러면서 포로수용소에 70여 개의 천막교회가 세워졌다. 해롤드 뵐켈(Harold Voelkel) 목사는 성경학교를 세워 본격적으로 성경말씀을 전하기 시작했는데 1951년 한 해 동안 2만여 명의 포로가 기독교인이 되었다.[45] 그리고 7천여 명이 성경학교를 졸업하였는데 이들이 중심이 되어 반공청년 단체를 조직하였고, 이들이 반공포로들이 되어 석방 운동을 하기 시작했다. 이들은 "우리는 공산주의자가 아니며 공산주의자가 싫다! 우리는 민주주의를 적극 지지합니다."라는 혈서를 써서 이승만 대통령에게 애절하게 호소하였다. 반공포로들의 애절한 호소에 감동을 받은 이승만 대통령은 어떻게 하면 반공포로들을 석방시킬 수 있을까 하고 연구하기 시작하였다.

그런데 1953년 6월 8일 미국은 반공포로들을 돌려 보낼 수 없다는 한국 정부의 입장을 무시하고 북한과 중공을 상대로 "반공포로를 강제 북송

---

45 이선교. 2013. 「6.25 한국전쟁, 국군은 왜 막지 못했을까!」. 서울:현대사포럼. p.509

한다."는 포로 교환협정에 드디어 서명을 하였다. 이에 강력히 반발한 이승만 대통령은 6월 10일 군수뇌들과 헌병총사령관 원용덕 중장을 경무대로 불러 반공포로들을 풀어주는 방안을 비밀리에 검토한 다음, 이튿날 6월 11일 정오에 이를 실행하라고 명령했다. 그러나 이를 실행할 국군병력이 필요한 곳에 배치되어 있지 않은 데다가 포로들을 풀어준 다음 취해야 할 후속조치들이 마련되어 있지 않아서, 이 계획은 일단 뒤로 미루지 않을 수 없었다. 판문점에서는 정전협정의 최종서명을 위한 준비가 양쪽 실무자 사이에 빠른 속도로 진행되고 있었다. 6월 17일 이 대통령은 원용덕 장군에게 포로들을 즉시 풀어주라고 명령했다.

6월 17일 원용덕 헌병총사령관은 각 수용소 경비헌병대장들에게 "각 수용소의 반공포로들을 석방하는 데 적극 협조하라!"는 명령을 하달하였다. "6월 18일 자정을 기해 각 포로수용소 철망을 절단하고 새벽 2시 헌병들은 호주머니에 고춧가루와 모래를 넣어 두었다가 미군이 달려들면 미군의 얼굴에 그것을 뿌려 행동을 못하게 하라!"

이 명령에 의해 국군헌병대는 1953년 6월 18일 새벽 2시, 이승만 대통령의 명령에 따라 3년 동안 우리를 위해서 싸워준 미군을 제압하고 부산, 대구, 영천, 마산, 광주, 논산, 부평 등 각 포로수용소에서 총 27,389명의 반공 포로를 석방했다. 이 과정에서 최신 무기로 무장한 유엔군 경비병의 얼굴에 실제로 고춧가루를 뿌려서 제압하는 일도 있었다.

영천수용소에서는 반공포로가 18일 새벽에 탈출할 것이라는 정보가 새어 나가는 바람에 전차 30대가 출동하여 영천 포로수용소를 철통같이 경비하였다. 그러자 한국 헌병들에게 "6월 20일 밤 10시를 기하여 미 전차 1대에 국군 헌병 3명이 올라가 전차병들을 일제히 결박하고 수갑을 채워라. 그리고 철조망을 절단하여 포로들이 탈출할 수 있게 만전을 기하라"는 명령이 떨어졌다. 6월 20일 밤 10시, 명령에 따라 국군 헌병들은 눈 깜짝할 사이에 전차 30대의 전차병과 수용소를 경비하는 미 경비병들에게 달려들어 순식간에 결박하여 수갑을 채웠다. 그 과정에서 전차병들에게 고춧가루를 뿌리자 전차병들은 발을 동동 구르며 "살려줘! 살려줘!"하고 애원하였다. 이렇게 하여 영천 포로수용소에서는 환자를 제외하고 전원 포로수용소 탈출에 성공하였다.

이 상상을 초월하는 사건은 전 세계를 놀라게 했다. 당시 탈출하는 반공포로를 추격하던 한 미군은 "무슨 유령처럼 수천 명의 사람들이 사라져 버렸다."고 탄식했다고 한다. 그 정도로 반공포로석방 작전은 전광석화처럼 이루어졌다. 전쟁종식을 위해 정전협정 체결에 목을 매고 있던 미국 아이젠하워 정부는 얼마나 놀랬는지 이승만 제거계획까지 세웠고, 영국의 윈스턴 처칠 수상은 면도를 하고 있다가 포로 석방 뉴스를 듣는 순간 얼굴에 상처를 입었다고 한다.

이승만 대통령의 역사적인 반공포로 석방 단행은 단순히 즉흥적이고 감상적인 결정이 아니었다. 이것은 당시 전쟁의 진행 상황과 국제정세의 흐름을 꿰뚫어 보는 통찰력으로 신생국 대한민국이 처해있는 상황을 예리하게 평가한 결과로써 반공포로 석방이라는 충격적인 처방을 내렸던 것이다. 이승만 대통령은 북한공산군의 불법적인 기습남침으로 발발한 6.25전쟁의 결과로 통일은 못할지언정 북한 공산정권을 그대로 남겨둔 채 휴전될 경우, 신생국 대한민국의 안전에 치명적인 결과를 가져올 수 있다는 것을 간파했기 때문에 휴전을 하더라도 그 후 대한민국의 안전을 보장하기 위한 확고한 제도적 장치가 필요하다는 것을 절실히 느끼고 있었다. 그래서 정전협정 동의 조건으로 한미상호방위조약 체결, 한국경제부흥을 위한 장기경제원조 제공, 한국 군사력 대폭 증강 지원 등을 강력히 요구했다.

6 선진한국의 기초 확립 시기

1. 한미상호방위조약
2. 농지개혁
3. 교육혁명
4. 중화학공업 발전의 토대
5. 세계적인 원자력 국가의 토대
6. 경제개발 3개년 계획
7. 친환경 정책

대한민국 근현대사

제6장 선진한국의 기초 확립 시기

1953년 8월 8일 이승만 대통령이 덜레스 미국 국무장관과 한미 상호 방위조약에 가조인한 뒤 환담하고 있다.

2차 세계대전 이후 식민지 지배에서 독립한 140개의 신생 독립국가들 중에서 한국은 139위로 가장 가난하고 헐벗고 못사는 나라였다. 게다가 6.25전쟁이 지나면서 대한민국은 국민소득 60불도 되지 않는 140개의 신생 독립국가들 중에서 가장 꼴찌 국가가 되었다. 국민의 평균수명은 40세, 문맹률은 거의 80%나 되었던 나라였다. 이런 대한민국이 지금 현재는 140개의 신생 독립국가들 중에서 유일하게 산업화에 성공한 나라가 되었다.

UN 통계에 따르면 대한민국은 1960년 이후부터 1995년까지 36년간 연평균 7.1%라는 경이적인 경제성장률을 기록했다. 이는 세계 174개국 중 1위에 해당하는 것이다. 외국의 유수한 전문가들이 제2차 세계대전 이후 가장 성공한 국가로 대한민국을 꼽는 것은 결코 과장이 아니다. 대한민국의 성공은 경제성장에만 국한되지 않았다.

한 나라의 실질국민소득, 교육소득, 문맹률, 평균수명 등의 지표를 통해 발전 정도와 선진화 정도를 평가하는 유엔개발기구(UNDP)에서 발간하는 인간개발보고서는 대한민국이 인간개발지수(Human Development Index, HDI)가 높은 상위 60개국 중 1960~1995년 사이 HDI 지수를 크게 향상시킨 세계 2위 국가로 분석하고 있다. 이러한 통계치는 한국이 반세기 근대화 기간 동안 국력뿐 아니라 국민들의 '삶의 질'도 비약적으로 성장했음을 보여주고 있다.

또한, 2011년 발표된 유엔인간개발지수(HDI)를 보면 187개 나라 가운데 한국은 15위로 나타났다. 2012년에 한국은 선진국 클럽이라고 불리는 '20-50 클럽(인구 5천만 명 이상의 나라 중 1인당 GDP가 2만 달러가 넘은 나라)'에 7번째 가입하는 나라로 우뚝 서게 되었다.

한국의 발전은 단순히 경제적인 측면에만 그치는 것이 아니라 민주주의의 발전까지 이루었다. 지난 2014년 6월, 영국의 경제지 <이코노미스트>의 산하기관인 이코노미스트 인텔리전스 유닛(EIU)이 발표한 '2013 전 세계 종합 자유민주주의 지수'에 따르면 한국은 10점 만점에 8.06점으로 167개국 가운데 21위에 올랐다. 이 기관은 1위에서 25위까지를 '완전한 민주국가'로 분류한다. 아시아에서는 한국이 일본을 제치고 민주주의 지수가 가장 높은 나라다. 미국 하버드 대학의 세계적인 경제학자인 로버트 배로 교수는 이렇게 말한다.

"민주화를 위해서는 어느 수준까지 경제성장이 뒷받침돼야 한다. 어느 정도의 경제성장이 없는 상황에서 민주화를 요구하는 경우 민주주의가

지탱하기 힘들다. 실제 아프리카의 경우 민주주의를 60년대에 도입했지만, 경제성장이 이뤄지지 않았기 때문에 민주주의를 유지할 수 없었다." 한국이 오늘날 세계적인 경제 강국이 될 수 있었던 성공의 신화는 1948년 8월 15일 자유민주주의를 지향하는 국가로 건국되면서부터 그 기적은 시작되었다. 더 나아가 대한민국이 오늘날의 눈부신 성취를 이룰 수 있었던 그 배경에는 이승만 대통령이 오늘날 대한민국이 선진한 국이 될 수 있는 초석을 놓았기 때문이다. 그 대표적인 업적 7가지를 소개하면 다음과 같다.

1. 한미상호방위조약

이승만 대통령이 이룩한 여러 외교업적 가운데 백미(白眉)는 1953년에 성사시킨 '한미상호방위조약'이다. 6.25전쟁 중 시종 북진통일을 부르짖던 이 대통령은 1950년 10월 중공군의 참전을 계기로 미국이 휴전을 모색하자 이에 강력히 반발했는데, 1953년 6월 8일 미국이 한국 정부의 입장을 무시하고 북한과 중공을 상대로 휴전을 성립시키려 하자 이승만 대통령은 반공포로 27,000여 명을 독단적으로 석방함으로써 전 세계를 놀라게 했다.

이에 격분한 미국의 아이젠하워 대통령은 이 대통령을 제거하려고 했다. 그러나 미국이 그 계획을 실행에 옮기려는 순간에 미국의회의 일부 의원들이 이 대통령의 반공포로 석방을 지지하는 등 미국 정계에 반공 분위기가 고조되고 있는 점과 한국군 및 한국 국민의 이 대통령에 대한 지지가 확고하다는 점을 고려하여 이 대통령 제거계획의 실행을 포기했다. 그 대신에 이 대통령을 설득하기로 했다. 미국은 이 대통령의 협조 없이는 정전협정의 체결이 불가능하다는 결론에 도달했기 때문이다. 그래서 미국은 국무부 차관보 로버트슨을 이승만 대통령에게 파견하였다. 로버트슨 특사를 맞이한 이승만 대통령은 미국이 1905년 가쓰라-태프트 밀약을 통해 한국을 배반한 역사적 사실을 거론하면서 미국이 한국민의 통일 열망을 외면하고 공산군과 정전협정을 체결하는 것은 미국이 또다시 한국을 배반하는 것이라고 신랄하게 비판했다. 그러면서도 그는 미국이 정전협정 체결 후 한미상호방위조약을 체결하고 적극적인 군사원조를 제공하며 유엔군을 한국에 계속 주둔시킨다면 한국은 휴전을 방해하지 않겠다고 말했다.

이승만의 압박에 시달리면서도 로버트슨은 그에 대한 존경심을 품고 있었다. 로버트슨이 회담 기간 중 덜레스 장관에게 보낸 보고서에는 이런 대목이 있다. "이승만은 빈틈없고 책략이 풍부한 인물이다. 이승만은 우리 미국을 궁지로 몰아넣었고, 그리고 그는 그것을 잘 알고 있었다. (중략) 이승만의 철저한 반공주의와 불굴의 정신은 지원되어야 한다. 미국이 한반도의 통일이 성취될 때까지 한국과 함께 전쟁을 계속하겠다는 약속을 확실히 해준다면, 이승만은 휴전을 반대하지 않을 것이다. 이승만은 휴전이 비단 한국의 분단을 초래할 뿐만 아니라 한국이 장차 주변 강대국들에 의해서 희생될지도 모른다는 강한 우려를 하고 있다. 미국의 역사에 정통한 이승만은 상원이 대통령이 제안했던 조약을 항상 비준해주지는 않았다는 역사적 사실을 잘 알고 있다."

다급한 쪽은 아이젠하워 행정부와 로버트슨 특사였다. 결국, 로버트슨은 남한의 재건을 위한 대규모 경제 원조를 약속하였다. 이때 로버트슨은 남한이 '아시아 민주주의의 전시장'이 되도록 막대한 원조를 제공하겠다고 이승만에게 확언하였다. 이에 대해 이승만은 경제 원조는 물론 안전 보장을 끊임없이 요구했다. 말뿐인 선언이나 조약 정도가 아니라 확실한 안전보장을 원했다. 미국 정치계의 의사 결정구조를 잘 알고 있던 그는 미국 행정부가 맺은 조약을 상원이 얼마든지 거부할 수 있다는 것을 너무나 잘 알고 있었다. 결국 로버트슨은 '한국과 그 주변에(in and around Korea)' 미군을 주둔시키겠다고 약속했다. 선언이나 조약의 차원을 넘어 실제로 한국을 지켜줄 수 있는 군사력의 배치를 약속한 것이다. 이로써 이승만은 휴전을 방해하지 않겠다는 약속 하나만으로 미국으로부터 안전보장, 경제지원을 한꺼번에 받아내는 데 성공한다. 결국 두 사람은 한미상호 방위조약 체결에 합의했다. 그리고 7월 12일 한미 양국은 공동성명을 발표하였고 7월 27일 드디어 정전협정이 체결되었다.

정전협정이 체결된 후, 이승만과 로버트슨의 회담 결과를 구체적으로 실현시키기 위해 미국 국무장관 덜레스가 8월 4일 한국을 방문했다. 그리고 8월 8일 미국 국무장관 덜레스와 한국 외무장관 변영태는 '대한민국과 미합중국 간의 상호 방위조약'에 가조인했다. 이 역사적인 조약은 1953년 10월 1일 워싱턴에서 정식조인 후 1954년 11월 17일부터 정식으로 발효되었다.

이 대통령은 1953년 8월 8일 서울에서 열린 한미상호방위조약 가조인식에서 이 조약의 역사적 의의에 대해 다음과 같이 언급했다.

"한미상호방위조약이 성립됨으로써 우리는 앞으로 여러 세대에 걸쳐 많은 혜택을 받게 될 것이다. 이 조약이 있기 때문에 우리는 앞으로 번영을 누릴 것이다. 한국과 미국의 이번 공동조치는 외부 침략으로부터 우리를 보호함으로써 우리의 안보를 확보해 줄 것이다."

이러한 한미상호방위조약으로 인해 6.25전쟁 발발 직전 10만 명에 불과했던 국군은 70만 대군으로 성장하였고 해군은 함대사령부를 보유하게 됐고, 공군도 전투 비행기를 보유한 전투비행단을 갖춤으로써 3군 합동체제를 유지하며 주한미군과 함께 한반도의 전쟁억지세력으로 발전하였다.

이로써 이승만 대통령은 우리나라가 오랫동안 그렇게 원했던 '부국강병'(富國強兵)의 꿈을 부분적으로 실현함과 동시에 대한민국을 아시아권 내에서 무시할 수 없는 군사 대국으로 만들어 놓았다. 아울러 미국의 군사적 보호막 아래 대한민국은 경제, 군사, 정치, 문화 등 모든 면에서 전례 없는 발전을 추구할 수 있게 되었다.

한미상호방위조약과 함께 시작된 한미동맹은 65년 이상 지속 되고 있다. 한미동맹이 가장 성공적인 동맹이라고 평가받는 이유는 동맹의 목적인 '전쟁 방지'에 성공했으며, 동맹을 맺을 당시 세계에서 가장 가난했던 대한민국이 세계 10위권의 경제 대국으로 성장했다는 점이다. 또 사실상 민주주의가 무엇인지 잘 모르던 대한민국이 미국식 민주주의에 가장 근접한 민주주의 정치체제를 갖춘 국가가 되었다는 점이다.

2. 농지개혁

이승만 대통령이 경제면에서 성취한 업적 가운데 역사적으로 가장 중요한 것은 1950년 4월에 공포된 농지개혁이다. 1948년 7월 17일에 제정된 건국헌법 86조는 "농지는 농민에게 분배하며 그 분배의 방법, 소유의 한도, 소유권의 내용과 한계는 법률로써 정한다."고 명시했다. 나라가 세워질 때부터 농지는 농민이 소유한다는 원칙을 아예 헌법으로 정해놓은 것이다. 이승만 정부는 헌법에 따라 농지 개혁법 제정을 추진하여 1950년 4월에 농지개혁법을 공포하였는데 그 내용은 다음과 같다.

원래 봉건적 지주제였던 우리나라는 농민이 부담해야 하는 소작료만 수확량의 50% 선이었다. 그런데 농지개혁법이 논의될 때, 분배대금은 수확량의 300% 선이었다. 다시 말해 소작료를 50%로 계산하면, 소작료 6년 치를 내면 7년째부터는 땅 주인이 되어서 소작료가 면제되는 셈이다. 이것만 해도 엄청난 혜택이다. 하지만 이승만은 300%도 많다고 생각했다. 그래서 대통령의 권한으로 절반으로 깎았다. 결국, 농지 분배 대금은 1년 수확량의 150%로 결정되었다. 소작료를 수확량의 50%로 계산하면, 3년만 소작료를 내면 그 다음부터는 지주가 되는 것이다. 그야말로 획기적인 조치였다. 그런데 실제로 농민들이 받은 혜택은 그것보다도 더 컸다.

이렇게 농지개혁을 실시한 결과 5천 년을 이어온 지주제는 몰락했고 우리나라 전 경작지의 95%가 소작지가 아닌 자작지가 되었다. 자연스럽게 소작농은 자작농이 되었다. 토지와 인간이 함께 해방된 것이다. 농지개혁은 이 땅의 농민들에게 자유와 평등을 선물했다. 유영익 박사는 "양반

제도 근절의 최대 요인은 농지개혁"이라고 주장했다. 이러한 농지개혁을 실시한 결과 이승만 대통령의 집권 기간에 남한에서는 소폭이지만 지속적인 경제성장이 이루어졌다. 즉, 1953~1960년간 연평균 경제성장률은 4.9%에 달했다. 이 수치는 다른 후진국들의 평균 성장률 4.4%에 비해서 높은 것이었다. 1960년에 달성된 1인당 국민소득 83달러 역시 다른 후진국들의 경우에 비해 낮은 것이 아니었다.

이승만 대통령이 실현한 농지개혁은 한국 역사상 여러모로 획기적인 의의를 지니고 있다. 첫째, 농지개혁은 토지 자본을 산업자본으로 전환하는 계기를 마련했다는 점에서 한국 경제사상 중요한 의의가 있다. 둘째, 이 개혁은 한국의 전통사회를 지배했던 양반지배층의 몰락을 초래하며 지주 배경의 한국민주당 세력을 약화시키는 효과를 유발했다는 점에서 획기적이었다. 셋째, 6.25전쟁 발발 직전에 실시된 이 농지개혁 덕분에 대한민국이 살아날 수 있었다.

농지개혁 두 달여 뒤에 6.25전쟁이 발발했다. 북한은 전쟁 전부터 토지개혁을 통한 대대적인 선전선동을 계획하고 있었다. 전쟁과 함께 내려온 '남조선 토지개혁법 위원회'는 '토지 무상분배'를 열렬하게 선전했다. 하지만 농민들은 넘어가지 않았다. 북한정권이 기대했던, 대한민국에 대한 농민들의 반란도 일어나지 않았다. 이승만의 농지개혁이 이미 단행되었기 때문이다. 땅을 분배받은 농민들은 자신에게 땅을 나누어준 대한민국의 편에 섰다. 따라서 공산주의자들의 기대와는 정반대로, 이 나라 국민의 대부분을 차지하던 농민들은 자신들의 땅과 자유를 지키기 위해 싸웠다. 결국, 이승만의 농지개혁이 대한민국의 공산화를 막는 결과를 가져온 것이다.

3. 교육혁명

이승만 대통령이 추진한 교육개혁 가운데 가장 큰 업적은 의무교육제도의 도입이었다. 해방 당시 한국인의 약 80%는 문맹(文盲)이었다. 대다수 한국인들이 신문을 읽지 못한 것은 물론 자신의 이름조차 쓰지 못하던 시절이었다. 일제로부터 어떤 형태이건 정규교육을 받은 한국인은 전체 인구의 14%에 불과했다. 그중 전문학교 이상 대학 졸업의 학력 소지자는 전체 0.2% 미만이었다. 이러한 열악한 여건 하에서 서구식 민주주의를 실현한다는 것은 대단히 어려운 일이었다. 따라서 이승만 대통령은 문맹타파라는 시급한 과제를 해결하기 위해 건국헌법에 의무교육 조항을 넣었고 1950년 6월 1일 초등학교의 의무교육이 시행됐지만 전쟁이 터지는 바람에 계획에 차질이 생기면서 전쟁이 끝난 이후인 1954년부터 본격적으로 의무교육이 시작되었다.

그 결과 1959년에는 전국 학령아동(만 7세)의 95.3%가 국민학교(초등학교)에 입학하게 되었다. 그리고 성인을 대상으로 문맹 퇴치 운동을 전개한 결과 1959년에는 문맹률이 22%로 떨어졌다. 학교 수와 학생 수도 대폭 증가하였다. 1960년에 팽창된 각급 학교 및 학생 수를 해방 당시(1945)와 비교하면 다음과 같다.

- 국민학교(초등학교)의 경우
  학교 수는 2,834개교에서 4,620개교로 62.3% 증가
  학생 수는 1,366,024명에서 3,599,627명으로 2.6배 증가

- 중학교의 경우

학교 수는 97개교에서 1,053개교로 약 11배 증가
  학생 수는 50,343명에서 528,614명으로 10배 이상 증가

- 고등학교의 경우(인문 고등학교와 실업 고등학교를 합해서)
  학교 수는 224개교에서 640개교로 3배 증가
  학생 수는 84,363명에서 263,563명으로 3.1배 증가

- 대학의 경우
  학교 수는 19개교에서 63개교로 3.3배 증가
  학생 수는 7,819명에서 97,819명으로 12배 이상 증가

특히 대학의 경우 19개 대학교에서 63개교로 증가하여 대학생 수가 무려 10여만 명에 달했는데 이는 당시 영국의 대학생 수와 맞먹는 숫자였다. 대학교도 외국어의 전문적 교육과 유능한 외교관 양성 그리고 기업인들의 해외 진출을 위한 한국 외국어대 설립, 공업입국 정책에 따라 미국의 MIT공대를 모방한 인하대 설립, 배재대학 설립, 중앙대학과 이화여자대학을 설립케 하는 등 고등 교육기관을 대거 설립하여 인재 육성에 박차를 가했다.

아울러 인재양성을 위해 해외 유학 붐을 일으키기도 했는데 이승만 대통령 집권 기간의 해외 유학 실태를 살펴보면, 1953~1966년 사이에 6,368명이 미국으로 유학했고 같은 기간에 미국 경제원조처(USOM)가 마련한 '교육교환계획'을 통해 유학, 단기훈련 및 시찰 명목으로 해외로 나간 고급 인력은 2,464명이었다. 그리고 미 국무성이 지원하는 지도자

단기시찰계획에 따라 미국을 다녀온 국회의원과 교육계 및 경찰, 행정계 등의 중견인물 및 학생 등은 940명이었다. 그리고 1950년대에는 무려 9,000명 이상의 한국군 장교가 미국의 각종 군사학교에 파견되어 교육을 받고 돌아왔다.

미국 우드로 윌슨센터의 연구원인 제임스 퍼슨 박사는 "이승만 대통령은 한국의 교육을 위해 많은 일을 했다. 식민지 시대의 교육은 엘리트층과 친일파를 위한 것이었는데 해방 후 이승만은 교육을 모든 국민들에게 개방했고 그와 그의 교육정책 덕분에 경제적으로 오늘날의 한국을 만든 사람들이 교육을 받을 수 있었습니다."라고 말하며 이승만의 교육에 대한 투자가 오늘의 한국을 만드는 기초가 되었다고 평가했다.

4. 중화학공업 발전의 토대

6.25전쟁 이후 남북한의 산업구조는 극명하게 나뉘어져 있었다. 북한은 전체전력의 90%와 중공업의 80%, 금속공업의 90%를 차지할 정도로 산업분야에서 압도적 우위에 있었고 오직 방직공업 부문에서만 남한이 북한을 앞선 정도였다. 6.25전쟁 이후 한국경제는 연평균 정부 총수입의 73%를 원조물자의 판매수입에 의존할 정도로 원조는 전후 물자 부족과 식량난 해결에 큰 도움이 되었다. 당시 미국이 지원한 원조물자는 당장의 궁핍을 면할 수 있는 식량과 의류 등 소비재 위주였다. 이승만 대통령은 경제개선을 위해서는 소비재가 아닌 산업재가 필요하다는 입장을 계속 밝혔다.

"일시적인 통화안정과 민생문제를 해결하기 위하여 소비재를 다량 도입하는 것보다 당면한 고난을 참더라도 국가 백년대계를 세우기 위해서는 자본재를 다량 도입하여 한국경제를 재건시켜야 한다는 입장에서 원조물자가 '시설재' 중심으로 도입되어야 한다."

- 조선일보(53. 8. 26)

무엇보다 이승만 대통령은 비료와 시멘트를 자체 생산할 수 있는 능력을 갖추기를 원했다. 전쟁 이후 국내 유일의 비료생산공장은 북한의 흥남질소비료공장 하나뿐이었다. 당시 이곳의 생산량은 전국 모든 곳에 비료를 공급하고도 양이 남을 정도로 규모가 컸다. 하지만 남한은 단 1g의 비료도 생산하지 못하는 형편이었다. 비료 없이는 농사를 지을 수 없는 상황에서 남한의 경제는 심각한 위기를 맞게 되었다. 전후 유엔한국재건단(UNKRA)이 한국정부에 제출한 건의서에 따르면 1953년부터 1957년까지 국내 화학비료 소요량은 40만 톤이었고 이를 수입하는 데는 연간 6천만 달러가 필요했다. 당시 원조 규모는 연간 2억 달러였는데 그야말로 막대한 양의 자금을 비료 수입비용으로 지급해야 하는 상황이었다. 비료공장은 숙련된 기술자와 고도의 기술이 축적돼 있어야 가능한 화학 산업이었기 때문에 미국은 한국에 비료공장을 설립하는 것을 시기상조라 생각하여 반대하였다. 하지만 이승만 대통령은 미국의 반대를 무릎 쓰고 1961년 연간 85,000천 톤의 비료를 생산하는 충주 비료공장을 건설하는 데 성공하였다.

그리고 앞서 1957년에는 도로, 주택건설은 물론 산업시설 건립을 위해 반드시 꼭 필요한 시멘트 생산을 위한 문경시멘트 공장을 준공하였다. 문경시멘트 공장은 이승만 대통령의 주도하에 유엔한국재건단(UNKRA)과 정부의 합작으로 건립되었다. 이와 같이 이승만 대통령은 재임기간 중 충주비료공장, 호남비료공장, 문경시멘트공장, 인천판유리공장 등을 준공함으로써 이후 박정희 정권에서 핵심적인 사업이 된 중화학공업 발전의 토대를 마련하였다. 또한 이승만 대통령은 경제격차가 현격한 일본과의 국교재개를 초기에 반대함으로써 그 후 일본경제에 대해 상대적 자립성을 유지할 수 있는 기반을 구축했다. 그 이후인 박정희 정권에서는 어느 정도의 경제기반을 구축해놓은 상태에서 국교를 재개했기 때문에 일본에 종속되지 않을 수 있었다.

이와 같은 이승만 대통령의 정책으로 그가 통치한 1953년에서 1960년 사이에 경제성장률은 연평균 4.9%로 비슷한 수준의 후진국들의 평균성장률 4.4%를 앞질렀다. 또한, 제조업 성장률은 12.4%였다. 이 시기에 이승만 대통령은 미국의 원조자금을 착복하지 않고 효율적으로 사용하여 국가의 토대를 쌓았고, 또 이러한 사회기반설비와 교육으로 만들어진 인적 인프라는 산업화의 밑거름이 되었기에 매우 큰 업적이라 하겠다.

5. 세계적인 원자력 국가의 토대

6.25전쟁 이후 부족한 전력은 경제발전에 커다란 걸림돌이 되고 있었다. 수풍 발전소 등 전력시설이 거의 북한에 집중되어 있어서 북한이 단전조치를 취하자 남한은 순식간에 암흑에 휩싸이게 되었다. 이승만 대통령은 부족한 전력난을 해소하기 위한 방법을 강구하다 미국의 씨슬러라는 전력전문가를 만나면서 원자력에 눈을 뜨게 되었다.

전력 부족의 어려움을 토로하는 이 대통령에게 씨슬러는 그 해결책으로 원자력을 제안하였다. 문교부 원자력과의 창설멤버인 이창건 박사는 당시 이 대통령과 씨슬러 사이에 오고 간 대화에 대해 다음과 같이 회고하였다.

"(씨슬러가 원자력을 일으키려면) 젊고 헌신적인 우수한 과학자들을 여러 사람 훈련시켜야 된다고 했답니다. 그래서 몇 명이나 훈련시키면 되냐고 이승만 대통령이 물으니 그가 몇백 명이라고 얘기를 했고 다시 이승만 대통령이 우리 대한민국에서 그렇게 훈련을 시키면 언제쯤 원자력에서 전기를 얻어 쓸 수 있느냐고 물었고 그가 약 20년은 걸릴 겁니다. 그랬는데 그때가 1958년이었거든요. 근데 정말로 그로부터 20년 후인 1978년에 고리에서 전기가 나왔지 않습니까?"[46]

씨슬러와의 대화를 통해 원자력이 지닌 무한한 가능성에 눈을 뜨게 된 이 대통령은 그 어려웠던 시절에 노망이 들었다는 주위의 반대를 무릅쓰고 원자력산업의 기초를 닦았다. 무엇보다 원자력을 이용해 전력 문제를 해결한다는 차원에서 1958년 20명의 유학생을 선발해 영국으로 유학을 보냈다. 당시 유학을 다녀온 이동녕 박사, 이관 박사, 김호철 박사, 현경호 박사, 김호길 박사 등이 우리나라 원자력 산업의 기초를 닦는 역할을 하게 된다. 원자력 연구생의 해외 파견을 격려하는 자리에서 이승만이 직접 유학비를 유학생들의 손에 쥐어 주기도 했다.

그리고 그들이 귀국한 이후에는 본격적인 원자력 연구를 지시했다. 그

---

46 김정수, 「초대 대통령 이승만 제3부 6.25와 4.19」, 서울:청미디어. p. 202

결과 1958년 원자력법 제정에 이어 1959년 1월 21일에는 장관급 부처인 원자력원을 설립했다. 또한 3월 1일에는 대통령의 특별지시로 우리나라 최초의 과학연구소인 원자력 연구소(현재 한국원자력연구원)를 세웠다. 같은 해 7월 14일에는 이 대통령이 참석한 가운데 이 연구소 안에 미국에서 들여올 연구용 원자로 '트리카 마크Ⅱ'를 설치하기 위한 기공식을 가졌다. 당시로써는 거금인 35만 달러를 들여 연구용 원자로를 건설한 것은 정부 정책에서 원자력이 차지하는 비중이 어느 정도였는가를 보여주는 상징물이었다.

현재 대한민국은 미국, 프랑스, 일본, 러시아, 독일에 이어 23기의 원자력 발전소를 운영하고 있는 명실공히 세계 6번째 원자력 강국이 되었다. 오늘날 대한민국이 자랑스러운 원자력 강국이 된 것은 이승만 대통령이 그 토대를 닦았기 때문이다.

한국원자력 연구소장인 정연호 박사는 다음과 같이 말했다. "우리나라가 세계적인 원자력 강국이 된 것은 이승만 대통령이 먼 앞날을 보고 미리 투자를 해서 초석을 쌓았기 때문에 가능했던 것이다. 초대 대통령 이승만의 여러 업적이 많지만 내가 생각하기에는 원자력을 시작한 것, 이것이 가장 큰 업적이라고 생각한다."

6. 경제개발 3개년 계획

이승만 대통령은 경제문제에 무관심 내지 무지했기 때문에 그의 집권 기간 동안 경제발전이 없었다고 생각하는 사람들이 많다. 물론 이 대통령 집권 기간 동안 남한의 경제 사정이 곤란했던 것은 사실이다. 그렇지만 그 기간에 경제가 발전하지 않았던 것은 아니다. 일찍이 청년 시절(1901)에 "이젠 천하 근본이 농사가 아니라 상업이다."라고 말한바 있는 이승만 대통령은 상공업과 무역의 진흥을 통해 국민경제의 수준을 획기적으로 향상시키려는 구상을 갖고 있었다. 이러한 정책구상에 따라 그는 집권 초에 우선적으로 농지개혁을 실시함으로써 토지 자본을 산업자본으로 전환시키면서 상공업과 무역을 발달시키려고 했다.

우리나라 최초의 경제개발계획은 6.25전쟁 중인 1953년 3월에 발표된 유엔한국재건단(UNKRA)의 한국경제재건 5개년 계획이 그 시작이다. 하지만 그 내용에 대해서 이승만 정부 관료들의 이의가 많았고, 또한 단지 지침서 정도에 불과한 것이었기 때문에 당장 시행되지는 못했다.

본격적으로 경제개발 계획안이 제기된 것은 1958년 부흥부(復興部) 산하에 산업개발위원회를 설치하면서부터다. 이곳엔 EDI(세계은행 산하의 경제개발연구원)의 연수를 마치고 돌아온 우수 인재들과 외국 유학을 마치고 돌아온 인력들을 대거 기용했는데, 한국인으로서 가장 먼저 EDI 연수를 다녀온 사람은 송인상이었다. 송인상은 EDI 연수를 다녀오고 나서 얼마 지나지 않아 부흥부 장관 자리에 기용되는데, 그때 그는 후진 개발도상국에서는 정부 주도하의 강력한 경제개발계획이 절대적으로 필요하다고 주장했다.

그 결과 1960년 4월 15일에 드디어 처음으로 '경제개발 3개년 계획안'이 국무회의를 통과하면서 경제개발의 시작을 알리게 되었다. 하지만

4일 뒤 바로 4.19 혁명이 일어나면서 경제개발 계획은 백지화되었다. 다만 다행인 것은 당시 부흥부 관리들이 이후 정권에서도 이를 계속 추진해 나갔다는 것이다. 그래서 이승만 정권 때 작성된 경제개발 3개년 계획안은, 장면 정권에 의해 5개년 계획으로 수정되었다가 박정희 정권 이후엔 1차 경제개발 5개년 계획으로 발전, 계승되어 나간 것이다. 따라서 박정희 정권의 업적은 이승만 정권이 여러 분야에서 기반을 잘 다져놓았기에 가능한 것이었다.

그러한 측면에서 이 경제개발 3개년 계획은 한국 경제성장에 있어서 매우 중요한 토대가 되었다고 말할 수 있다.

7. 친환경 정책

1957년~1960년 사이의 국무 회의록을 보면 대통령이 주재한 국무회의에서 산림녹화 구체방안이 제시되었다. 이승만 대통령이 하야 의사를 밝힌 마지막 국무회의에서도 산림녹화와 사방사업이 다루어졌다. 1957년 국무회의에서 쌀 수확량을 늘리기 위해 산을 개간하겠다는 농림부 장관의 제안에 이 대통령은 질책을 했다.

큰 목소리로 농림부 장관을 꾸중하던 대통령은 "함부로 산을 훼손하면 안 된다. 산에 나무를 열심히 심고 강을 잘 정비해 우리 강산이 푸르러지면 후손들이 잘 살게 될 것"이라며 대안으로 수확량이 많은 인디언 쌀 연구와 석탄 생산에 군 공병대 지원을 검토하라고 지시했다. 지금은 폐지되었지만 원래 식목일은 지난 2005년까지는 공휴일로 지켜졌다.

이 식목일을 1949년에 공휴일로 처음 지정한 인물이 바로 이승만 대통령이다.

이승만 대통령은 국가의 기틀이 잡히지도 않은 1950년 전에도, 또한 피 흘리며 싸우던 6.25전쟁 기간중에도 "나무를 심자"고 역설했다. 1949년 4월 식목일에는 "애국애족 정신으로 나무를 애호하자", "사람마다 적어도 여섯 주씩 심고 하나도 베지 말기를 작정하며 남녀노소를 물론하고 나무를 보호하고 살리는 것을 직책으로 알아야 할 것입니다."라고 부르짖었다.

같은 시기 북한은 농지확충 명목으로 울창한 산을 파헤치기 시작했다. 70여 년이 지난 지금 전 국토가 황폐화된 북한은 가뭄과 홍수로 식량을 구걸하는 거지국가로 전락했다. 세계 식량농업기구(FAO)와 환경운동가들은 일제 36년 동안 일제의 자연 파괴와 6.25전쟁 후 황폐화된 산림을 푸르게 가꾼 한국의 성공을 개발도상국의 교본으로 제시하고 있다. 반면 북한은 산림 황폐화로 사막화가 우려되는 불량국가로 낙인찍혔다.

산에 나무가 없어진 후 북한은 1980년부터 현재까지 대홍수를 비롯한 지진, 전염병, 태풍 등의 큰 자연재해가 매년 있었다. 식량 증산 욕심으로 산을 농지로 개간한 이후 생긴 인재다. 김일성은 6.25전쟁을 일으켜 많은 인명을 살상한 데 이어 아름다운 산과 강도 파괴하였다. 반면에 이승만 대통령의 산림녹화사업과 같은 친환경 정책은 이후 박정희 대통령이 그 뒤를 이어 추진하면서 큰 성공을 거두었다.

닫는 글

대한민국 근현대사

| 닫는 글 |

내가 자네를 안다네! (I know you!)

우남 이승만 박사. 그는 누가 뭐래도 자유민주주의 국가인 대한민국을 세운 건국(建國) 대통령이며 공산화의 위기에서 나라를 지켜낸 호국(護國) 대통령이다. 그리고 선진한국의 기초를 세운 부국(富國) 대통령이다. 이승만 박사가 세상을 떠난 지 어느덧 53년이 지났다. 이제 대한민국은 건국 70주년을 맞이하면서 세계가 주목하는 나라로 번영과 풍요를 누리고 있다. 하지만 그 번영과 풍요 이면에는 심각한 국론분열과 갈등과 혼란이 거듭되고 있다. 그 근본적인 원인은 국가에 대한 정체성이 바로 서 있지 않기 때문이다. 국가에 대한 정체성은 그 나라의 역사를 바로 알 때 형성된다. 오늘날 대한민국이 내부적으로 대립과 갈등과 분열이 심각한 이유는 역사를 모르기 때문이다. 즉, 우리나라가 지금의 대한민국으로 발전하기까지 이 나라를 세우고 지켜내기 위해 이승만 박사를 위시한 건국세대들이 감당해야 했던 수고와 희생이 얼마나 큰 것이었으며 또한 한국 근현대사에서 우리나라가 처해 있었던 국제환경이 얼마나 가혹한 것이었는지를 잘 모르기 때문이다. 더 나아가 대한민국이 나아가야 하는 국가의 미래비전이 무엇인지를 전혀 모르기 때문이다.

대한민국이 건국될 당시 이승만 대통령이 꿈꾸었던 대한민국의 건국비전은 선진한국, 통일한국, 선교한국이었다. 이 세 가지 건국비전은 대한민국이 시작되는 역사적인 제헌국회 당시 이윤영 의원이 하나님께 구하였던 민생의 복락과 남북통일 그리고 세계평화와도 그 맥락을 같이 한다. 이승만의 90평생의 삶은 이 세 가지 건국비전을 이루기 위한 치열한 삶의 연속이었다. 이승만이 꿈꾸었던 선진한국, 통일한국, 선교한국의 비전은 현재까지도 성취되지 않은 미완성의 건국비전이다. 그가 꿈꾸었던 선진한국은 단순히 잘 먹고 잘 사는 선진국만을 의미하지 않는다. 공의와 정의가 강물같이 흐르는 정직하고 의로우면서 잘 사는 나라, 즉 거룩한 선진한국을 의미한다. 그가 꿈꾸었던 통일한국은 연방제 통일방안이 지향하는 적화통일이 아닌 오직 자유통일과 복음통일이다. 그가 꿈꾸었던 선교한국이란 복음을 듣지 못해 구원받지 못했을 뿐만 아니라 경제적으로도 가난한 수많은 나라들에게 가서 그들도 구원받고 잘사는 나라가 되게 하는 그런 복된 나라를 의미한다.

이 세 가지 비전의 중심축은 통일한국의 비전이다. 선진한국도 통일한국이 되어야 완성되는 것이며 선교한국도 통일한국이 되어야 성취될 수 있다. 이 통일한국의 중요성을 정확히 꿰뚫어 본 인물이 바로 이승만 대통령이다. 1953년 8월 10일, 남과 북이 분단된 채로 휴전이 된 것에 대해 이승만 대통령은 다음과 같은 성명을 발표했다. "공산 학정 속에 당분간 그대로 남아 있게 되는 우리의 불쌍한 동포들에게 나는 이렇게 외치는 바입니다. 절망하지 마시오. 우리는 결코 당신들을 잊지 않을 것이며 저버리지 않을 것입니다. 우리의 잃어버린 이북 5도와 북한의 우리 동포들을 다시 찾고 구출하려는 한국 국민의 근본 목표는 과거와 같이 장차에도 그대로 남아 있습니다."

이승만은 90세가 되는 1965년 7월 19일 0시 35분에 세상을 마감하였다. 이인수 박사는 이승만의 마지막 유언을 회고하면서 다음과 같은 증언을 남기고 있다.

"잃었던 나라의 독립을 다시 찾는 일이 얼마나 어렵고 힘들었는지 우리 국민은 알아야 하며, 불행하였던 과거사를 거울삼아 다시는 어떤 종류의 것이든 노예의 멍에를 메지 않도록 해야 한다. 이것이 내가 우리 민족에게 주는 유언이다." 하시며 갈라디아서 5장 1절을 일러주시는 것이었습니다. "그리스도께서 우리로 자유케 하려고 자유를 주셨으니 그러므로 굳세게 서서 다시는 종의 멍에를 메지 말라" 나는 이 말씀을 들으며 전 생애를 구국과 독립운동 그리고 자유 민주 대한민국의 건국과 그 수호로 민족의 건전한 생존과 발전의 기반을 마련해 구원과 광명의 길로 인도해주신 아버님, 우남 이승만 박사께서 마지막으로 남기시는 참으로 소중한 유언이라 생각하였습니다.

아버님께서는 당신의 건강 회복이 어렵다는 것을 아시고부터는 조석으로 기도의 말씀을 이렇게 하셨습니다.
"이제 저의 천명이 다하여감에 아버지께서 저에게 주셨던 사명을 감당치 못하겠나이다. 몸과 마음이 너무 늙어 버렸습니다. 바라옵건대 우리 민족의 앞날에 주님의 은총과 축복이 함께 하시옵소서. 우리 민족을 오직 주님께 맡기고 가겠습니다. 우리 민족이 굳게 서서 국방에서나 경제에서나 다시는 종의 멍에를 메지 않게 하여 주시옵소서"

왜 이승만을 이야기해야 하는가? 그가 우리에게 남기고 간 선진한국, 통일한국, 선교한국 이 미완성의 건국비전은 대한민국이 나아가야 하는 미래의 청사진이기 때문이다. 특히 통일한국의 비전이야말로 대한민국이 존재하는 목적이자 대한민국 국민의 근본 목표이기 때문이다.

왜 이승만을 이야기해야 하는가? 그가 평생에 꿈꾸었던 건국비전은 대한민국 국민들 모두에게 특히 기독교인들의 가슴속에 그대로 계승되었기 때문이다. 이것이 우리 모두가 이승만을 이야기해야 하는 이유이다. 이승만 박사께서 임종하신 후 1965년 7월 21일 저녁 8시 30분, 하와이 한인기독교회에서는 700여 명의 교인과 조문객이 참석한 가운데 장례식 예배가 시작되었다. 필자가 이승만에 대해 관심을 갖게 된 첫 번째 계기는 우연히 이동욱 기자가 집필한 "우리의 건국대통령은 이렇게 죽어갔다"라는 책을 읽으면서부터였다. 그 책의 마지막 부분에는 건국 대통령 이승만 박사의 장례식 장면이 이렇게 기록되어 있다.

당시 고인의 상반신은 누구나 볼 수 있도록 관 뚜껑의 반은 열려 있었다. 그리고 얇은 베일이 고인의 얼굴을 덮고 있었다. 그런데 장례식이 시작되기 직전에 연락을 받고 달려온 이승만 박사의 오랜 친구였던 보스윅이라는 미국인이 교회 입구에서부터 사람들을 헤치며 성큼성큼 걸어 들어와 고인의 관 앞에 섰다. 그는 금방이라도 울음을 터트릴듯한 표정이 되어 고인의 얼굴을 덮고 있던 베일을 걷어내더니 고인이 된 이승만 박사의 이마를 손바닥으로 치며 울부짖었다.

"내가 자네를 안다네! 내가 자네를 알아! (I know you! I know you!)
 자네가 얼마나 조국을 사랑하고 있는지,
 자네가 얼마나 억울한지를 내가 잘 안다네!

친구여! 그것 때문에 자네가 얼마나 고생을 해왔는지,
바로 그 애국심 때문에 자네가 그토록 비난받고 살아온 것을
내가 잘 안다네! 내 소중한 친구여…"

이인수(李仁秀) 교수가 지금까지 기억하고 있는 이 한 편의 시(詩) 같은 보스윅의 애절한 절규는 영결식장에 모인 모든 이들의 가슴속에 울려 퍼졌다. 참석한 모든 사람들의 눈시울이 뜨겁게 적셔 내리고 있었다. 평생토록 이승만 박사를 누구보다도 가장 가까이서 지켜보았던 보스윅은 알고 있었다. 이승만 박사가 얼마나 이 나라와 민족을 사랑했는지를. 그리고 이 나라와 민족을 사랑한 그 애국심 때문에 그가 얼마나 말할 수 없는 억울한 일을 당해야만 했는지를. 그래서 그는 절규하며 부르짖었던 것이다.

"내가 자네를 안다네! 내가 자네를 알아! (I know you, I know you!)"

이제 필자가 이 책을 마무리하면서 남기고 싶은 고백이 있다.
53년 전 미국인 보스윅이 부르짖었던 바로 그 절규다.

"건국 대통령 이승만 박사여, 내가 당신을 압니다. 내가 당신을 압니다!"

이제 이 땅의 대한민국 국민 모두가 외쳐야 할 말이 있다.
"우리의 건국 대통령 이승만 박사여,
우리가 당신을 압니다. 우리가 당신을 압니다!"

특히 이 땅의 한국교회 모든 그리스도인들이 외쳐야 할 말이 있다.

"우리의 건국 대통령 이승만 박사여,
우리가 당신을 압니다. 우리가 당신을 압니다!
이제 우리가 당신이 못다 이룬 꿈, 이 땅에 거룩한 선진한국을 세우고
더 나아가 북한구원과 통일한국을 이루어 땅 끝까지 복음전하는
선교한국의 사명을 반드시 완성하겠습니다."

부록

부록 1. 이승만은 독재자인가?

부록 2. 보도연맹 사건의 진실은 무엇인가?

부록 3. 부산 정치파동의 진실은 무엇인가?

부록1. 이승만은 독재자인가?

1954년 3선 개헌과 1960년 3.15부정선거를 어떻게 이해해야 하나?

이승만이 독재자의 오명을 입게 된 것은 그의 통치 말년인 1954년에 있었던 3선 개헌 때문이다. 대한민국 헌법은 대통령의 3선을 금지하고 있다. 두 번 대통령을 지낸 이승만은 임기를 마치면 물러나야만 했다. 하지만 자유당은 초대 대통령에 한하여 3선 제한을 철폐하는 개헌을 시도했다. 이것이 3선 개헌의 시발점이다.

1954년 11월 27일 개헌안을 둘러싸고 민의원 표결이 진행되었다. 재적 203명 중에 찬성이 135표였다. 헌법을 개정하려면 재적인원의 3분의 2가 동의해야 하는데, 135표는 한 표 부족한 수치였다. 따라서 국회는 개헌안의 부결을 선포했다. 하지만 국회의 선포는 부결에서 가결로 번복되었다. 이때 동원된 것이 사사오입 논리였던 것이다.

이재학 자유당 원내 총무는 다음과 같이 발표했다. "현 재적의원 203명 중 3분의 2에 해당하는 정확한 수치는 135.333… 인데 자연인을 정수가 아닌 소수점 이하까지 나눌 수 없으므로 사사오입의 수학적 원리에 의하여 가장 근사치인 135명이 의심할 바 없다. 개헌에 필요한 3분의 2 이상이라는 것은 3분의 2초과라 하는 것과는 다른 의미의 법률적 용어로써 3분의 2의 수를 포함해서 3분의 2와 그보다 많은 수를 지칭하는 것이며 이것을 전술한 수학 방법에 의하면 135명의 찬성으로서 개헌안은 가결되는 것이다."

결국 개헌안은 통과되었고 이승만은 계속해서 대통령에 출마할 수 있었다. 이것은 누가 봐도 무리한 개헌이었다. 이런 무리한 3선 개헌으로 인해 이승만 대통령을 바라보는 국민들의 시각은 점점 부정적으로 변하기 시작했다.

이렇게 개정된 헌법에 따라 1956년 5월 15일에 치러진 제3대 대통령선거전은 전례 없이 격렬했다. 민주당 대통령 후보 신익희는 '못 살겠다 갈아보자'라는 구호를 내걸고 정권 교체를 호소하였다. 이에 맞서 자유당은 '갈아 봤자 쓸데없다. 구관이 명관이다'라는 구호를 내세워 사회 안정을 호소했다. 그러나 선거를 열흘 앞둔 5월 5일 선거운동을 위해 호남지역으로 가던 신익희 후보가 열차 안에서 심장마비로 갑자기 사망했다. 그에 따라 대통령 선거는 이승만의 승리로 쉽게 끝이 났다. 그러나 부통령 선거에서는 자유당의 이기붕 후보 대신 민주당의 장면 후보가 당선되었다. 그것은 자유당에게는 큰 걱정거리였다. 81세의 이승만이 대통령 재임 중에 사망하기라도 한다면, 장면 부통령이 대통령직을 계승하게 되어 정권이 야당으로 넘어갈 것이기 때문이다.

1960년 3월 15일 정·부통령 선거가 실시되었을 때 자유당은 1956년의 경우처럼 또다시 이승만과 이기붕 카드를 내세웠다. 그에 맞서 민주당은 조병옥과 장면 카드를 내세웠다. 선거는 부통령에 초점이 맞추어졌다. 이승만의 당선은 거의 확실시되었기 때문이다. 자유당의 고민은 이승만이 대통령이 당선되더라도 85세의 고령이므로 임기를 못 채울 가능성이 크다고 판단하였다. 그러므로 자유당이 계속 권력을 유지하기 위해서는 이기붕을 부통령으로 반드시 당선시켜야 했다. 그리고 그것은 부정선거로 이어졌다. 3.15 부통령 부정선거는 자유당세력이 85세의 노

(老)대통령을 인(人)의 장막에 가둬두고 권력승계를 목적으로 저지른 최악의 반민주 범죄행위였다.

한편, 민주당 대통령 후보 조병옥이 미국의 월터리드 육군병원에 병을 치료하러 갔다가 사망했다. 유력한 후보를 잃은 야당 지지 세력은 산발적인 시위로 불만을 표시했다. 선거당일인 3월 15일에는 마산에서 부정선거를 규탄하는 대규모 시위가 일어나, 그것을 진압하는 과정에서 7명이 사망했다. 이와 같이 어수선한 분위기 속에서 이승만과 이기붕의 당선이 선포되었다. 이승만은 유력한 야당 후보가 없는 상태에서 유효투표의 97%를 얻었다. 그러나 이기붕이 76%의 득표로 당선되었다는 발표가 있자, 여론은 선거 결과를 인정하지 않았다. 뒤이어 부정선거의 증거가 폭로되면서 국민은 분노하기 시작했다.

이때 마산에서 또다시 심각한 사건이 일어났다. 4월 11일, 이전의 시위 때 행방불명되었던 김주열 군의 시신이 바다 위로 떠올랐기 때문이다. 그것을 계기로 시위는 전국적으로 일어났다. 4월 18일 고려대 학생들의 시위로 시작된 서울 시위는 4월 19일에 절정을 이루었다. 대학생과 고등학생들이 대규모로 시위에 참가한 것이다. 학생 시위대는 '부정선거 다시 하자'는 구호를 외치며 경무대를 향해 나아갔다. 그러나 그것을 저지하려는 경찰의 발포로 180여 명 이상이 사망하는 참사가 발생했다. 뒤늦게야 유혈사태가 발생한 사실을 안 이승만 대통령은 "국민이 원한다면 대통령직에서 하야(下野)하겠다."고 말한 후 대통령직에서 물러났다.

1960년 3.15 부통령 부정선거과정에서 이승만 대통령이 했던 말과 행적들을 정리하면 다음과 같다.

① 1960년 4월 11일, 마산 앞바다에서 김주열 군의 시신이 발견되면서 부정선거 반대 시위가 전국적으로 확산될 때인 4월 12일 국무회의에서 이승만 대통령은 3.15 부정선거 의혹을 제기하였다.
"혹시 선거가 잘못되었다고 들은 일은 없는가? 대통령을 사임하는 것 이외에는 도리가 없다고 보는데…"

② 4월 19일 마지막 국무회의에서는 다음과 같이 말했다.
"오늘은 내가 이거 무슨 난중에 앉아있는 것 같아. 사람들이 나를 나가라고 하는 모양인데 순순히 좋게 내주려고 해. 나는 무슨 이유인지, 무슨 까닭인지를 똑똑히 알았으면 해. 뭣인지 까닭을 알아야 해결할 것 아냐"

③ 4월 21일 뒤늦게야 사태를 파악한 이승만 대통령은 부정선거로 당선된 이기붕에게 사퇴를 요청하였다.

④ 4월 22일 시위 중 부상당한 학생들이 입원해 있는 서울대 병원을 방문하면서 다음과 같이 말했다.
"학생들이 왜 이렇게 되었어? 부정을 왜 해? 암, 부정을 보고 일어서지 않은 백성은 죽은 백성이지! 이 젊은 학생들은 참으로 장하다…"

이 날 대통령이 병실에 들어서는 순간 부상당한 학생들은 모두 대통령을 "할아버지"라고 부르며 손을 잡고 얼싸 안으며 눈물을 흘리는 바람에, 병실은 온통 울음바다가 되었다. 병원에서 돌아온 대통령은 침통한 음성으로 "내가 맞아야 할 총알을 우리 소중한 애들이 맞았어… 이 바보 같은 늙은 것이 맞았어야 할 그 총알을 말이야" 하며 비통해 했다. 그날 밤 대통령은 죄 없는 애들의 고통을 덜어주시고 자기를 벌해 주시라고 기도하며, 오직 나라를 위하는 길로 이끌어 주시길 하나님께 간구하였다.

⑤ 4월 26일 오전 9시, 이승만 대통령은 스스로 하야를 결심한다.
김정렬 국방장관은 그의 회고록 '항공의 경종'에서 이승만 대통령이 누구의 압력이 아닌 스스로 하야 결단을 내렸다고 증언하고 있다. 4월 26일 오전 9시, 이 대통령은 김정렬 국방장관에게 "자네 생각은 어떠한가? 내가 그만두면 한 사람도 안 다치겠지?"라고 묻고는 대답을 독촉했다. 김정렬 국방장관은 자신도 모르게 눈시울이 뜨거워지면서 무의식중에 "각하, 저희들이 보좌를 잘못하여 이렇게 되었습니다. 죄송합니다."라고 말했다. 그러자 대통령은 "그래, 그렇게 하지. 이것을 속히 사람들에게 알리지." 하고는 하야성명서를 준비했다. 그리고 대통령의 하야 성명은 전파를 통해서 전국에 퍼져 나갔다.

잠시 후 계엄사령관 송요찬 장군이 대학생 대표들을 데리고 경무대로 들어왔다. 대통령은 하야를 요구하는 시민대표에게 다음과 같이 말했다. "국민이 원한다면 대통령도 물러나야 돼… 그게 우리 민주주의니까"
이 대통령은 학생들의 요구가 있기 전에 이미 하야를 결심했고 대통령의 하야 성명은 전파를 통해 전국에 퍼져 나갔다. 대통령의 하야 결단은 누가 권고해서 한 것이 아니고, 대통령 스스로의 판단에 의한 독자적인 것이었다.

퇴임 후 각국 수반들로부터 이승만 박사에게 많은 위로의 편지가 왔다. 이에 대해 이승만 박사는 "나를 위로하는 편지는 안 받겠소. 나는 지금 가장 행복하다오. 부정을 보고 궐기하는 백성들이 나라를 지키니 이런 날을 평생 기다렸기 때문이오."라고 답장했다고 한다.

훗날 하와이에서 이승만 박사께서 쓸쓸한 말년을 보내던 1961년 12월 13일 양아들이었던 이인수 씨와의 대화 내용을 보면 인(人)의 장막에 둘러싸여서 결국 하야할 수밖에 없었던 이승만 박사의 생각이 고스란히 드러난다. 이승만 박사께서 양아들 이인수 씨에게 "지금 우리나라가 어떻게 돼가지?" 하고 물었다. 이인수 씨는 "지금 많은 사람들이 나라를 위해 열심히 일하고 있으니 잘 되어갈 것입니다. 염려 마십시오."라고 대답하였다. 이승만 박사는 "그런가? 나라가 잘 돼간다면 그것은 참 좋은 일이야. 그런데 너는 '잘된다, 잘된다.' 하는 남의 소리는 아예 믿지 마라… 그 말을 믿다가 이렇게 절단이 난 걸… 그렇게 우리나라 일이 쉬운 게 아니야" 하고 대답했다고 한다.

이승만은 과연 독재자인가?

만약 이승만 대통령이 1954년에 무리한 3선 개헌과정을 거치지 않고 대통령의 자리에서 깨끗이 물러났더라면 그에 대한 평가는 많이 달라졌을 것이다. 하지만 자유당에 의한 무리한 3선 개헌으로 인해, 그리고 1960년 3월 15일 역시 자유당에 의해서 저질러진 부통령 선거부정으로 인해 이승만 대통령은 독재자의 오명을 입게 된 것이다. 참으로 안타까운 일이 아닐 수 없다. 하지만 우리 모두가 잊지 말아야 할 것이 있다.

이승만 대통령은 결코 3선 개헌과 3.15 부정선거를 지시한 적이 없다는 사실이다. 3선 개헌과 3.15 부정선거는 오직 자유당 지도부에 의해서 저질러진 역사의 과오이다.

부록2. 보도연맹 사건의 진실은 무엇인가?

6.25전쟁 당시 이승만의 행적 중에서 가장 크게 비판받는 사건이 '보도연맹 사건'이다. 대한민국 정부는 1948년 12월 시행된 국가보안법에 따라 '좌익사상에 물든 사람들을 사상 전향시켜 이들을 보호하고 인도한다'는 취지에 따라 공산주의에서 전향한 좌익들을 통합, 관리하기 위해 1949년 6월 5일에 국민보도연맹이라는 단체를 조직하였다.

문제는 전쟁이 발발한 뒤 3일 만에 인민군에 의해 서울이 점령당했을 때, 보도연맹원들의 상당수가 다시 전향하여 인민군에 부역하며 우익색출 및 인민재판에 앞장섰다는 것이다. 당시 서대문 형무소와 마포형무소, 인천형무소에서 나온 9천여 명의 남로당원과 보도연맹 가입자들은 인민위원회를 조직하여 인민재판을 통해 수많은 양민들을 학살하였다. 인민재판을 주도한 이는 전향 후 보도연맹의 명예 간사장을 맡고 있었던 정백이었다. 그는 서울이 인민군에 함락되자 즉시 극좌로 돌아서 보도연맹원들과 함께 우익 인사들을 죽이기 시작했다.

그들이 그렇게 한 이유는 북한 인민군이 내려왔을 때 '전향한 좌익'인 보도연맹원들은 제거대상 1호였기 때문이었다. 그래서 보도연맹 소속의 '전향한 좌익'들은 살아남기 위해 더 극렬하게 북한 인민군의 앞잡이 노릇을 한 것이다. 인천의 보도연맹원들은 전쟁 발발과 동시에 북한 동조

세력으로 변해 적기를 앞세우고 시가행진을 하는 등 북한군을 맞이할 분위기를 조성하기까지 했다.

당시 주한 미대사관 부영사 핸더슨이 1950년 7월 4일~5일에 쓴 비망록에는 다음과 같이 기록하고 있다.

"인민군이 형무소 문을 열어 정치범과 재소자들을 모두 풀어줬다. 재소자들은 무장을 한 뒤 자신들을 감옥에 보낸 사람을 찾아 보복에 나섰다. 한국군 사령부가 있던 서빙고에 인민재판소가 곧바로 설치됐으며 한 때 보도연맹을 이끌던 정백이 우두머리가 됐다. 과거 유명한 공산주의자로 수개월 전 경찰에 체포된 정백은 당시 자신의 죄를 뉘우치고 한국에 충성하겠다고 했었다. (국회 프락치사건과 관련해) 유죄를 선고받은 국회의원 13명도 인민재판에 가담하고 있는 것으로 알려졌다. 유죄선고만 있을 뿐인 공산주의자들의 형식적인 재판에서 보도연맹이 중요한 역할을 하고 있다. 보도연맹원 수천명이 공산주의에 대한 그들의 뉘우침을 내팽개치고 거리로 나가 한국 경찰, 공무원, 군인과 그 가족 등 우익을 지목하고 있다. 그들에게 지목된 사람은 인민재판을 받은 뒤 즉결 처형되고 있다."

보도연맹원들의 이러한 행위는 인공치하에 들어간 서울, 인천 등 수도권의 주요 도시에서 일어났다. 이에 따라 보도연맹원에 대한 예비검속 등 방어적 조치가 뒤따랐던 것이다.

이와 같은 보고를 받은 이승만 대통령은 결국 비점령지역의 보도연맹원들을 처형하라는 지시를 내렸다.

북한 인민군들이 파죽지세로 한반도 남쪽을 향해 밀고 내려오고 있는 상황에서 곳곳에 피난 못간 대한민국 국민들이 인민군과 보도연맹원들에 의해 학살당할 게 불 보듯 뻔했다. 그런 국민들 옆에 전향한 좌익들을 두고 갈 수는 없었던 것이다. 지방에 있는 보도연맹원들 또한 서울에 있는 자들처럼 자신들이 살아남기 위해 무고한 사람들을 '악질 반동분자'로 지목하여 학살할 가능성이 매우 높았기 때문이다. 이승만이 보도연맹원들을 처형하라고 지시했던 건 그 같은 사정을 고려한 궁여지책이었던 것이다. 문제는 6.25 전쟁 전 보도연맹이 만들어질 때 담당자들이 실적을 위해 무리하게 반강제적으로 '무고한 사람'을 가입시켰다는 점이었다. 그래서 억울하게 목숨을 잃은 사람들이 다수 발생하였다.

담당자들이 보도연맹을 만들 때만 해도, 전쟁이 일어날 것이라고는 예상하지 못했다. 그러나 북한 인민군이 6.25 남침전쟁을 일으키면서 보도연맹의 명부는 '살생부'가 되어버렸던 것이다. 비극이 아닐 수 없었다.

보도연맹원 처형과정에서 일어난 무고한 보도연맹원들과 무고한 양민에 대한 억울한 죽음은 다시는 반복되지 말아야 할 역사의 비극이다. 하지만 한 가지 이러한 비극의 시작은 이승만이 아니라 공산주의자들이었다는 점을 간과해서는 안된다. 대한민국 건국과정에서 제주 4.3 공산폭동과 여수 14연대 반란사건에 의해 발생한 전대미문의 잔인한 양민학살은 신생국 대한민국과 이승만 정부에게는 상상할 수 없는 트라우마였다.

그런데 그 트라우마가 채 아물지 않은 상황에서 6.25전쟁이 발발하면서 서울에서 전향한 보도연맹원들이 다시 공산주의자로 전향하여 인민재판 등 우익과 양민학살을 선동하였을 때 피난과정에서의 무참한 양민학살은 불보듯 뻔한 상황이었다. 그러한 상황에서 보도연맹원들에 대한 처형지시는 피할 수 없는 선택이었음을 인정해야 할 것이다. 결코 오늘날의 잣대로 섣불리 판단하거나 또는 하나의 측면만 보고 함부로 비판할 수 없는 사건이 바로 "보도연맹 사건"인 것이다.

부록3. 부산 정치파동의 진실은 무엇인가?

부산 정치파동이란 무엇인가? 대다수의 사람들이 알고 있는 부산 정치파동의 전모는 1950년 5월 30일 선거 결과 야당이 압승하여 재선이 어려워진 이승만 대통령이 국회를 해산하고 1952년 7월 4일, 대통령 발췌개헌안을 통과시켜 장기집권을 시작했다는 것이 그동안 알려져 있는 부산 정치파동과 발췌개헌의 흐름이다. 과연 그럴까?

부산 정치파동의 전모를 정확히 파악하려면 사건이 있었던 1952년 5월~7월에만 초점을 맞춰서는 안되고 좀더 거슬러 올라가서 크게 두가지 배경을 이해해야 한다.

1) 대통령과 국회의 대립

1948년 7월 17일 제정된 건국헌법은 주로 한민당에 의해 만들어졌다. 한민당과 헌법초안을 작성한 법률가들이 민주적 정부형태의 모델로 선호한 것은 독일 바이마르공화국의 내각책임제였다. 반면 이승만의 생각은 달랐다. 이승만은 미국과 같은 대통령중심제의 정부형태를 선호하였다. 이승만의 이러한 입장은 29세의 나이에 한성감옥에서 저술한 '독립정신'에 이미 잘 드러나 있다. 이후 40년간의 미국생활에서 미국의 정치를 관찰하면서 대통령 중심제를 선호하는 그의 입장은 더욱 확고해졌다. 그는 한국과 같은 신생 후진국의 정부형태는 다른 무엇보다 대통령 중심제이어야 한다고 확신하였다. 그래서 이승만은 헌법을 만들고 있는 국회에 정부형태를 대통령중심제로 바꿀 것을 요구하였다.

한민당은 이승만 이외의 다른 대안이 없었기에 그의 요구를 들어줄 수밖에 없었다. 하지만 실제 만들어진 헌법은 여전히 내각책임제의 요소가 강한 것이었다. 예컨대 대통령과 부통령은 국회에서 선출되었다. 게다가 국회의 선택에 따라 대통령과 부통령은 서로 다른 정파에 속할 수 있었다. 그렇게 되면 정치는 안정되기 어려웠다. 실제 그런 일이 이승만 대통령의 집권기에 계속하여 벌어졌다. 또한 건국헌법은 대통령이 국무총리를 임명함에 있어서 국회의 승인을 받도록 하였다. 국회는 대통령을 선출하는 것뿐만 아니라 대통령이 임명하는 국무총리까지 승인할 권리를 가짐으로써 대통령의 권력을 국회에 종속시켰다. 건국헌법의 문제점은 곧바로 현실화되었다. 이승만을 초대 대통령으로 선출한 한민당 세력은 자당의 영수인 김성수가 국무총리로 지명될 것으로 기대하였다. 하지만 이승만은 지주와 자본가들로 구성된 한민당을 불신하였다. 이승만은 한민당의 조종에 따라 움직이면 국회로부터는 환영을 받을지 모르나 대다수 국민들의 실망을 살 것이라 생각하였다. 그래서 이승만은 북한에서 내려온 조선민주당의 지도자 이윤영을 초대 국무총리에 임명하였다. 내각의 구성에서는 한민당에 고작 한 자리 밖에 배정하지 않았다.

내각의 절반인 일곱 자리의 각료를 요구한 한민당은 크게 실망하였다. 이에 한민당의 주도로 국회는 27대 120의 압도적 다수로 국무총리의 승인을 거부하였다. 이승만은 어느 정파에도 속하지 않은 광복군 참모장 출신의 이범석을 국무총리에 임명하였다. 국회는 초대 행정부를 더 이상 공전시킬 수 없다는 명분에 밀려 결국에는 이범석에 대한 국무총리 임명을 승인하였다. 이처럼 대한민국은 그 출범과 동시에 대통령과 국회 사이에 심각한 갈등이 계속되었다.

1950년 5월에 실시된 제2대 국회의원 선거의 결과는 초창기 한국의 정치가 얼마나 불안정했는지를 잘 보여주었다. 그 선거에서 대통령을 지지한 대한국민당과 대통령에 반대한 민국당의 당선자는 각각 24명에 불과하였다. 그 대신 무소속의 당선자들이 126명으로서 60%를 차지하였다. 2년 뒤에 있을 대통령 선거에서 이승만이 재선될 가능성은 거의 불가능한 상황이 되었다. 그러는 가운데 6.25전쟁이 발발하였다.

2) 미국의 휴전협상과 이승만 제거작전

6.25전쟁에서 중공군의 개입으로 많은 사상자가 발생하자 미국은 휴전회담을 통해 전쟁을 하루빨리 끝내려고 했다. 하지만 조속한 휴전을 원했던 미국과는 달리 이승만은 통일 없는 휴전은 있을 수 없다며 휴전회담에 강력 반대하기 시작했다. '휴전회담은 한국민에 대한 사형집행영장'이란 극단적 표현까지 써가며 전국민을 동원해 휴전반대 시위를 벌였다. 전국적인 휴전반대 시위가 이어졌다. 북진통일을 부르짖던 청년들이 혈서를 썼고 여고생들은 거리에서 실신했다. 미국은 "이승만의 휴전반대운동이 교활하고 필사적이어서 무슨 짓을 할지 모른다."고 결론짓고 1952년 2월부터 '유엔군에 의한 이승만 제거' 작전을 계획하였다.

1952년 유엔군 사령관 마크 클라크가 백악관에 전송한 비밀문서의 내용은 다음과 같다.

"적당한 구실로 이승만을 부산 밖으로 유인한다. 유엔군이 이승만의 핵심 각료들을 체포한다. 이승만이 국정 정상화에 동의하지 않는 한 유엔군이 과도정부를 수립한다."

미국이 이승만의 후임으로 선호한 정치인은 온건하고 영어에 능통한 장면이었고 거사일자는 1952년 5월 29일이었다. 바로 이 무렵에 일어난 사건이 부산정치파동이었다. 부산정치파동이란 1952년 5월 25일 계엄령 선포로부터 같은 해 7월 4일, 대통령 직선제 정부안과 내각책임제 국회안을 발췌혼합한 개헌안을 국회에서 강제로 통과시킬때까지 전시 임시수도였던 부산에서 일어난 일련의 정치적 소요사건을 말한다. 부산 정치파동의 시작을 알린 1952년 5월 26일 아침, 동래 온천장을 출발한 국회 통근 버스는 광복동에서 국회의원 30명을 더 태워 모두 47명을 싣고 경남도청 정문을 들어설 때 헌병의 제지를 받게 된다. 검문을 거부하는 의원들과 계엄령하에서는 어떤 차량도 검문을 받아야 한다는 헌병 간의 한 시간에 걸친 실랑이 끝에 버스는 결국 군용 크레인에 끌려 헌병대로 연행됐고 그중 열 명은 구속됐다. 급기야 30일에는 민중자결단이란 정체불명의 단체 회원들이 국회의사당을 포위하고 80여 명의 의원들을 연금시킨 가운데 제12회 정기국회가 개원됐다. 개회 연설에서 이승만은 20일 장택상에 의해 준비된 대통령 직선제를 골자로 하는 소위 '발췌개헌안'이 통과되지 않을 경우 국회를 해산할 용의가 있다고 말했다. 결국 7월 4일 경찰 포위 속에 열린 국회에서 발췌개헌안은 기립 투표에 의해 찬성 160표, 반대 0표, 기권 3표로 통과돼 8월 2일 대통령 선거에서 이승만은 대통령으로 재선된다.

이승만은 무엇 때문에 부산정치파동을 일으킨 것일까? 그것은 직선제 개헌의 꿈을 이루기 위해서였다. "2대 대통령 선거는 무슨 일이 있어도 직선제로 하자"는 것이 이승만의 오래된 생각이었고 그 유일한 실현방법은 직선제 개헌이었다.

계엄령 선포 이틀 전인 1952년 5월 23일, 이승만 대통령은 무쵸 주한미국대사를 면담한 자리에서 다음과 같은 말을 했다. "나는 앞으로 기껏 몇 해 밖에는 살지 못할 것이오. 나는 조국을 위해 못다 한 일들이 있기는 하나 그 목표들을 이룰 수 있는 시간이 없다는 것을 알지 못할 만큼 어리석지는 않소. 국민 복리에 관심이 없는 이들은 자기 욕망을 위해서 권력을 추구하고 있는데 그것을 막기 위해 나는 모든 노력을 기울일 것이오. 이 문제가 분명하게 되기 전에는 대통령 자리를 떠나지 않겠소. 국민의 **뜻**에 **따르는 단** 하나의 길은 **국회를 양원제로** 하고 대통령을 직선제로 하는 것뿐이며 이 목표만은 대통령직을 떠나기 전에 반드시 이루고 말 것이오."

이승만은 왜 직선제개헌을 이루어 재선을 하고자 했을까? 많은 사람들이 생각하는대로 권력에 눈이 멀어서 그랬나? 당시 시대적 배경과 내막을 자세히 들여다보면 전혀 뜻밖의 이유가 숨어 있었다.

이승만은 미국이 자신을 제거한 후에 미국의 정전협정 계획에 고분고분한 유화적인 인물을 대통령의 자리에 앉히려는 움직임을 잘 알고 있었다. 만약 미국이 원하는대로 이승만이 축출된 후에 장면같은 사람이 대통령이 된다면 나라는 어떻게 되었을까? 미국이 원하는대로 전쟁은 휴전이 되고 미군은 모두 철수할 것이다. 그러면 모든 문제가 다 해결되는 가? 전혀 그렇지 않다. 미국과의 상호방위조약이 체결되지 않은 상황에 서 휴전이 되고 미군이 철수하게 된다면 국가의 안위는 그야말로 풍전 등화와 같은 상황에 빠지게 된다. 왜냐하면 미군이 없는 대한민국을 북 한이 가만히 놔둘리가 없다. 언젠가는 또다시 제2의 6.25전쟁이 발발할 수밖에 없는 것이다. 그렇게 되면 대한민국은 속수무책으로 공산화될 것이 불 보듯 뻔하다. 이승만 대통령은 바로 이 점을 심히 우려했던 것 이다. 이러한 최악의 상황을 막기 위해서는 어떻게 해야 하는가? 어떻게 해서든지 전쟁이 휴전상태로 돌입하는 것을 막아야 했으며 더 나아가 미국과의 상호방위조약체결을 반드시 성사시켜야 한다. 이것을 실현시 키기 위해서는 국내뿐만 아니라 국제정세를 누구보다 잘 알고 있는 이 대통령 자신이 한번 더 재선을 해야 한다는 생각을 한 것이다. 이승만 자신이 한번 더 대통령에 당선되는 유일한 방법은 간선제를 직선제로 바꾸는 것이었다. 왜냐하면 당시 이승만 대통령은 국민들로부터 절대적 인 지지를 받고 있었기 때문이다. 사실 이 대통령은 건국헌법이 제정될 당시부터 대통령선출방식은 직선제가 되어야 한다는 생각을 가지고 있 었다. 하지만 건국초기 대다수의 국회의원들은 간선제에 의한 대통령선 출방법이 민주주의라고 생각했기 때문에 결국은 간선제가 도입되었던 것이다.

하지만 1952년 7월 4일 대통령 직선제 개헌안이 표결에 부쳐져 166명 의 찬성으로 가결되었다. 뒤이어 8월 5일 새 헌법에 의해 최초로 실시된 대통령 직접선거에서 이승만은 523만표라는 압도적인 지지로 당선되었 다. 그리고 이듬해인 1953년에 이승만 대통령은 미국과의 역사적인 한미상호방위조약을 성사시키게 된다.

군사편찬위원회 남정옥 박사는 다음과 같이 말한다. "이승만의 당시 당면목표는 일단 나라를 지켜내는 거예요. 더 욕심을 부린다면 통일을 시키는 건데, 이게 안됐단 말이예요. 그런데 그 과정에 대통령 임기가 끝나게 된 겁니다. 이승만 대통령이 봤을때 이건 아니라는 겁니다. 본인이 잘나서가 아니라 미국을 가장 잘 알고, 그 다음에 국제정세를 알고 미국을 상대할 수 있는 사람은 본인 밖에 없다고 판단을 하는 것입니다. 실제로도 그랬고요"

이승만은 발췌개헌안이 통과된 직후 측근들에게 "이번 싸움은 그동안 살아오면서 했던 투쟁중에서 가장 힘든 것이었다."라고 토로했다. 그것은 미국과의 투쟁이었다. 그는 그 싸움에서 결국에는 승자가 된다. 그러나 부산정치파동을 통해 이승만은 의회정치를 압살했고 군을 정치적으로 이용했으며 불법 단체들을 동원했다는 커다란 오명을 안게 되었다. 분명 비판받아 마땅한 부분이라 할 수 있다. 하지만 그가 그런 무리수를 선택하면서까지 부산정치파동을 일으킨 궁극적 목적이 단순히 대통령 재선이 아닌 직선제 개헌이었으며 더 나아가 미국과의 한미상호방위조약체결을 통해 확고한 국가안전보장을 실현하는 것이었음을 잊지 말아야 하겠다.

| 참고문헌 |

1. 도서

매티노블. 2011. 「매티노블의 조선회상」. 서울:좋은씨앗

김낙환. 2012. 「우남 이승만 신앙연구」. 서울:청미디어

김낙환. 2014. 「아펜젤라 행전」. 서울:청미디어

김학은. 2014. 「이승만의 정치·경제 사상 1899-1948」. 서울:연세대학교 대학출판문화원

이영훈. 2017. 「대한민국 역사」. 서울:기파랑

손세일. 2015. 「이승만과 김구」 제1권. 서울:조선뉴스프레스

손세일. 2015. 「이승만과 김구」 제2권. 서울:조선뉴스프레스

손세일. 2015. 「이승만과 김구」 제3권. 서울:조선뉴스프레스

유영익. 2009. 「젊은 날의 이승만」. 서울:연세대학교 출판부

유영익. 2013. 「건국 대통령 이승만」. 서울:일조각

이승만 지음, 김충만 김효선 풀어씀. 2010. 「독립정신」. 서울:동서문화사

이사벨라 비숍. 2012. 「한국과 그 이웃나라들」. 경기도:살림

호레이스 언더우드. 2000. 「와서 우릴 도우라」. 서울:기독교문서선교회

이덕주. 2006. 「한국교회 처음 이야기」. 서울:홍성사

최종원. 2014. 「이승만의 기독교 수용과 기독교국가건설론 연구」. 서울:북랩

송복 외. 2011. 「이승만의 정치사상과 현실인식」. 서울:연세대학교 출판부

이한우. 2008. 「우남 이승만, 대한민국을 세우다」. 서울:해냄

김용삼. 2014. 「이승만의 네이션 빌딩」. 서울:북앤피플

김용삼. 2015. 「이승만과 기업가시대」. 서울:북앤피플,연세대학교 이승만연구원

오인환. 2013. 「이승만의 삶과 국가」. 경기도:나남

김국후. 2008. 「비록 평양의 소련군정」. 서울:한울

양한모. 1990. 「조국은 하나였다?」. 서울:일선기획

선우종원. 2010. 「나의 조국 대한민국」. 서울:B.G.I

로버트 올리버 지음, 박일영 옮김. 2008. 「이승만 없었다면 대한민국 없다」. 서울:동서문화사

이승만 저, 서정민 주해. 2008 「한국교회 핍박」. 서울:청미디어

김진형. 1999. 「북한교회사」. 서울:기독교대한감리회 홍보출판국

전재규. 2010. 「대구 3.1 독립운동의 정체성2」. 대구:NEWLOOKS

이승만. 2007. 「일본, 그 가면의 실체」. 서울:청미디어

이주영. 2013. 「대한민국의 건국과정」. 서울:건국이념보급회 출판부

이주영. 2011. 「이승만과 그의 시대」. 서울:기파랑

인보길. 2011. 「이승만 다시 보기」. 서울:기파랑

양동안. 2016. 「대한민국 '건국일'과 '광복절' 고찰」. 경기도:백년동안

이주영 엮음. 2011. 「대한민국은 왜 건국을 기념하지 않는가」. 서울:뉴데일리

이주영. 2014. 「이승만 평전」. 경기도:살림

이인수. 2001. 「대한민국의 건국」. 서울:촛불

이철승,함종빈,김동흥 편집. 1990. 「한국학생건국운동사」. 서울:한국반탁,반공학생운동기념사업회

김현태. 2016. 「이승만 박사의 반공정신과 대한민국 건국」. 서울:비봉출판사

박명수. 2015. 「조만식과 해방 후 한국정치」. 경기도:북코리아

박병엽. 2016. 「조선민주주의 인민공화국의 탄생」. 서울:선인

정일형. 1991. 「오직 한 길로」. 서울:을지서적

김인섭. 2016. 「기적은 끝나지 않았다」. 서울:영림카디널

이승만 지음, 갈홍기 기록. 2011. 「이승만 대통령 방미일기」 서울:코러스

프란체스카 도너 리 지음, 조혜자 옮김. 2007. 「이승만 대통령의 건강」. 서울:촛불

프란체스카 도너 리. 2012. 「6.25와 이승만」. 서울:기파랑

김영호 외. 2012. 「이승만과 6.25전쟁」. 서울:연세대학교 출판문화원

이동욱. 2011. 「우리의 건국대통령은 이렇게 죽어갔다」. 서울:기파랑

이덕희. 2015. 「이승만의 하와이 30년」. 서울:북앤피플

이호. 2012. 「하나님의 기적, 대한민국 건국(상,하)」. 서울:복의 근원

김정수. 「KBS 대한민국을 움직인 사람들 – 초대 대통령 이승만 제1부 개화와 독립」. 서울:청미디어

김정수. 「KBS 대한민국을 움직인 사람들 – 초대 대통령 이승만 제2부 건국과 분단」. 서울:청미디어

김정수. 「KBS 대한민국을 움직인 사람들 – 초대 대통령 이승만 제3부 6.25와 4.19」. 서울:청미디어

박윤식. 2012. 「구한말-일제 강점기」. 경기도:휘선

박윤식. 2012. 「참혹했던 비극의 역사 1948년 제주 4.3사건」. 경기도:휘선

박윤식. 2012. 「여수 14연대 반란 여수·순천 사건」. 경기도:휘선

박윤식. 2012. 「잊을수 없는 6.25전쟁」. 경기도:휘선

정명복. 2011. 「잊을수 없는 생생 6.25 전쟁사」. 서울:집문당

김영재. 2007. 「박윤선」. 경기도:살림

류형석. 2016. 「삼팔선」 제3권. 서울:삶과꿈

이선교. 2010. 「제주 4.3사건의 진상」. 서울:현대사포럼

이선교. 2007. 「6.25 한국전쟁, 막을 수 있었다(상,하)」. 서울:빛된삶

이선교. 2013. 「6.25 한국전쟁, 국군은 왜 막지 못했을까!」. 서울:현대사포럼

이선교. 2013. 「파괴된 한국사」. 서울:현대사포럼

김영중. 2016. 「제주 4.3사건 문과 답」. 제주:제주문화

백선엽. 2010. 「군과 나」. 서울:시대정신

오진근,김성채 공저. 2011. 「손원일 제독」. 서울:한국해양전략연구소

온창일,김광수,박일송,나종남. 2011. 「6.25전쟁 60대전투」. 서울:황금알

남정옥. 2010. 「6.25전쟁의 재인식과 이해」. 서울:전쟁기념관

배영복. 2014. 「전쟁과 역사」. 경기도: 거목문화사

배영복. 2017. 「6.25전쟁으로의 진실여행 진실과 비밀」. 서울:세계문화

현대사상연구회. 2011. 「6.25동란과 트로이목마」. 서울:인영사

남시욱. 2015. 「6.25전쟁과 미국」. 서울:청미디어

박실. 2015. 「6.25전쟁과 중공군」. 서울:청미디어

남도현. 2013. 「잊혀진 전쟁」. 서울:플래닛미디어

김순욱. 2013. 「6.25란 무엇인가?」. 서울:6.25한국전쟁 진실알리기 운동본부

안재철. 2015. 「생명의 항해」. 서울:월드피스자유연합

이선호. 2012. 「조.일 7년전쟁, 한국전쟁 그리고 베트남 전쟁」. 서울:21세기 군사연구소

남정욱, 류석춘 편저. 2015. 「이승만 깨기」. 경기도:백년동안

김인서. 2016. 「망명노인 이승만 박사를 변호함」. 서울:비봉출판사

조갑제 닷컴 편집실. 2011. 「'고등학교 한국사 교과서'의 거짓과 왜곡 바로잡기」. 서울:조갑제닷컴

김인수. 1997. 「한국 기독교회의 역사」. 서울:장로회신학대학교 출판부

박용규. 2005. 「한국기독교회사2」. 서울:생명의 말씀사

이호. 2011. 「친일청산에 대한 성서적 입장」. 서울:도서출판 정암서원

김길자 엮음. 2014. 「건국의 발견」. 서울:대한민국 사랑회 출판부

박실. 2010. 「이승만 외교의 힘-벼랑 끝 외교의 승리」. 서울:청미디어

김성욱. 2006. 「대한민국 적화(赤化) 보고서」. 서울:조갑제닷컴

김성욱. 2010. 「북한을 선점하라」. 서울:도서출판 세이지

김성욱. 2012. 「History Making」. 서울:글마당

이용희. 2014. 「북한 바로 알기」. 서울:자유와 생명

이찬영 편저. 1995. 「황해도 교회사」. 서울:황해도 교회사 발간위원회

조갑제. 2010. 「2012년까지 북한정권 무너뜨리기」. 서울:조갑제닷컴

고영주,유동열. 2011. 「좌편향화 된 한국사 이대로 방치할 것인가」. 서울:국가정상화추진위원회

1898~1944 언론인 이승만의 글 모음. 1995. 「뭉치면 살고」. 서울:조선일보사

2. 도서 외 자료

박명수. 2006. 「놀라운 변화: 초기 한국 기독교와 가정」. 한국복음주의역사신학회

오영섭. 2011.9.30. 「이승만 위임통치 청원, 완전독립 전제한 것」. 이승만 연구원 주최 1차 학술회의

이선교. 2011.6.6. 「지금 우리가 해야 할 일」. 서울:현대사포럼

이선교. 2014.5.14. 「제주 4.3사건 보고서는 가짜이므로 다시 써야 합니다」. 조선일보

남정옥. 2007. 「6.25 전쟁과 이승만 대통령의 전쟁지도(戰爭指導)」

정일화. 2011.9.14 「제7회 이승만 포럼」. 뉴데일리 이승만 연구소 주최

유영익. 2011.10.13. 「한반도 최초의 기독교 정치가 이승만을 회고하다」. 미래한국

김윤구. 2010.3.4. 「한국 독립 원칙 천명한 카이로 선언」. 연합뉴스

이주영. 「이승만의 건국활동과 좌우합작론의 극복」. 시대정신 2008년 여름호 건국60주년 특집논문

이인수. 2014. 「이승만 대통령의 대한민국 건국」. 건국대통령 이승만박사 기념사업회

김정민. 2017. 「워싱턴회의와 제네바 국제연맹회의시기 이승만의 외교활동」. 연세대학교대학원 석사

연세대학교 국제학대학원 현대한국학연구소. 「이승만 대통령의 역사적 재평가」. 국제학술회의 논문

2013 한국 교회사 특강. 2013.3.27. 「105인 사건과 기독교」. 연동교회, 한국장로교역사학회 주최

이주영. 2011.8. 「이승만과 건국」. 월간 지저스 아미

이철순. 2007.8.15. 「건국의 대안적 구상에 대한 고찰」. 뉴라이트재단 주최 건국60주년기념 학술회의

조성훈. 2014.6.18 「반공포로 석방 제61주년 기념강연」. 건국대통령 이승만박사 기념사업회

CFI 제1차 세미나. 2014.6.23. 「통일한국과 교회의 역할」. 기독교미래연구원(CFI)주최 세미나